周易程氏传

〔宋〕程颐 ◇ 撰

王孝鱼 ◇ 点校

中华书局

# 目　录

# 前　言

　　周易程氏传又称易传,是程颐对易经的注释,在历史上影响很大。它和二程的其他著作一起,收入我局出版的二程集("理学丛书"之一)中。二程集是以清同治十年涂宗瀛刻二程全书为底本,校以清康熙吕留良刻本(简称吕本)、明万历徐必达刻本(简称徐本)。其中易传又用古逸丛书覆元至正本(简称覆元本)、易传中的上下篇义又用国家图书馆藏残宋本(简称宋本)校过。凡有所改动的地方,都作了校勘符号并写了校记。有参考价值的异文也予列出,避讳字及部分异体字则直接改正。该整理本已经成为研读二程著作的经典版本。

　　现将周易程氏传自二程集中抽出改排,收入"周易十书"。书末有两个附录,一为河南程氏经说中有关系辞的部分,一为四库提要,以便读者参考。

中华书局编辑部

# 易传序

易，变易也，随时变易以从道也。其为书也，广大悉备，将以顺性命之理，通幽明之故，尽事物之情，而示开物成务之道也。圣人之忧患后世，可谓至矣。去古虽远，遗经尚存。然而前儒失意以传言，后学诵言而忘味。自秦而下，盖无传矣。予生千－有餘字。载之后，悼斯文之湮晦，将俾后人沿－作泝。流而求源，此传所以作也。

易有圣人之道四焉："以言者尚其辞，以动者尚其变，以制器者尚其象，以卜筮者尚其占。"吉凶消长之理，进退存亡之道，备于辞。推辞考卦，可以知变，象与占在其中矣。君子居则观其象而玩其辞，动则观其变而玩其占。得于辞不达其意者有矣，未有不得于辞而能通其意者也。至微者理也，至著者象也。体用一源，显微无间。观会通以行其典礼，则辞无所不备。故善学者，求言必自近。易于近者，非知言者也。予所传者辞也，由辞以得其－无其字。意，则在－作存。乎人焉。有宋元符二年己卯正月庚申，河南程颐正叔序[一]。

---

〔一〕徐本"序"上有"谨"字。

# 易 序

易之为书，卦爻象象之义备，而天地万物之情见。圣人之忧天下来世，其至矣：先天下而开其物，后天下而成其务。是故极其数以定天下之象，著其象以定天下之吉凶。六十四卦，三百八十四爻，皆所以顺性命之理，尽变化之道也。

散之在理，则有万殊；统之在道，则无二致。所以"易有太极，是生两仪"。太极者道也，两仪者阴阳也。阴阳，一道也。太极，无极也。万物之生，负阴而抱阳，莫不有太极，莫不有两仪，絪缊交感，变化不穷。形一受其生，神一发其智，情伪出焉，万绪起焉。

易所以定吉凶而生大业。故易者阴阳之道也，卦者阴阳之物也，爻者阴阳之动也。卦虽不同，所同者奇耦；爻虽不同，所同者九六。是以六十四卦为其体，三百八十四爻互为其用。远在六合之外，近在一身之中，暂于瞬息，微于动静，莫不有卦之象焉，莫不有爻之义焉。

至哉易乎！其道至大而无不包，其用至神而无不存。时固未始有一，而卦亦未始有定象；事固未始有穷，而爻亦未始有定位。以一时而索卦，则拘于无变，非易也。以一事而明爻，则窒而不通，非易也。知所谓卦爻象象之义，而不知有卦爻象象之用，亦非易也。故得之于精神之运，心术之动，与天地合其德，与日月合其明，与四时合其序，与鬼神合其吉凶，然后可以谓之知易也。

虽然，易之有卦，易之已形者也；卦之有爻，卦之已见者也。已形已见者可以言知，未形未见者不可以名求。则所谓易者，果何如哉？此学者所当知也。

# 上下篇义〔一〕

乾、坤,天地之道,阴阳之本,故为上篇之首;坎、离,阴阳之成质,故为上篇之终。咸、恒,夫妇之道,生育之本,故为下篇之首;未济,坎、离之合,既济,坎、离之交,合而交则生物,阴阳之成功也,故为下篇之终。二篇之卦既分,而后推其义以为之次〔二〕,序卦是也。

卦之分则以阴阳。阳盛者居上,阴盛者居下。所谓盛者,或以卦,或以爻。卦与爻取义有不同。如剥:以卦言,则阴长阳剥也;以爻言,则阳极于上,又一阳为众阴主也。如大壮:以卦言,则阳长而壮;以爻言,则阴盛于上。用各于其所,不相害也。

乾,父也,莫亢焉;坤,母也,非乾无与为一无为字。敌也。故卦有乾者居上篇,有坤者居下篇。而复阳生,临阳长,观阳盛,剥阳极,则虽有坤而居上;姤阴生,遁阴长,大壮阴盛,夬阴极,则虽有乾而居下。

其馀有乾者皆在上篇,泰、否、需、讼、小畜、履、同人、大

---

〔一〕徐本题目作"易上下篇义"。
〔二〕宋本"以为之次"作"而为之次"。

有、无妄、大畜也。有坤而在上篇，皆一阳之卦也。卦五阴而一阳，则一阳为之主，故一阳之卦皆在上篇，师、谦、豫、比、复、剥也。

其馀有坤者皆在下篇，晋、明夷、萃、升也。卦一阴五阳者，皆有乾也，又阳众而盛也，虽众阳说于一阴，说之而已，非如一阳为众阴主也。王弼云"一阴为之主"，非也。故一阴之卦皆在上篇，小畜、履、同人、大有也。

卦二阳者，有坤则居下篇；小过虽无坤，阴过之卦也，亦在下篇。其馀二阳之卦，皆一阳生于下而达于上，又二体皆阳，阳之盛也，皆在上篇，屯、蒙、颐、习坎也。阳生于下，谓震、坎在下。震，生于下也。坎，始于中也。达于上，谓一阳至一作在。上，或得正位也。生于下而上一作阳〔一〕达，阳畅之盛也〔二〕。阳生于下而不达于上，又阴众而阳寡，复失正位，阳之弱也，震也，解也。上有阳而下无阳，无本也，艮也，蹇也。震、坎、艮，以卦言则阳也，以爻言则皆始变，微也。而震之上、艮之下无阳，坎则阳陷，皆非盛也。惟习坎则阳上达矣，故为盛卦。

二阴者，有乾则阳盛可知，需、讼、大畜、无妄也；无乾而为盛者，大过也，离也。大过阳一有过字。盛于中，上下之阴弱矣。阳居上下，则纲纪于阴，颐是也。阴居上下，不能主制于阳而反弱也；必上下各二阴，中惟两阳，然后为胜，小过是也。大

〔一〕徐本"阳"作"畅"。
〔二〕徐本此句作"阳之畅盛也"。

过、小过之名可见也〔一〕。离则二体上下皆阳,阴实丽焉,阳之盛也。其馀二阴之卦,二体俱阴,阴盛也,皆在下篇,家人、睽、革、鼎、巽、兑、中孚也。

卦三阴三阳者敌也,则以义为胜。阴阳尊卑之义,男女长少之序,天地之大经也。阳少于阴而居上,则为胜。蛊,少阳居长阴上;贲,少男在中女上,皆阳盛也。坎虽阳卦,而阳为阴所陷,弱〔二〕也,又与阴卦重,阴盛也。故阴阳敌而有坎者,皆在下篇,困、井、涣、节、既济、未济也。

或曰:一体有坎,尚为阳陷,二体皆坎,反为阳盛,何也?曰:一体有坎,阳为阴所陷,又重于阴也;二体皆坎,阳生于下而达于上,又二体皆阳,可谓盛矣。

男在女上,乃理之常,未为盛也。若失正位而阴反居尊,则弱也。故恒、损、归妹、丰皆在下篇。女在男上,阴之胜也。凡女居上者,皆在下篇,咸、益、渐、旅、困、涣、未济也。唯随与噬嗑,则男下女,非女胜男也。故随之象曰:"刚来而下柔。"噬嗑彖曰:"柔得中而上行。"长阳非少阴可敌,以长男下中少女,故为下之。若长少敌,势力侔,则阴在上为陵,阳在下为弱,咸、益之类是也。咸亦有下女之象,非以长下少也,乃二少相感一作感说。以相与,所以致陵也,故有利贞之诫。困虽女少于男,乃阳陷而为阴掩,无相下之义也。

小过,二阳居四阴之中,则为阴盛;中孚,二阴居四阳之

---

中,而不为阳盛,何也？曰:阳体实,中孚中虚也。然则颐中四阴不为虚乎？曰:颐二体皆阳卦,而本末皆阳,盛之至也。中孚二体皆阴卦,上下各二阳,不成本末之象,以其中虚,故为中孚,阴盛可知矣〔一〕。

---

〔一〕徐本“矣”作“也”。

# 周易程氏传卷第一

## 周易上经上

≡≡ 乾下乾上

## 乾:元,亨,利,贞。

上古圣人始画八卦,三才之道备矣。因而重之,以尽天下之变,故六画而成卦。重乾为乾。乾,天也。天者天之形体,乾者天之性情。乾,健也,健而无息之谓乾。夫天,专言之则道也,天且弗违是也;分而言之,则以形体谓之天,以主宰谓之帝,以功用谓之鬼神,以妙用谓之神,以性情谓之乾。乾者万物之始,故为天,为阳,为父,为君。元亨利贞谓之四德。元者万物之始,亨者万物之长,利者万物之遂,贞者万物之成。惟乾、坤有此四德,在他卦则随事而变焉。故元专为善大,利主于正固,亨贞之体,各称其事。四德之义,广矣大矣。

## 初九,潜龙勿用。

下爻为初。九,阳数之盛,故以名阳爻。理无形也,故假象以显义。乾以龙为象。龙之为物,灵变不测,故以象乾道变化,阳气消息,圣人进退。初九在一卦之下,为始物之端,阳气方萌。圣人侧微,若龙之潜隐,未可自用,当晦养以俟时。

## 九二，见龙在田，利见大人。

田，地上也。出见于地上，其德已著。以圣人言之，舜之田渔时也。利见大德之君，以行其道。君亦利见大德之臣，以共成其功。天下利见大德之人，以被其泽。大德之君，九五也。乾坤纯体，不分刚柔，而以同德相应。

## 九三，君子终日乾乾，夕惕若，厉，无咎。

三虽人位，已在下体之上，未离于下而尊显者也。舜之玄德升闻时也。日夕不懈而兢惕，则虽处危地而无咎。在下之人而君德已著，天下将归之，其危惧可知。虽言圣人事，苟不设戒，则何以为教？作易之义也。

## 九四，或跃在渊，无咎。

渊，龙之所安也。或，疑辞，谓非必也。跃不跃，惟及时以就安耳。圣人之动，无不时也。舜之历试，时也。

## 九五，飞龙在天，利见大人。

进位乎天位也。圣人既得天位，则利见在下大德之人，与共成天下之事。天下固利见夫大德之君也。

## 上九，亢龙，有悔。

九五者，位之极中正者。得时之极，过此则亢矣。上九至于亢极，故有悔也。有过则有悔。唯圣人知进退存亡而无过，则不至于悔也。

## 用九，见群龙，无首，吉。

用九者，处乾刚之道，以阳居乾体，纯乎刚者也。刚柔相济为中，而乃以纯刚，是过乎刚也。见群龙，谓观诸阳之义，无为首则吉也。以刚为天下先，凶之道也。

彖曰:大哉乾元! 万物资始乃统天。

云行雨施,品物流形。

大明终始,六位时成,时乘六龙以御天。

乾道变化,各正性命,保合太和,乃利贞。

首出庶物,万国咸宁。

> 卦下之辞为彖。夫子从而释之,通谓之彖。彖者,言一卦之义。
> 故知者观其彖辞,则思过半矣。大哉乾元,赞乾元始万物之道大
> 也。四德之元,犹五常之仁,偏言则一事,专言则包四者。万物资
> 始乃统天,言元也。乾元统言天之道也。天道始万物〔一〕,物资始
> 于天也。云行雨施,品物流形,言亨也。天道运行,生育万物也。
> 大明天道之终始,则见卦之六位,各以时成。卦之初终,乃天道终
> 始。乘此六爻之时,乃天运也。以御天,谓以当天运。乾道变化,
> 生育万物,洪纤高下,各以其类,各正性命也。天所赋为命,物所
> 受为性。保合太和乃利贞,保谓常存,合谓常和,保合太和,是以
> 利且贞也。天地之道,常久而不已者,保合太和也。天为万物之
> 祖,王为万邦之宗。乾道首出庶物而万汇亨,君道尊临天位而四
> 海从。王者体天之道,则万国咸宁也。

象曰:天行健,君子以自强不息。

> 卦下象解一卦之象,爻下象解一爻之象。诸卦皆取象以为法。乾
> 道覆育之象至大,非圣人莫能体,欲人皆可取法也,故取其行健而
> 已,至健固足以见天道也。君子以自强不息,法天行之健也。

潜龙勿用,阳在下也。

---

〔一〕覆元本"物"下小注:"一更有万字。"

阳气在下,君子处微,未可用也。

## 见龙在田,德施普也。

见于地上,德化及物,其施已普也。

## 终日乾乾,反复道也。

进退动息,必以道也。

## 或跃在渊,进无咎也。

量可而进,适其时则无咎也。

## 飞龙在天,大人造也。

大人之为,圣人之事也。

## 亢龙有悔,盈不可久也。

盈则变,有悔也。

## 用九,天德不可为首也。

用九,天德也。天德阳刚,复用刚而好先,则过矣。

## 文言曰:元者善之长也,亨者嘉之会也,利者义之和也,贞者事之干也。

他卦,彖、象而已,独乾、坤更设文言以发明其义,推乾之道,施于人事。元亨利贞,乾之四德,在人则元者众善之首也,亨者嘉美之会也,利者和合于义也,贞者干事之用也。

## 君子体仁足以长人,

体法于乾之仁,乃为君长之道,足以长人也。体仁,体元也。比而效之谓之体。

## 嘉会足以合礼,

得会通之嘉,乃合于礼也。不合礼则非理,岂得为嘉?非理安有亨乎?

## 利物足以和义，

和于义乃能利物。岂有不得其宜，而能利物者乎？

## 贞固足以干事，

贞一作正。固所以能干事也。

## 君子行此四德者，故曰乾元亨利贞。

行此四德，乃合于乾也。

## 初九曰潜龙勿用，何谓也？子曰：龙德而隐者也。不易乎世，不成乎名，遁世无闷，不见是而无闷，乐则行之，忧则违之，确乎其不可拔，潜龙也。

自此以下，言乾之用，用九之道也。初九阳之微，龙德之潜隐，乃圣贤之在侧陋也。守其道，不随世而变；晦其行，不求知于时。自信自乐，见可而动，知难而避，其守坚不可夺，潜龙之德也。

## 九二曰见龙在田，利见大人，何谓也？子曰：龙德而正中者也，庸言之信，庸行之谨，闲邪存其诚，善世而不伐，德博而化。易曰见龙在田，利见大人，君德也。

以龙德而处正中者也。在卦之正中，为得正中之义。庸信庸谨，造次必于是也。既处无过之地，则唯在闲邪。邪既闲，则诚存矣。善世而不伐，不有其善也。德博而化，正己而物正也。皆大人之事，虽非君位，君之德也。

## 九三曰君子终日乾乾，夕惕若，厉，无咎，何谓也？子曰：君子进德修业。忠信，所以进德也；修辞立其诚，所以居业也。知至至之，可与几也；知终终之，可与存义也。是故居上位而不骄，在下位而不忧，故乾乾因其时而惕，虽

## 危无咎矣。

三居下之上，而君德已著，将何为哉？唯进德修业而已。内积忠信，所以进德也。择言笃志，所以居业也。知至至之，致知也。求知所至而后—无后字。至之，知之在先，故可与几，所谓"始条理者知之事也"。知终终之，力行也。既知所终，则力进而终之，守之在后，故可与存义，所谓"终条理者圣之事也"。此学之始终也。君子之学如是，故知处上下之道而无骄忧，不懈而知惧，虽在危地而无咎也。

## 九四曰或跃在渊，无咎，何谓也？子曰：上下无常，非为邪也。进退无恒，非离群也。君子进德修业，欲及时也，故无咎。

或跃或处，上下无常；或进或退，去就从宜。非为邪枉，非离群类，进德修业，欲及时耳。时行时止，不可恒也，故云或。深渊者，龙之所安也。在渊谓跃就所安。渊在深而言跃，但取进就所安之义。或，疑辞，随时而未可必也。君子之顺时，犹影之随形，可离非道也。

## 九五曰飞龙在天，利见大人，何谓也？子曰：同声相应，同气相求，水流湿，火就燥，云从龙，风从虎，圣人作而万物睹。本乎天者亲上，本乎地者亲下，则各从其类也。

人之与圣人，类也。五以龙德升尊位，人之类莫不归仰，况同德乎？上应于下，下从于上，同声相应，同气相求也。流湿就燥，从龙从虎，皆以气类，故圣人作而万物皆睹。上既见下，下亦见上。物，人也，古语云人物物论，谓人也。易中"利见大人"，其言则同，义则有异。如讼之利见大人，谓宜见大德中正之人，则其辩明，言

在见前。乾之二五,则圣人既出,上下相见,共成其事,所利者见
大人也,言在见后。本乎天者,如日月星辰。本乎地者,如虫兽草
木。阴阳各从其类,人物莫不然也。

上九曰亢龙有悔,何谓也? 子曰:贵而无位,高而无民,
贤人在下位而无辅,是以动而有悔也。

九居上而不当尊位,是以无民无辅,动则有悔也。

潜龙勿用,下也。

此以下言乾之时。勿用,以在下未可用也。

见龙在田,时舍也。

随时而止也。

终日乾乾,行事也。

进德修业也。

或跃在渊,自试也。

随时自用也。

飞龙在天,上治也。

得位而行上之治也。

亢龙有悔,穷之灾也。

穷极而灾至也。

乾元用九,天下治也。

用九之道,天与圣人同,得其用则天下治也。

潜龙勿用,阳气潜藏。

此以下言乾之义。方阳微潜藏之时,君子亦当晦隐,未可用也。

见龙在田,天下文明。

龙德见于地上,则天下是其文明之化也。一作见其文明而化之。

**终日乾乾,与时偕行。**

随时而进也。

**或跃在渊,乾道乃革。**

离下位而升上位,上下革矣。

**飞龙在天,乃位乎天德。**

正位乎上,位当天德。

**亢龙有悔,与时偕极。**

时既极,则处时者亦极矣。

**乾元用九,乃见天则。**

用九之道,天之则也。天之法则谓天道也。或问:乾之六爻皆圣
人之事乎?曰:尽其道者圣人也。得失则吉凶存焉,岂特乾哉?
诸卦皆然也。

**乾元者,始而亨者也;**

又反覆详说以尽其义。既始则必亨,不亨则息矣。

**利贞者,性情也。**

乾之性情也。既始而亨,非利贞其能不息乎?

**乾始能以美利利天下,不言所利,大矣哉!**

乾始之道,能使庶类生成,天下蒙其美利,而不言所利者,盖无所
不利,非可指名也。故赞其利之大曰,大矣哉。

**大哉乾乎! 刚、健,中、正,纯、粹,精也。**

**六爻发挥,旁通情也。**

**时乘六龙,以御天也。云行雨施,天下平也。**

大哉,赞乾道之大也。以刚、健、中、正、纯、粹六者,形容乾道。精
谓六者之精极。以六爻发挥旁通,尽其情义。乘六爻之时以当天

运,则天之功用著矣。故见〔一〕云行雨施,阴阳溥畅,天下和平之
道也。

**君子以成德为行,日可见之行也。潜之为言也,隐而未
见,行而未成,是以君子弗用也。**

德之成,其事可见者行也。德成而后可施于用。初方潜隐未见,
其行未成。未成,未著也,是以君子弗—作勿。用也。

**君子学以聚之,问以辩之,宽以居之,仁以行之。易曰:
"见龙在田,利见大人。"君德也。**

圣人在下,虽已显而未得位,则进德修业而已。学聚、问辩,进德
也。宽居、仁行,修业也。君德已著,利见大人,而进以行之耳。
进居其位者,舜、禹也。进行其道者,伊、傅也。

**九三重刚而不中,上不在天,下不在田,故乾乾因其时而
惕,虽危无咎矣。**

三重刚,刚之盛也。过中而居下之上,上未至于天,而下已离于
田,危惧之地也。因时顺处,乾乾兢惕以防危,故虽危而不至于
咎。君子顺时兢惕,所以能泰也。

**九四重刚而不中,上不在天,下不在田,中不在人,故或
之。或之者,疑之也,故无咎。**

四不在天,不在田而出人之上矣,危地也。疑者未决之辞。处非
可必也,或进或退,唯所安耳,所以无咎也。

**夫大人者与天地合其德,与日月合其明,与四时合其序,
与鬼神合其吉凶,先天而天弗违,后天而奉天时。天且**

---

〔一〕覆元本"见"下小注:"一作曰。"

弗违,而况于人乎? 况于鬼神乎?

> 大人与天地日月四时鬼神合者,合乎道也。天地者道也,鬼神者
> 造化之迹也。圣人先于天而天同之,后于天而能顺天者,合于道
> 而已。合于道,则人与鬼神岂能违也?

亢之为言也,知进而不知退,知存而不知亡,知得而不
知丧。

其唯圣人乎! 知进退存亡而不失其正者,其唯圣人乎!

> 极之甚为亢。至于亢者,不知进退存亡得丧之理也。圣人则知而
> 处之,皆不失其正,故不至于亢也。

䷁坤下坤上

坤:元,亨,利,牝马之贞。

> 坤,乾之对也。四德同,而贞体则异。乾以刚固为贞,坤则[一]柔
> 顺而[二]贞。牝马柔顺而健行,故取其象曰牝马之贞。

君子有攸往,

> 君子所行柔顺而利且贞,合坤德也。

先迷,后得,主利。

> 阴,从阳者也,待倡而和。阴而先阳,则为迷错,居后乃得其常也。
> 主利,利万物则主于坤,生成皆地之功也。臣道亦然,君令臣行,
> 劳于事者,臣之职也。

西南得朋,东北丧朋,安贞,吉。

---

〔一〕覆元本"则"下小注:"一作以。"
〔二〕覆元本"而"下小注:"一作为。"

西南阴方,东北阳方。阴必从阳,离丧其朋类,乃能成化育之功,
而有安贞之吉。得其常则安,安于常则贞,是以吉也。

## 彖曰:至哉坤元! 万物资生,乃顺承天。

## 坤厚载物,德合无疆;

资生之道,可谓大矣。乾既称大,故坤称至。至义差缓,不若大之
盛也。圣人于尊卑之辨,谨严如此。万物资乾以始,资坤以生,父
母之道也。顺承天施,以成其功,坤之厚德,持载万物,合于乾之
无疆也。

## 含弘光大,品物咸亨。

## 牝马地类,行地无疆;柔顺利贞,君子攸行。

以含、弘、光、大四者形容坤道,犹乾之刚、健、中、正、纯、粹也。
含,包容也。弘,宽裕也。光,昭明也。大,博厚也。有此四者,故
能成承天之功,品物咸得亨遂。取牝马为象者,以其柔顺而健行,
地之类也。行地无疆,谓健也。乾健坤顺,坤亦健乎? 曰:非健何
以配乾? 未有乾行而坤止也。其动也刚,不害其为柔也。柔顺而
利贞,乃坤德也,君子之所行也。君子之道合坤德也。

## 先迷失道,后顺得常。西南得朋,乃与类行;东北丧朋,乃终有庆。

## 安贞之吉,应地无疆。

乾之用,阳之为也。坤之用,阴之为也。形而上曰天地之道,形而
下曰阴阳之功。先迷后得以下,言阴道也。先倡则迷失阴道,后
和则顺而得其常理。西南阴方,从其类,得朋也。东北阳方,离其
类,丧朋也。离其类而从阳,则能成生物之功,终有吉庆也。与类
行者本也,从于阳者用也。阴体柔躁,故从于阳则能安贞而吉,应

地道之无疆也。阴而不安贞,岂能应地之道?彖有三无疆,盖不
同也。"德合无疆",天之不已也。"应地无疆",地之无穷也。
"行地无疆",马之健行也。

## 象曰:地势坤,君子以厚德载物。

坤道之大犹乾也,非圣人孰能体之?地厚而其势顺倾,故取其顺
厚之象,而云地势坤也。君子观坤厚之象,以深厚之德,容载
庶物。

## 初六,履霜,坚冰至。

阴爻称六,阴之盛也。入则阳生矣,非纯盛也。阴始生于下,至微
也。圣人于阴之始生,以其将长,则为之戒。阴之始凝而为霜,履
霜则当知阴渐盛而至坚冰矣。犹小人始虽甚微,不可使长,长则
至于盛也。

## 象曰:履霜坚冰,阴始凝也;驯致其道,至坚冰也。

阴始凝而为霜,渐盛则至于坚冰。一有也字。小人虽微,长则渐至
于盛,故戒于初。驯谓习,习而至于盛,习因循也。

## 六二,直、方、大,不习无不利。

二,阴位在下,故为坤之主,统言坤道中正在下,地之道也。以直、
方、大三者形容其德用,尽地之道矣。由直、方、大,故不习而无所
不利。不习谓其自然,在坤道则莫之为而为也,在圣人则从容中
道也。直、方、大,孟子所谓至大至刚以直也。在坤体,故以方易
刚,犹贞加牝马也。言气,则先大。大,气之体也。于坤,则先直
方,由直方而大也。直、方、大足以尽地道,在人识之耳。乾坤纯
体,以位相应。二,坤之主,故不取五应,不以君道处五也。乾则
二五相应。

象曰：六二之动，直以方也。不习无不利，地道光也。

> 承天而动，直以方耳，直方则大矣。直方之义，其大无穷，地道光显，其功顺成。岂习而后利哉？

## 六三，含章可贞，或从王事，无成有终。

> 三居下之上，得位者也。为臣之道，当含晦其章美，有善则归之于君，乃可常而得正。上无忌恶之心，下得柔顺之道也。可贞谓可贞固守之，又可以常久而无悔咎〔一〕也。或从上之事，不敢当其成功，惟奉事以守其终耳。守职以终其事，臣之道也。

象曰：含章可贞，以时发也。

> 夫子惧人之守文而不达义也，又从而明之：言为臣处下之道，不当有其功善，必含晦其美，乃正而可常；然义所当为者，则以时而发，不有其功耳。不失其宜，乃以时也，非含藏终不为也。含而不为，不尽忠者也。

## 或从王事，知光大也。

> 象只举上句解义，则并及下文，他卦皆然。或从王事，而能无成有终者，是其知之光大也。唯其知之光大，故能含晦。浅暗之人有善唯恐人之不知，岂能含章也？

## 六四，括囊无咎，无誉。

> 四居近五之位，而无相得之义，乃上下闭〔二〕隔之时。其自处以正，危疑之地也。若晦藏其知，如括结囊口而不露，则可得无咎，不然则有害也。既晦藏，则无誉矣。

---

〔一〕覆元本"咎"下小注："一作吝。"
〔二〕覆元本"闭"作"间"。

**象曰:括囊无咎,慎不害也。**

能慎如此,则无害也。

## 六五,黄裳元吉。

坤虽臣道,五实君位,故为之戒云,黄裳元吉。黄,中色。裳,下服。守中而居下,则元吉,谓守其分也。元,大而善也。爻象唯言守中居下则元吉,不尽发其义也。黄裳既元吉,则居尊为天下大凶可知。后之人未达,则此义晦矣,不得不辨也。五,尊位也。在他卦,六居五,或为柔顺,或为文明,或为暗弱;在坤,则为居尊位。阴者臣道也,妇道也。臣居尊位,羿、莽是也,犹可言也。妇居尊位,女娲氏、武氏是也,非常之变,不可言也,故有黄裳之戒而不尽言也。或疑在革,汤、武之事犹尽言之,独于此不言,何也? 曰:废兴,理之常也;以阴居尊位,非常之变也。

**象曰:黄裳元吉,文在中也。**

黄中之文,在中不过也。内积至美而居下,故为元吉。

## 上六,龙战于野,其血玄黄。

阴从阳者也,然盛极则抗而争。六既极矣,复进不已,则必战,故云战于野。野谓进至于外也。既敌矣,必皆伤,故其血玄黄。

**象曰:龙战于野,其道穷也。**

阴盛至于穷极,则必争而伤也。

## 用六,利永贞。

坤之用六,犹乾之用九,用阴之道也。阴道柔而难常,故用六之道,利在常永贞固。

**象曰:用六永贞,以大终也。**

阴既贞固不足,则不能永终。故用六之道,利在盛大于终,能大于终,乃永贞也。

**文言曰:坤至柔而动也刚,至静而德方。**

**后得主而有常,**

**含万物而化光。**

**坤道其顺乎! 承天而时行。**

坤道至柔,而其动则刚;坤体至静,而其德则方。动刚故应乾不
违,德方故生物有常。阴之道不倡而和,故居后为得,而主利成万
物,坤之常也。含容万类,其功化光大也。主字下脱利字。坤道
其顺乎,承天而时行,承天之施,行不违时,赞坤道之顺也。

**积善之家,必有余庆;积不善之家,必有余殃。臣弑其**
**君,子弑其父,非一朝一夕之故,其所由来者渐矣,由辩**
**之不早辩也。易曰:履霜,坚冰至,盖言顺也。**

天下之事,未有不由积而成。家之所积者善,则福庆及于子孙;所
积不善,则灾殃流于后世。其大至于弑逆之祸,皆因积累而至,非
朝夕所能成也。明者则知渐不可长,小积成大,辩之于早,不使顺
长,故天下之恶无由而成,乃知霜冰之戒也。霜而至于冰,小恶而
至于大,皆事势之顺长也。

**直其正也,方其义也。君子敬以直内,义以方外,敬义立**
**而德不孤。直、方、大,不习无不利,则不疑其所行也。**

直言其正也,方言其义也。君子主敬以直其内,守义以方其外。
敬立而内直,义形而外方[一]。义形于外,非在外也。敬义既立,
其德盛矣,不期大而大矣,德不孤也。无所用而不周,无所施而不

─────────────────

〔一〕覆元本此句两"而"字下小注:"一作则。"

利,孰为疑乎?

**阴虽有美,含之以从王事,弗敢成也。地道也,妻道也,臣道也。地道无成而代有终也。**

为下之道,不居其功,含晦其章美,以从王事,代上以终其事而不敢有其成功也。犹地道代天终物而成功,则主于天也。妻道亦然。

**天地变化草木蕃。天地闭,贤人隐。易曰:"括囊无咎无誉。"盖言谨也。**

四居上,近君而无相得之义,故为隔绝之象。天地交感,则变化万物,草木蕃盛。君臣相际而道亨。天地闭隔,则万物不遂。君臣道绝,贤者隐遁。四于闭隔之时,括囊晦藏,则虽无令誉,可得无咎,言当谨自守也。

**君子黄中通理,**

**正位居体,**

**美在其中,而畅于四支,发于事业,美之至也。**

黄中,文居中也。君子文中而达于理,居正位而不失为下之体。五,尊位,在坤则惟取中正之义。美积于中,而通畅于四体,发见于事业,德美之至盛也。

**阴疑于阳必战,为其嫌于无阳也,故称龙焉;犹未离其类也,故称血焉。夫玄黄者,天地之杂也。天玄而地黄。**

阳大阴小,阴必从阳。阴既盛极,与阳侔矣,是疑于阳也。不相从则必战。卦虽纯阴,恐疑无阳,故称龙,见其与阳战也。于野,进不已而至于外也。盛极而进不已,则战矣。虽盛极,不离阴类也,而与阳争,其伤可知,故称血。阴既盛极,至与阳争,虽阳不能无伤,故其血玄黄。玄黄,天地之色,谓皆伤也。

䷂震下坎上

屯,序卦曰:"有天地,然后万物生焉。盈天地之间者惟万物,故受
之以屯。屯者盈也,屯者物之始生也。"万物始生,郁结未通,故为
盈塞于天地之间。至通畅茂盛,则塞意亡矣。天地生万物,屯,物
之始生,故继乾、坤之后。以二象言之,云雷之兴,阴阳始交也。
以二体言之,震始交于下,坎始交于中,阴阳相交,乃成云雷。阴
阳始交,云雷相应而未成泽,故为屯;若已成泽,则为解也。又动
于险中,亦屯之义。阴阳不交则为否,始交而未畅则为屯。在时,
则天下屯难,未亨泰之时也。

## 屯:元,亨,利,贞。勿用有攸往,利建侯。

屯有大亨之道,而处之利在贞固。非贞固何以济屯?方屯之时,
未可有所往也。天下之屯,岂独力所能济?必广资辅助,故利建
侯也。

## 彖曰:屯,刚柔始交而难生,
## 动乎险中。

以云雷二象言之,则刚柔始交也。以坎震二体言之,动乎险中也。
刚柔始交,未能通畅,则艰屯,故云难生。又动于险中,为艰屯
之义。

## 大亨贞,
## 雷雨之动满盈。

所谓大亨而贞者,雷雨之动满盈也。阴阳始交,则艰屯未能通畅;
及其和洽,则成雷雨,满盈于天地之间,生物乃遂,屯有大亨之道

也。所以能大亨，由夫贞也。非贞固安能出屯？人之处屯，有致大亨之道，亦在夫贞固也。

## 天造草昧，宜建侯而不宁。

上文言天地生物之义，此言时事。天造谓时运也。草，草乱无伦序。昧，冥昧不明。当此时运，所宜建立辅助，则可以济屯。虽建侯自辅，又当忧勤兢畏，不遑宁处，圣人之深戒也。

## 象曰：云雷屯，君子以经纶。

坎不云雨而云云者，云为雨而未成者也。未能成雨，所以为屯。君子观屯之象，经纶天下之事，以济于屯难。经纬，纶缉，谓营为也。

## 初九，磐桓，利居贞，利建侯。

初以阳爻在下，乃刚明之才，当屯难之世，居下位者也。未能便往济屯，故磐桓也。方屯之初，不磐桓而遽进，则犯难矣，故宜居正而固其志。凡人处屯难，则鲜能守正。苟无贞固之守，则将失义，安能济时之屯乎？居屯之世，方屯于下，所宜有助，乃居屯济屯之道也。故取建侯之义，谓求辅助也。

## 象曰：虽磐桓，志行正也。

贤人在下，时苟未利，虽磐桓未能遂往济时之屯，然有济屯之志与济屯之用，志在〔一〕行其正也。

## 以贵下贱，大得民也。

九当屯难之时，以阳而来居阴下，为以贵下贱之象。方屯之时，阴柔不能自存，有一刚阳之才，众所归从也。更能自处卑下，所以大

---

〔一〕覆元本无"在"字。

得民也。或疑方屯于下,何有贵乎? 夫以刚明之才而下于阴柔,以能济屯之才而下于不能,乃以贵下贱也。况阳之于阴,自为贵乎?

## 六二,屯如邅如,乘马班如,匪寇婚媾。女子贞不字,十年乃字。

二以阴柔居屯之世,虽正〔一〕应在上,而逼于初刚,故屯难。邅,回。如,辞也。乘马,欲行也。欲从正应,而复班如,不能进也。班,分布之义。下马为班,与马异处也。二当屯世,虽不能自济,而居中得正,有应在上,不失义者也。然逼近于初,阴乃阳所求,柔者刚所陵,柔当屯时,固难自济,又为刚阳所逼,故为难也。设匪逼于寇难,则往求于婚媾矣。婚媾,正应也。寇,非理而至者。二守中正,不苟合于初,所以不字。苟贞固不易,至于十年,屯极必通,乃获正应而字育矣。以女子阴柔,苟能守其志节,久必获通,况君子守道不回乎? 初为贤明刚正之人,而为寇以侵逼于人,何也? 曰:此自据二以柔近刚而为义,更不计初之德如何也。易之取义如此。

## 象曰:六二之难,乘刚也。十年乃字,反常也。

六二居屯之时,而又乘刚,为刚阳所逼,是其患难也。至于十年,则难久必通矣,乃得反其常,与正应合也。十,数之终也。

## 六三,即鹿无虞,惟入于林中。君子几不如舍,往吝。

六三以阴柔居刚,柔既不能安屯,居刚而不中正,则妄动。虽贪于所求,既不足以自济,又无应援,将安之乎? 如即鹿而无虞人也。

---

〔一〕覆元本“正”下小注:“一作五。”

入山林者,必有虞人以导之。无导之者,则惟陷入于林莽中。君子见事之几微,不若舍而勿逐,往则徒取穷吝而已。

## 象曰:即鹿无虞,以从禽也。君子舍之,往吝穷也。

事不可而妄动,以从欲也。无虞而即鹿,以贪禽也。当屯之时,不可动而动,犹无虞而即鹿,以有从禽之心也。君子则见几而舍之不从,若往则可吝而困穷也。

## 六四,乘马班如,求婚媾。往吉,无不利。

六四以柔顺居近君之位,得于上者也,而其才不足以济屯,故欲进而复止,乘马班如也。己既不足以济时之屯,若能求贤以自辅,则可济矣。初阳刚之贤,乃是正应,己之婚媾也。若求此阳刚之婚媾,往与共辅阳刚中正之君,济时之屯,则吉而无所不利也。居公卿之位,己之才虽不足以济时之屯,若能求在下之贤亲而用之,何所不济哉?

## 象曰:求而往,明也。

知己不足,求贤自辅而后往,可谓明矣。居得致之地,己不能而遂已,至暗者也。

## 九五,屯其膏,小贞吉,大贞凶。

五居尊得正,而当屯时,若有刚明之贤为之辅,则能济屯矣。以其无臣也,故屯其膏。人君之尊,虽屯难之世,于其名位,非有损也。唯其施为有所不行,德泽有所不下,是屯其膏,人君之屯也。既膏泽有所不下,是威权不在己也。威权去己,而欲骤正之,求凶之道,鲁昭公、高贵乡公之事是也。故小贞则吉也。小贞谓[一]渐正

---

〔一〕吕本"谓"作"则"。

之也。若盘庚、周宣修德用贤,复先王之政,诸侯复朝,盖以道驯致,为之不暴也。又非恬然不为,若唐之僖、昭也,不为则常屯,以至于亡矣。

## 象曰:屯其膏,施未光也。

膏泽不下及,是以德施未能光大也。人君之屯也。

## 上六,乘马班如,泣血涟如。

六以阴柔居屯之终,在险之极,而无应援,居则不安,动无所之,乘马欲往,复班如不进,穷厄之甚,至于泣血涟如,屯之极也。若阳刚而有助,则屯既极可济矣。

## 象曰:泣血涟如,何可长也!

屯难穷极,莫知所为,故至泣血。颠沛如此,其能长久乎?夫卦者事也,爻者事之时也。分三而又两之,足以包括众理,引而伸之,触类而长之,天下之能事毕矣。


坎下艮上

蒙,序卦:"屯者盈也,屯者物之始生也。物生必蒙,故受之以蒙。蒙者,蒙也,物之稚也。"屯者物之始生,物始生稚小,蒙昧未发,蒙所以次屯也。为卦,艮上坎下。艮为山,为止;坎为水,为险。山下有险,遇险而止,莫知所之,蒙之象也。水必行之物,始出未有所之,故为蒙。及其进,则为亨义。

## 蒙:亨,匪我求童蒙,童蒙求我。初筮告,再三渎,渎则不告。利贞。

蒙有开发之理,亨之义也。卦才时中,乃致亨之道。六五为蒙之主,而九二发蒙者也。我谓二也。二非蒙主,五既顺巽于二,二乃发蒙者也,故主二而言。匪我求童蒙,童蒙求我。五居尊位,有柔顺之德,而方在童蒙,与二为正应,而中德又同,能用二之道以发其蒙也。二以刚中之德在下,为君所信向,当以道自守,待君至诚求己,而后应之,则能用其道,匪我求于童蒙,乃童蒙来求于我也。筮,占决也。初筮告,谓至诚一意以求己则告之。再三则渎慢矣,故不告也。发蒙之道,利以贞正;又二虽刚中,然居阴,故宜有戒。

彖曰:蒙,山下有险,险而止,蒙。

蒙亨,以亨行时中也。匪我求童蒙,童蒙求我,志应也。

山下有险,内险不可处,外止莫能进,未知所为,故为昏蒙之义。蒙亨,以亨行时中也。蒙之能亨,以亨道行也,所谓亨道时中也。时谓得君之应,中谓处得其中,得中则[一]时也。匪我求童蒙,童蒙求我,志应也。二以刚明之贤处于下,五以童蒙居上。非是二求于五,盖五之志应于二也。贤者在下,岂可自进以求于君?苟自求之,必无能信用之理。古之人所以必待人君致敬尽礼而后往者,非欲自为尊大,盖其尊德乐道,不如是不足与有为也。

初筮告,以刚中也。再三渎,渎则不告,渎蒙也。

初筮谓诚一而来求决其蒙,则当以刚中之道,告而开发之。再三,烦数也。来筮之意烦数,不能诚一,则渎慢矣,不当告也。告之必不能信受,徒为烦渎,故曰渎蒙也。求者告者皆烦渎矣。

蒙以养正,圣功也。

卦辞曰"利贞",彖复伸其义,以明不止为戒于二,实养蒙之道也。未发之谓蒙,以纯一未发之蒙而养其正,乃作圣之功也。发而后

---

〔一〕覆元本"则"下小注:"一有得字。"

禁,则扞格而难胜。养正于蒙,学之至善也。蒙之六爻,二阳为治蒙者,四阴皆处蒙者也。

## 象曰:山下出泉,蒙,君子以果行育德。

山下出泉,出而遇险,未有所之,蒙之象也。若人蒙稚,未知所适也。君子观蒙之象,以果决育德:观其出而未能通行,则以果决其所行;观其始出而未有所向,则以养育其明德也。

## 初六,发蒙,利用刑人,用说桎梏,以往吝。

初以阴暗居下,下民之蒙也。爻言发之之道。发下民之蒙,当明刑禁以示之,使之知畏,然后从而教导之。自古圣王为治,设刑罚以齐其众,明教化以善其俗,刑罚立而后教化行,虽圣人尚德而不尚刑,未尝偏废也。故为政之始,立法居先。治蒙之初,威之以刑者,所以说去其昏蒙之桎梏。桎梏谓拘束也。不去其昏蒙之桎梏,则善教无由而入。既以刑禁率之,虽使心未能喻,亦当畏威以从,不敢肆其昏蒙之欲,然后渐能知善道而革其非心,则可以移风易俗矣。苟专用刑以为治,则蒙虽畏而终不能发,苟免而无耻,治化不可得而成矣,故以往则可吝。

## 象曰:利用刑人,以正法也。

治蒙之始,立其防限,明其罪罚,正其法也,使之由之,渐至于化也。或疑发蒙之初,遽用刑人,无乃不教而诛乎?不知立法制刑,乃所以教也。盖后之论刑者,不复知教化在其中矣。

## 九二,包蒙吉,纳妇吉,子克家。

包,含容也。二居蒙之世,有刚明之才,而与六五之君相应,中德又同,当时之任者也。必广其含容,哀矜昏愚,则能发天下之蒙,成治蒙之功。其道广,其施博,如是则吉也。卦唯二阳爻,上九刚而过,唯九二有刚中之德,而应于五,用于时而独明者也。苟恃其明,专于自任,则其德不弘。故虽妇人之柔暗,尚当纳其所善,则其明广矣。又以诸爻皆阴,故云妇。尧、舜之圣,天下所莫及也,尚曰清问下民,取人为善也。二能包纳,则克济其君之事,犹子能治其家也。五既阴柔,故发蒙之功,皆在于二。以家言之:五,父也;二,子也。二能主蒙之功,乃人子克治其家也。

## 象曰:子克家,刚柔接也。

子而克治其家者,父之信任专也。二能主蒙之功者,五之信任专也。二与五,刚柔之情相接,故得行其刚中之道,成发蒙之功。苟非上下之情相接,则二虽刚中,安能尸其事乎?

## 六三,勿用取女,见金夫不有躬,无攸利。

三以阴柔处蒙暗,不中不正,女之妄动者也。正应在上,不能远从,近见九二为群蒙所归,得时之盛,故舍其正应而从之,是女之见金夫也。女之从人,当由正礼,乃见人之多金,说而从之,不能保有其身者也。无所往而利矣。

## 象曰:勿用取女,行不顺也。

女之如此,其行邪僻不顺,不可取也。

## 六四,困蒙吝。

四以阴柔而蒙暗,无刚明之亲援,无由自发其蒙,困于昏蒙者也,其可吝甚矣。吝,不足也,谓可少也。

## 象曰:困蒙之吝,独远实也。

蒙之时,阳刚为发蒙者。四,阴柔而最远于刚,乃愚蒙之人,而不比近贤者,无由得明矣,故困于蒙。可羞吝者,以其独远于贤明之人也。不能亲贤以致困,可吝之甚也。实谓阳刚也。

## 六五,童蒙吉。

五以柔顺居君位,下应于二,以柔中之德,任刚明之才,足以治天下之蒙,故吉也。童,取未发而资于人也。为人君者,苟能至诚任贤以成其功,何异乎出于己也?

象曰:童蒙之吉,顺以巽也。

舍己从人,顺从也。降志下求,卑巽也。能如是,优于天下矣。

## 上九,击蒙,不利为寇,利御寇。

九居蒙之终,是当蒙极之时。人之愚蒙既极,如苗民之不率,为寇为乱者,当击伐之。然九居上,刚极而不中,故戒不利为寇。治人之蒙,乃御寇也;肆为刚暴,乃为寇也。若舜之征有苗,周公之诛三监,御寇也;秦皇、汉武穷兵诛伐,为寇也。

象曰:利用御寇,上下顺也。

利用御寇,上下皆得其顺也。上不为过暴,下得击去其蒙,御寇之义也。

☰乾下坎上

需,序卦:"蒙者蒙也,物之稚也。物稚不可不养也,故受之以需,需者饮食之道也。"夫物之幼稚,必待养而成。养物之所需者饮食也,故曰"需者饮食之道也"。云上于天,有蒸润之象。饮食所以润益于物,故需为饮食之道,所以次蒙。卦之大意,须待之义,序卦取所须之大者耳。乾健之性,必进者也,乃处坎险之下,险为之阻,故须待而后进也。

## 需:有孚,光亨,贞吉,利涉大川。

需者须待也。以二体言之,乾之刚健上进,而遇险未能进也,故为需待之义。以卦才言之，五居君位，为需之主，有刚健中正之德，而诚信充实于中，中实有孚也。有孚则光明而能亨通，得贞正而吉也。以此而需，何所不济？虽险无难矣，故利涉大川也。凡贞吉，有既正且吉者，有得正则吉者，当辨也。

## 彖曰：需，须也，险在前也。刚健而不陷，其义不困穷矣。

需之义，须也。以险在于前，未可遽进，故需待而行也。以乾之刚健，而能需待，不轻动，故不陷于险，其义不至于困穷也。刚健之人，其动必躁，乃能需待而动，处之至善者也。故夫子赞之云，其义不困穷矣。

## 需有孚，光亨，贞吉，位乎天位以正中也。

五以刚实居中，为孚之象，而得其所需，亦为有孚之义。以乾刚而至诚，故其德光明而能亨通，得贞正而吉也。所以能然者，以居天位而得正中也。居天位，指五。以正中，兼二言，故云正中〔一〕。

## 利涉大川，往有功也。

既有孚而贞正，虽涉险阻，往则有功也，需道之至善也。以乾刚而能需，何所不利？

## 象曰：云上于天，需，君子以饮食宴乐。

云气蒸而上升于天，必待阴阳和洽，然后成雨。云方上于天，未成雨也，故为须待之义。阴阳之气交感而未成雨泽，犹君子畜其才德而未施于用也。君子观云上于天，需而为雨之象，怀其道德，安

---

〔一〕徐本此下复引："杨氏曰：需之义有二，有需于人者，有为人所需者。需于人者，初二三四上是也。为人所需者，五是也。性为人所需者，既中正而居天位，则虽险在前而终必克济，非若蹇之见险而止也；虽坎居上而刚健不陷，非若困之刚掩也。"

以待时,饮食以养其气体,宴乐以和其心志,所谓居易以俟命也。

## 初九,需于郊,利用恒,无咎。

需者,以遇险,故需而后进。初最远于险,故为需于郊。郊,旷远
之地也。处于旷远,利在安守其常,则无咎也。不能安常,则躁动
犯难,岂能需于远而无过也?

## 象曰:需于郊,不犯难行也。利用恒,无咎,未失常也。

处旷远者,不犯冒险难而行也。阳之为物,刚健上进者也。初能
需待于旷远之地,不犯险难而进,复宜安处不失其常,则可以无咎
矣。虽不进,而志动者不能安其常也。君子之需时也,安静自守,
志虽有须,而恬然若将终身焉,乃能用常也。

## 九二,需于沙,小有言,终吉。

坎为水,水近则有沙。二去险渐近,故为需于沙。渐近于险难,虽
未至于患害,已小有言矣。凡患难之辞,大小有殊。小者至于有
言,言语之伤,至小者也。二以刚阳之才,而居柔守中,宽裕自处,
需之善也。虽去险渐近,而未至于险,故小有言语之伤,而无大
害,终得其吉也。

## 象曰:需于沙,衍在中也。虽小有言,以吉终也。

衍,宽绰也。二虽近险,而以宽裕居中,故虽小有言语及之,终得
其吉,善处者也。

## 九三,需于泥,致寇至。

泥,逼于水也。既进逼于险,当致寇难之至也。三,刚而不中,又
居健体之上,有进动之象,故致寇也。苟非敬慎,则致丧败矣。

## 象曰:需于泥,灾在外也。自我致寇,敬慎不败也。

三切逼上体之险难,故云灾在外也。灾,患难之通称,对眚而言则

分也。三之致寇,由己进而迫之,故云自我。寇自己致,若能敬慎,量宜而进,则无丧败也。需之时,须而后进也。其义在相时而动,非戒其不得进也,直使敬慎毋失其宜耳。

## 六四,需于血,出自穴。

四以阴柔之质,处于险,而下当三阳之进,伤于险难者也,故云需于血。既伤于险难,则不能安处,必失其居,故云出自穴。穴,物之所安也。顺以从时,不竞于险难,所以不至于凶也。以柔居阴,非能竞者也。若阳居之,则必凶矣。盖无中正之德,徒以刚竞于险,适足以致凶耳。

## 象曰:需于血,顺以听也。

四以阴柔居于险难之中,不能固处,故退出自穴。盖阴柔不能与时竞,不能处则退,是顺从以听于时,所以不至于凶也。

## 九五,需于酒食,贞吉。

五以阳刚居中,得正位乎天位,克尽其道矣。以此而需,何需不获?故宴安酒食以俟之,所须必得也。既得贞正,而所需必遂,可谓吉矣。

## 象曰:酒食贞吉,以中正也。

需于酒食而贞且吉者,以五得中正而尽其道也。

## 上六,入于穴,有不速之客三人来,敬之终吉。

需以险在前,需时而后进。上六居险之终,终则变矣;在需之极,久而得矣。阴止于六,乃安其处,故为入于穴。穴,所安也。安而既止,后者必至。不速之客三人,谓下之三阳。乾之三阳,非在下之物,需时而进者也。需既极矣,故皆上进。不速,不促之而自来也。上六既需得其安处,群刚之来,苟不起忌疾忿竞之心,至诚尽

敬以待之,虽甚刚暴,岂有侵陵之理,故终吉也。或疑以阴居三阳
之上,得为安乎?曰:三阳乾体,志在上进;六,阴位,非所止之正,
故无争夺之意,敬之则吉也。

**象曰:不速之客来,敬之终吉,虽不当位,未大失也。**

不当位,谓以阴而在上也。爻以六居阴为所安。象复尽其义,明
阴宜在下而居上,为不当位也。然能敬慎以自处,则阳不能陵,终
得其吉,虽不当位,而未至于大失也。

**☰坎下乾上**

讼,序卦:"饮食必有讼,故受之以讼。"人之所需者饮食,既有所
须,争讼所由起也,讼所以次需也。为卦,乾上坎下。以二象言
之,天阳上行,水性就下,其行相违,所以成讼也。以二体言之,上
刚下险,刚险相接,能无讼乎?又人,内险阻而外刚强,所以讼也。

**讼:有孚,窒惕,中吉,终凶。**

讼之道,必有其孚实。中无其实,乃是诬妄,凶之道也。卦之中
实,为有孚之象。讼者与人争辩,而待决于人,虽有孚,亦须窒塞
未通。不窒,则已明无讼矣。事既未辩,吉凶未可必也,故有畏
惕。中吉,得中则吉也。终凶,终极其事则凶也。

**利见大人,不利涉大川。**

讼者,求辩其曲直也,故利见于大人。大人则能以其刚明中正,决
所讼也。讼非和平之事,当择安地而处,不可陷于危险,故不利涉
大川也。

**象曰:讼,上刚下险,险而健讼。**

讼之为卦,上刚下险,险而又健也;又为险健相接,内险外健,皆所

以为讼也。若健而不险,不生讼也;险而不健,不能讼也。险而又健,是以讼也。

## 讼有孚,窒惕,中吉,刚来而得中也。

讼之道固如是。又据卦才而言,九二以刚自外来而成讼,则二乃讼之主也。以刚处中,中实之象,故为有孚。处讼之时,虽有孚信,亦必艰阻窒塞而有惕惧。不窒则不成讼矣。又居险陷之中,亦为窒塞惕惧之义。二以阳刚,自外来而得中,为以刚讼而不过之义,是以吉也。卦有更取成卦之由为义者,此是也。卦义不取成卦之由,则更不言所变之爻也。据卦辞,二乃善也,而爻中不见其善。盖卦辞取其有孚得中而言,乃善也;爻则以自下讼上为义,所取不同也。

## 终凶,讼不可成也。

讼非善事,不得已也,安可终极其事?极意于其事则凶矣,故曰不可成也。成谓穷尽其事也。

## 利见大人,尚中正也。

讼者求辩其是非也。辩之当,乃中正也,故利见大人,以所尚者中正也。听者非其人,则或不得其中正。中正大人,九五是也。

## 不利涉大川,入于渊也。

与人讼者,必处其身于安平之地,若蹈危险,则陷其身矣,乃入于深渊也。卦中有中正险陷之象。

## 象曰:天与水违行,讼,君子以作事谋始。

天上水下,相违而行,二体违戾,讼之由也。若上下相顺,讼何由兴?君子观象,知人情有争讼之道,故凡所作事,必谋其始,绝讼端于事之始,则讼无由生矣。谋始之义广矣,若慎交结、明契券之类是也。

## 初六，不永所事，小有言，终吉。

六以柔弱居下，不能终极其讼者也。故于讼之初，因六之才，为之戒曰：若不长永其事，则虽小有言，终得吉也。盖讼非可长之事，以阴柔之才而讼于下，难以吉矣。以上有应援，而能不永其事，故虽小有言，终得吉也。有言，灾之小者也。不永其事而不至于凶，乃讼之吉也。

## 象曰：不永所事，讼不可长也。

六以柔弱而讼于下，其义固不可长永也。永其讼，则不胜而祸难及矣。又于讼之初，即戒讼非可长之事也。

## 虽小有言，其辩明也。

柔弱居下，才不能讼，虽不永所事，既讼矣，必有小灾，故小有言也。既不永其事，又上有刚阳之正应，辩理之明，故终得其吉也。不然，其能免乎？在讼之义：同位而相应，相与者也，故初于四为获其辩明；同位而不相得，相讼者也，故二与五为对敌也。

## 九二，不克讼，归而逋其邑人三百户，无眚。

二五相应之地，而两刚不相与，相讼者也。九二自外来，以刚处险，为讼之主，乃与五为敌。五以中正处君位，其可敌乎？是为讼而义不克也。若能知其义之不可，退[一]归而逋避，以寡约自处，则得无过眚也。必逋者，避为敌之地也。三百户，邑之至小者。若处强大，是犹竞也，能无眚乎？眚，过也，处不当也，与知恶而为有分也。

---

〔一〕覆元本"退"作"敌"，属上为句。

象曰:不克讼,归逋,窜也。

> 义既不敌,故不能讼,归而逋窜,避去其所也。

自下讼上,患至掇也。

> 自下而讼其上,义乖势屈,祸患之至,犹拾掇而取之,言易得也。

六三,食旧德,贞,厉终吉。

> 三虽居刚而应上,然质本阴柔,处险而介二刚之间,危惧,非为讼者也。禄者称德而受。食旧德,谓处其素分。贞,谓坚固自守。厉终吉,谓虽处危地,能知危惧,则终必获吉也。守素分而无求,则不讼矣。处危,谓在险而承乘皆刚,与居讼之时也。

或从王事无成。

> 柔从刚者也,下从上者也。三不为讼,而从上九所为,故曰或从王事无成,谓从上而成不在己也。讼者刚健之事,故初则不永,三则从上,皆非能讼者也。二爻皆以阴柔不终而得吉,四亦以不克而渝得吉,讼以能止为善也。

象曰:食旧德,从上吉也。

> 守其素分,虽从上之所为,非由己也,故无成而终得其吉也。

九四,不克讼,复即命,渝安贞,吉。

> 四以阳刚而居健体,不得中正,本为讼者也。承五、履三,而应初。五,君也,义不克讼。三居下而柔,不与之讼。初,正应而顺从,非与讼者也。四虽刚健欲讼,无与对敌,其讼无由而兴,故不克讼也。又居柔以应柔,亦为能止之义。既义不克讼,若能克其刚忿欲讼之心,复即就于命,革其心,平其气,变而为安贞,则吉矣。命谓正理,失正理为方命,故以即命为复也。方,不顺也。书云:"方命圮族。"孟子云:"方命虐民。"夫刚健而不中正,则躁动,故不

安;处非中正,故不贞。不安贞,所以好讼也。若义不克讼而不讼,反就正理,变其不安贞为安贞,则吉矣。

**象曰:复即命,渝安贞,不失也。**

能如是,则为无失矣,所以吉也。

**九五,讼元吉。**

以中正居尊位,治讼者也。治讼得其中正,所以元吉也。元吉,大吉而尽善也。吉大而不尽善者有矣。

**象曰:讼元吉,以中正也。**

中正之道,何施而不元吉?

**上九,或锡之鞶带,终朝三褫之。**

九以阳居上,刚健之极,又处讼之终,极其讼者也。人之肆其刚强,穷极于讼,取祸丧身,固其理也。设或使之善讼能胜,穷极不已,至于受服命之赏,是亦与人仇争所获,其能安保之乎? 故终一朝而三见褫夺也。

**象曰:以讼受服,亦不足敬也。**

穷极讼事,设使受服命之宠,亦且不足敬,而可贱恶,况又祸患随至乎?

☷☵坎下坤上

**师,**序卦:"讼必有众起,故受之以师。"师之兴,由有争也,所以次讼也。为卦,坤上坎下。以二体言之,地中有水,为众聚之象。以二卦之义言之,内险外顺,险道而以顺行,师之义也。以爻言之,一阳而为众阴之主,统众之象也。比以一阳为众阴之主而在上,君之象也。师以一阳为众阴之主而在下,将帅之象也。

# 师：贞，丈人吉，无咎。

师之道，以正为本。兴师动众以毒天下，而不以正，民弗从也，强驱之耳。故师以贞为主。其动虽正也，帅之者必丈人，则吉而无咎也。盖有吉而有咎者，有无咎而不吉者。吉且无咎，乃尽善也。丈人者，尊严之称。帅师总众，非众所尊信畏服，则安能得人心之从？故司马穰苴擢自微贱，授之以众，乃以众心未服，请庄贾为将也。所谓丈人，不必素居崇贵，但其才谋德业，众所畏服，则是也。如穰苴既诛庄贾，则众心畏服，乃丈人矣。又如淮阴侯起于微贱，遂为大将，盖其谋为有以使人尊畏也。

## 彖曰：师，众也。贞，正也。能以众正，可以王矣。

能使众人皆正，可以王天下矣。得众心服从而归正，王道止于是也。

## 刚中而应，行险而顺，

言二也。以刚处中，刚而得中道也。六五之君为正应，信任之专也。虽行险道，而以顺动，所谓义兵，王者之师也。上顺下险，行险而顺也。

## 以此毒天下而民从之，吉，又何咎矣？

师旅之兴，不无伤财害人，毒害天下，然而民心从之者，以其义动也。古者东征西怨，民心从也。如是故吉而无咎。吉谓必克，无咎谓合义。又何咎矣，其义固无咎也。

## 象曰：地中有水，师，君子以容民畜众。

地中有水，水聚于地中，为众聚之象，故为师也。君子观地中有水之象，以容保其民，畜聚其众也。

# 初六，师出以律，否臧凶。

初,师之始也,故言出师之义,及行师之道。在邦国兴师而言,合义理,则是以律法也,谓以禁乱诛暴而动。苟动不以义,则虽善亦凶道也。善谓克胜,凶谓殃民害义也。在行师而言,律谓号令节制。行师之道,以号令节制为本,所以统制于众。不以律,则虽善亦凶,虽使胜捷,犹凶道也。制师无法,幸而不败且胜者时有之矣,圣人之所戒也。

**象曰:师出以律,失律凶也。**

师出当以律,失律则凶矣。虽幸而胜,亦凶道也。

**九二,在师中吉,无咎,王三锡命。**

师卦惟九二一阳,为众阴所归,五居君位,是其正应,二乃师之主,专制其事者也。居下而专制其事,唯在师则可。自古命将,阃外之事得专制之。在师专制而得中道,故吉而无咎。盖恃专则失为下之道,不专则无成功之理,故得中为吉。凡师之道,威和并至则吉也。既处之尽其善,则能成功而安天下,故王锡宠命至于三也。凡事至于三者,极也。六五在上,既专倚任,复厚其宠数。盖礼不称,则威不重而下不信也。他卦九二为六五所任者有矣,唯师专主其事,而为众阴所归,故其义最大。人臣之道,于事无所敢专,唯阃外之事则专制之,虽制之在己,然因师之力而能致者,皆君所与而职当为也。世儒有论鲁祀周公以天子礼乐,以为周公能为人臣不能为之功,则可用人臣不得用之礼乐,是不知人臣之道也。夫居周公之位,则一有能字。为周公之事,由其位而能为者,皆所当为也,周公乃尽其职耳。子道亦然。唯孟子为知此义,故曰“事亲若曾子者可也”,未尝以曾子之孝为有余也,盖子之身所能为者,皆所当为也。

**象曰:在师中吉,承天宠也;王三锡命,怀万邦也。**

在师中吉者,以其承天之宠任也。天谓王也。人臣非君宠任之,则安得专征之权,而有成功之吉?象以二专主其事,故发此义,与前所云世儒之见异矣。王三锡以恩命,褒其成功,所以一有威字。怀万邦也。

## 六三,师或舆尸,凶。

三居下卦之上,居位当任者也。不唯其才阴柔,不中正;师旅之事,任当专一,二既以刚中之才为上信倚,必专其事,乃有成功,若或更使众人主之,凶之道也。舆尸,众主也。盖指三也。以三居下之上,故发此义。军旅之事,任不专一,覆败必矣。

## 象曰:师或舆尸,大无功也。

倚付二三,安能成功?岂唯无功?所[一]以致凶也。

## 六四,师左次,无咎。

师之进,以强勇也。四以柔居阴,非能进而克捷者也。知不能进而退,故左次。左次,退舍也,量宜进退,乃所当也,故无咎。见可而进,知难而退,师之常也。唯取其退之得宜,不论其才之能否也。度不能胜[二]而完师以退,愈于覆败远矣。可进而退,乃为咎也。易之发此义以示后世,其仁深矣。

## 象曰:左次无咎,未失常也。

行师之道,因时施宜,乃其常也,故左次未必[三]为失也。如四退次,乃得其宜,是以无咎。

## 六五,田有禽,利执言,无咎。长子帅师,弟子舆尸,

---

〔一〕徐本、吕本"所"作"必"。
〔二〕覆元本"胜"下小注:〔一作进。〕吕本亦作"进"。
〔三〕覆元本"必"下小注:〔一无必字。〕

贞凶。

五，君位，兴师之主也，故言兴师任将之道。师之兴，必以蛮夷猾夏、寇贼奸宄为生民之害，不可怀来，然后奉辞以诛之。若禽兽入于田中，侵害稼穑，于义宜猎取，则猎取之，如此而动，乃得无咎。若轻动以毒天下，其咎大矣。执言，奉辞也，明其罪而讨之也。若秦皇、汉武皆穷山林以索禽兽者也，非田有禽也。任将授师之道，当以长子帅师。二在下而为师之主，长子也。若以弟子众主之，则所为虽正，亦凶也。弟子，凡非长〔一〕者也。自古任将不专而致覆败者，如晋荀林父邲之战，唐郭子仪相州之败是也。

象曰：长子帅师，以中行也；弟子舆尸，使不当也。

长子，谓二以中正之德合于上，而受任以行。若复使其余者众尸其事，是任使之不当也，其凶宜矣。

## 上六，大君有命，开国承家，小人勿用。

上，师之终也，功之成也。大君，以爵命赏有功也。开国，封之为诸侯也。承家，以为卿大夫也。承，受也。小人者，虽有功不可用也，故戒使勿用。师旅之兴，成功非一道，不必皆君子也，故戒以小人有功不可用也，赏之以金帛禄位可也，不可使有国家而为政也。小人平时易致骄盈，况挟其功乎？汉之英、彭，所以亡也。圣人之深虑远戒也。此专言师终之义，不取爻义，盖以其大者。若以爻言，则六以柔居顺之极，师既终而在无位之地，善处而无咎者也。

象曰：大君有命，以正功也；小人勿用，必乱邦也。

大君持恩赏之柄，以正军旅之功。师之终也，虽赏其功，小人则不

---

〔一〕覆元本"长"下小注："一有子字。"义较长。

可以有功而任用之,用之必乱邦。小人恃功而乱邦者,古有之矣。

䷇坤下坎上

比,序卦:"众必有所比,故受之以比。"比,亲辅也。人之类,必相亲辅,然后能安。故既有众,则必有所比,比所以次师也。为卦,上坎下坤。以二体言之,水在地上,物之相切比无间,莫如水之在地上,故为比也。又众爻皆阴,独五以阳刚居君位,众所亲附,而上亦亲下,故为比也。

## 比:吉,原筮,元永贞,无咎。

比,吉道也。人相亲比,自为吉道。故杂卦云:"比乐师忧。"人相亲比,必有其道,苟非其道,则有悔咎,故必推原占决,其可比者而比之。筮谓占决卜度,非谓以蓍龟也。所比得元永贞则无咎。元谓有君长之道,永谓可以常久,贞谓得正道。上之比下,必有此三者;下之从上,必求此三者,则无咎也。

## 不宁方来,后,夫凶。

人之不能自保其安宁,方且来求亲比,得所比则能保其安。当其不宁之时,固宜汲汲以求比。若独立自恃,求比之志不速而后,则虽夫亦凶矣。夫犹凶,况柔弱者乎? 夫,刚立之称。传曰:"子南,夫也。"又曰:"是谓我非夫。"凡生天地之间者,未有不相亲比而能自存者也。虽刚强之至,未有能独立者也。比之道,由两志相求。两志不相求,则睽矣。君怀抚其下,下亲辅<sup>一作附</sup>于上,亲戚朋友乡党皆然,故当上下合志以相从。苟无相求之意,则离而凶矣。大抵人情相求则合,相持则睽。相持,相待莫先也。人之相亲固有道,然而欲比之志,不可缓也。

## 象曰:比吉也。

## 比辅也，下顺从也。

比吉也，比者吉之道也。物相亲比，乃吉道也。比辅也，释比之义，比者相亲辅也。下顺从也，解卦所以为**比**也。五以阳居尊位，群下顺从以亲辅之，所以为比也。

## 原筮，元永贞，无咎，以刚中也。

推原筮决相比之道，得元永贞而后可以无咎。所谓元永贞，如五是也，以阳刚居中正，尽比道之善者也。以阳刚当尊位为君德，元也。居中得正，能永而贞也。卦辞本泛言比道，象言元永贞者，九五以刚处中正是也。

## 不宁方来，上下应也。

人之生，不能保其安宁，方且来求附比。民不能自保，故戴君以求宁；君不能独立，故保民以为安。不宁而来比者，上下相应也。以圣人之公言之，固至诚求天下之比，以安民也。以后王之私言之，不求下民之附，则危亡至矣。故上下之志，必相应也。在卦言之，上下群阴比于五，五比其众，乃上下应也。

## 后夫凶，其道穷也。

众必相比，而后能遂其生。天地之间，未有不相亲比而能遂者也。若相从之志不疾而后，则不能成比，虽夫亦凶矣。无所亲比，困屈以致凶，穷之道也。

## 象曰：地上有水，比，先王以建万国，亲诸侯。

夫物相亲比而无间者，莫如水在地上，所以为比也。先王观比之象，以建万国，亲诸侯。建立万国，所以比民也。亲抚诸侯，所以比天下也。

## 初六，有孚，比之无咎。

初六,比之始也。相比之道,以诚信为本。中心不信而亲人,人谁与之? 故比之始,必有孚诚,乃无咎也。孚,信之在中也。

## 有孚盈缶,终来有他吉。

诚信充实于内,若物之盈满于缶中也。缶,质素之器。言若缶之盈实其中,外不加文饰,则终能来有他吉也。他,非此也,外也。若诚实充于内,物无不信,岂用饰外以求比乎? 诚信中实,虽他外皆当感而来从。孚信,比之本也。

## 象曰:比之初六,有他吉也。

言比之初六者,比之道在乎始也。始能有孚,则终致有他之吉。其始不诚,终焉得吉? 上六之凶,由无首也。

## 六二,比之自内,贞吉。

二与五为正应,皆得中正,以中正之道相比者也。二处于内,自内谓由己也。择才而用,虽在乎上,而以身许国,必由于己。己以得君,道合而进,乃得正而吉也。以中正之道应上之求,乃自内也,不自失也。汲汲以求比者,非君子自重之道,乃自失也。

## 象曰:比之自内,不自失也。

守己中正之道,以待上之求,乃不自失也。易之为戒严密。二虽中正,质柔体顺,故有贞吉自失之戒。戒之自守,以待上之求,无乃涉后凶乎? 曰:士之修己,乃求上之道;降志辱身,非自重之道也。故伊尹、武侯救天下之心非不切,必待礼至,然后出也。

## 六三,比之匪人。

三不中正,而所比皆不中正。四,阴柔而不中;二,存〔一〕应而比

---

〔一〕覆元本"存"作"有"。

初。皆不中正,匪人也。比于匪人,其失可知,悔吝〔一〕不假言也,
故可伤。二之中正,而谓之匪人,随时取义,各不同也。

## 象曰:比之匪人,不亦伤乎!

人之相比,求安吉也,乃比于匪人,必将一无必将二字。反得悔吝〔二〕,
其亦可伤矣。深戒失所比也。

## 六四,外比之,贞吉。

四与初不相应,而五比之,外比于五,乃得贞正而吉。君臣相
比,正也。相比相与,宜也。五,刚阳中正,贤也;居尊位在上也。
亲贤从上,比之正也,故为贞吉。以六居四,亦为得正之义。又阴
柔不中之人,能比于刚明中正之贤,乃得正而吉也。又比贤从上,
必以正道则吉也。数说相须,其义始备。

## 象曰:外比于贤,以从上也。

外比谓从五也。五,刚明中正之贤,又居君位,四比之,是比贤且
从上,所以吉也。

## 九五,显比,王用三驱,失前禽,邑人不诫,吉。

五居君位,处中得正,尽比道之善者也。人君比天下之道,当显明
其比道而已。如诚意以待物,恕己以及人,发政施仁,使天下蒙其
惠泽,是人君亲比天下之道也。如是,天下孰不亲比于上?若乃
暴其小仁,违道干誉,欲以求下之比,其道亦狭矣,其能得天下之
比乎?故圣人以九五尽比道之正,取三驱为喻,曰:“王用三驱,失
前禽,邑人不诫,吉。”先王以四时之畋,不可废也,故推其仁心,为
三驱之礼,乃礼所谓天子不合围也。成汤祝网,是其义也。天子

〔一〕覆元本“吝”下小注:“一作咎。”
〔二〕覆元本“吝”下小注:“一作咎。”

之敃，围合其三面，前开一路，使之可去，不忍尽物，好生之仁也。只取其不用命者，不出而反入者也。禽兽前去者皆免矣，故曰失前禽也。王者显明其比道，天下自然来比。来者抚之，固不煦煦然求比于物，若田之三驱，禽之去者从而不追，来者则取之也。此王道之大，所以其民暭暭，而莫知为之者也。邑人不诫吉，言其至公不私，无远迩亲疏之别也。邑者居邑，*易*中所言邑皆同，王者所都，诸侯国中也。诫，期约也。待物之一，不期诫于居邑，如是则吉。圣人以大公无私治天下，于显比见之矣。非惟人君比天下之道如此，大率人之相比莫不然。以臣于君言之：竭其忠诚，致其才力，乃显其比[一]君之道也，用之与否，在君而已，不可阿谀逢迎，求其比己也。在朋友亦然，修身诚意以待之，亲己与否，在人而已，不可巧言令色，曲从苟合，以求人之比己也。于乡党亲戚，于众人，莫不皆然，三驱失前禽之义也。

## 象曰：显比之吉，位正中也。

显比所以吉者，以其所居之位得正中也。处正中之地，乃由正中之道也。比以不偏为善，故云正中。凡言正中者，其处正得中也，*比*与*随*是也。言中正者，得中与正也，*讼*与*需*是也。

## 舍逆取顺，失前禽也。

礼取不用命者，乃是舍顺取逆也，顺命而去者皆免矣。比以向背而言，谓去者为逆，来者为顺也。故所失者前去之禽也，言来者抚之，去者不追也。

## 邑人不诫，上使中也。

---

〔一〕覆元本"其比"下小注："一作比其。"义较长。

不期诚于亲近,上之使下,中平不偏,远近如一也。

## 上六,比之无首,凶。

六居上,比之终也。首谓始也。凡比之道,其始善则其终善矣。有其始而无其终者,或有矣;未有无其始而有终者也。故比之无首,至终则凶也。此据比终而言。然上六阴柔不中,处险之极,固非克终者也。始比不以道,隙于终者,天下多矣。

## 象曰:比之无首,无所终也。

比既无首,何所终乎?相比有首,犹或终违。始不以道,终复何保?故曰无所终也。

☰乾下巽上

小畜,序卦:"比必有所畜,故受之以小畜。"物相比附则为聚,聚,畜也。又相亲比,则志相畜,小畜所以次比也。畜,止也,止则聚矣。为卦,巽上乾下。乾,在上之物,乃居巽下。夫畜止刚健,莫如巽顺,为巽所畜,故为畜也。然巽,阴也,其体柔顺,唯能以巽顺柔其刚健,非能力止之也,畜道之小者也。又四以一阴得位,为五阳所说,得位得柔,巽之道也;能畜群阳之志,是以为畜也。小畜谓以小畜大,所畜聚者小。所畜之事小,以阴故也。彖专以六四畜诸阳为成卦之义,不言二体,盖举其重者。

## 小畜:亨。密云不雨,自我西郊。

云,阴阳之气。二气交而和,则相畜固而成雨,阳倡而阴和,顺也,故和。若阴先阳倡,不顺也,故不和,不和则不能成雨。云之畜聚虽密,而不〔一〕成雨者,自西郊故也。东北,阳方。西南,阴方。自阴倡,故不和而不能成雨。以人观之,云气之兴,皆自四远,故云郊。据四而言,故云自我。畜阳者四,畜之主也。

## 彖曰:小畜,柔得位而上下应之,曰小畜。

言成卦之义也。以阴居四,又处上位,柔得位也;上下五阳皆应之,为所畜也。以一阴而畜五阳,能系而不能固,是以为小畜也。彖解成卦之义,而加曰字者,皆重卦名,文势当然。单名卦,惟革有曰字,亦文势然也。

## 健而巽,刚中而志行,乃亨。

以卦才言也。内健而外巽,健而能巽也。二五居中,刚中也。阳性上进,下复乾体,志在于行也。刚居中为刚而得中,又为中刚。言畜阳则以柔巽,言能亨则由刚中。以成卦之义言,则为阴畜阳;以卦才言,则阳为刚中。才如是,故畜虽小而能亨也。

## 密云不雨,尚往也。自我西郊,施未行也。

畜道不能成大,如密云而不成雨。阴阳交而和,则相固而成雨。二气不和,阳尚往而上,故不成雨。盖自我阴方之气先倡,故不和而不能成雨,其功施未行也。小畜之不能成大,犹西郊之云不能成雨也。

## 象曰:风行天上,小畜,君子以懿文德。

乾之刚健,而为巽所畜。夫刚健之性,惟柔顺为能畜止之;虽可以畜止之,然非能固制其刚健也,但柔顺以扰系之耳,故为小畜也。君子观小畜之义,以懿美其文德。畜聚为蕴畜之义。君子所蕴畜

---

〔一〕覆元本"不"下小注:"一有能字。"

者,大则道德经纶之业,小则文章才艺。君子观小畜之象,以懿美
其文德,文德方之道义为小也。

## 初九,复自道,何其咎? 吉。

初九阳爻而乾体。阳,在上之物,又刚健之才,足以上进,而复与
在上同志,其进复于上,乃其道也,故云复自道。复既自道,何过
咎之有? 无咎而又有吉也。诸爻言无咎者,如是则无咎矣,故云
无咎者善补过也。虽使爻义本善,亦不害于不如是则有咎之义。
初九乃由其道而行,无有过咎,故云何其咎? 无咎之甚明也。

## 象曰:复自道,其义吉也。

阳刚之才,由其道而复,其义吉也。初与四为正应,在畜时乃相畜
者也。

## 九二,牵复吉。

二以阳居下体之中,五以阳居上体之中,皆以阳刚居中,为阴所
畜,俱欲上复。五虽在四上,而为其所畜则同,是同志者也。夫同
患相忧,二五同志,故相牵连而复。二阳并进,则阴不能胜,得遂
其复矣,故吉也。曰:遂其复,则离畜矣乎? 曰:凡爻之辞,皆谓如
是则可以如是,若已然,则时已变矣,尚何教诫乎? 五为巽体,巽
畜于乾,而反与二相牵,何也? 曰:举二体而言,则巽畜乎乾;全卦
而言,则一阴畜五阳也。在易,随时取义,皆如此也。

## 象曰:牵复在中,亦不自失也。

二,居中得正者也,刚柔进退,不失乎中道也。阳之复,其势必强。
二以处中,故虽强于进,亦不至于过刚,过刚乃自失也。爻止言牵
复而吉之义,象复发明其在中之美。

## 九三,舆说辐,夫妻反目。

三以阳爻,居不得中,而密比于四,阴阳之情相求也。又昵比而不中,为阴畜制者也,故不能前进,犹车舆说去轮辐,言不能行也。夫妻反目,阴制于阳者也,今反制阳,如夫妻之反目也。反目谓怒目相视,不顺其夫,而反制之也。妇人为夫宠惑,既而遂反制其夫,未有夫不失道而妻能制之者也。故说辐反目,三自为也。

## 象曰:夫妻反目,不能正室也。

夫妻反目,盖由不能正其室家也。三自处不以道,故四得制之不使进,犹夫不能正其室家,故致反目也。

## 六四,有孚,血去惕出,无咎。

四于畜时处近君之位,畜君者也。若内有孚诚,则五志信之,从其畜也。卦独一阴,畜众阳者也,诸阳之志系乎四。四苟欲以力畜之,则一柔敌众刚,必见伤害;唯尽其孚诚以应之,则可以感之矣。故其伤害远,其危惧免也。如此,则可以无咎。不然,则不免乎害矣。此以柔畜刚之道也。以人君之威严,而微细之臣有能畜止其欲者,盖有孚信以感之也。

## 象曰:有孚惕出,上合志也。

四既有孚,则五信任之,与之合志,所以得惕出而无咎也。惕出则血去可知,举其轻者也。五既合志,众阳皆从之矣。

## 九五,有孚挛如,富以其邻。

小畜,众阳为阴所畜之时也。五以中正居尊位,而有孚信,则其类皆应之矣,故曰挛如,谓牵连[一]相从也。五必援挽,与之相济,是富以其邻也。五以居尊位之势,如富者推其财力与邻比共之也。

---

〔一〕覆元本"连"作"挛"。

君子为小人所困,正人为群邪所厄,则在下者必攀挽于上,期于同进,在上者必援引于下,与之戮力,非独推己力以及人也,固资在下之助以成其力耳。

## 象曰:有孚挛如,不独富也。

有孚挛如,盖其邻类皆牵挛而从之,与众同欲,不独有其富也。君子之处艰厄,唯其至诚,故得众力之助,而能济其众也。

## 上九,既雨既处,尚德载,妇贞厉。

九以巽顺之极,居卦之上,处畜之终,从畜而止者也,为四所止也。既雨,和也。既处,止也。阴之畜阳,不和则不能止,既和而止,畜之道成矣〔一〕。大畜畜之大,故极而散。小畜畜之小,故极而成。尚德载,四用柔巽之德,积满而至于成也。阴柔之畜刚,非一朝一夕能成,由积累而至,可不戒乎?载,积满也。诗云:"厥声载路。"妇贞厉,妇谓阴。以阴而畜阳,以柔而制刚,妇若贞固守此,危厉之道也。安有妇制其夫,臣制其君,而能安者乎?

## 月几望,君子征凶。

月望,则与日敌矣。几望,言其盛将敌也。阴已能畜阳,而云几望,何也?此以柔巽畜其志也,非力能制也。然不已,则将盛于阳而凶矣。于几望而为之戒曰:妇将敌矣,君子动则凶也。君子谓阳。征,动也。几望将盈之时,若已望,则阳已消矣,尚何戒乎?

## 象曰:既雨既处,德积载也。君子征凶,有所疑也。

既雨既处,言畜道积满而成也。阴将盛极,君子动则有凶也。阴

---

〔一〕覆元本此句下小注:"一作畜道之成也。"

敌阳则必消阳,小人抗君子则必害君子,安得不疑虑乎?若前知疑虑而警惧,求所以制之,则不至于凶矣。

☰ 兑下乾上

履,序卦:"物畜然后有礼,故受之以履。"夫物之聚,则有大小之别,高下之等,美恶之分,是物畜然后有礼,履所以继畜也。履,礼也。礼,人之所履也。为卦,天上泽下。天而在上,泽而处下,上下之分,尊卑之义,理之当也,礼之本也,常履之道也,故为履。履,践也,藉也。履物为践,履于物为藉。以柔藉刚,故为履也。不曰刚履柔,而曰柔履刚者,刚乘柔,常理不足道。故易中唯言柔乘刚,不言刚乘柔也。言履藉于刚,乃见卑顺说应之义。

## 履虎尾,不咥人,亨。

履,人所履之道也。天在上而泽处下,以柔履藉于刚,上下各得其义,事之至顺,理之至当也。人之履行如此,虽履至危之地,亦无所害。故履虎尾而不见咥啮,所以能亨也。

## 象曰:履,柔履刚也。

## 说而应乎乾,是以履虎尾,不咥人,亨。

兑以阴柔,履藉乾之阳刚,柔履刚也。兑以说顺应乎乾刚而履藉之,下顺乎上,阴承乎阳,天下之正理也。所履如此,至顺至当,虽履虎尾,亦不见伤害。以此履行,其亨可知。

## 刚中正,履帝位而不疚,光明也。

九五以阳刚中正,尊履帝位,苟无疚病,得履道之至善,光明者也。疚谓疵病,"夬履"是也。光明,德盛而辉光也。

## 象曰:上天下泽,履,君子以辨上下,定民志。

天在上,泽居下,上一作天。下之正理也。人之所履当如是,故取其象而为履。君子观履之象,以辨别上下之分,以定其民志。夫上下之分明,然后民志有定。民志定,然后可以言治。民志不定,天下不可得而治也。古之时,公卿大夫而下,位各称其德,终身居之,得其分也。位未称德,则君举而进之;士修其学,学至而君求之,皆非有预于己也。农工商贾勤其事,而所享有限,故皆有定志而天下之心可一。后世自庶士至于公卿,日志于尊荣,农工商贾日志于富侈,亿兆之心,交骛于利,天下纷然,如之何其可一也?欲其不乱,难矣。此由上下无定志也。君子观履之象,而分辨上下,使各当其分,以定民之心志也。

## 初九,素履,往无咎。

履不处者,行之义。初处至下,素在下者也,而阳刚之才,可以上进,若安其卑下之素而往,则无咎矣。夫人不能自安于贫贱之素,则其进也,乃贪躁而动,求去乎贫贱耳,非欲有为也。既得其进,骄溢必矣,故往则有咎。贤者则安履其素,其处也乐,其进也将有为也,故得其进则有为而无不善,乃守其素履者也。

## 象曰:素履之往,独行愿也。

安履其素而往者,非苟利也,独行其志愿耳。独,专也。若欲贵之心与行道之心交战于中,岂能安履其素也?

## 九二,履道坦坦,幽人贞吉。

九二居柔,宽裕得中,其所履坦坦然,平易之道也。虽所履得坦易之道,亦必幽静安恬之人处之,则能贞固而吉也。九二阳志上进,故有幽人之戒。

## 象曰:幽人贞吉,中不自乱也。

履道在于安静。其中恬正，则所履安裕。中若躁动，岂能安其所履？故必幽人，则能坚固而吉。盖其中心安静，不以利欲自乱也。

## 六三，眇能视，跛能履，履虎尾，咥人凶，武人为于大君。

三以阴居阳，志欲刚而体本阴柔，安能坚其所履？故如盲眇之视，其见不明；跛蹩之履，其行不远。才既不足，而又处不得中，履非其正，以柔而务刚，其履如此，是履于危地，故曰履虎尾。以不善履履危地，必及祸患，故曰咥人凶。武人为于大君，如武暴之人而居人上，肆其躁率而已，非能顺履而远到也。不中正而志刚，乃为群阳所[一]与，是以刚躁蹈危而得凶也。

## 象曰：眇能视，不足以有明也。跛能履，不足以与行也。

阴柔之人，其才不足，视不能明，行不能远，而乃务刚，所履如此，其能免于害乎？

## 咥人之凶，位不当也。武人为于大君，志刚也。

以柔居三，履非其正，所以致祸害，被咥而凶也。以武人为喻者，以其处阳，才弱而志刚也。志刚则妄动，所履不由其道，如武人而为大君也。

## 九四，履虎尾，愬愬，终吉。

九四阳刚而乾体，虽居四，刚胜者也，在近君多惧之地，无相得之义。五复刚决之过，故为履虎尾。愬愬，畏惧之貌。若能畏惧，则当终吉。盖九虽刚而志柔，四虽近而不处，故能兢慎畏惧，则终免于危而获吉也。

---

〔一〕覆元本"所"下小注："一有不字。"义似较长。

象曰：愬愬终吉，志行也。

能愬愬畏惧，则终得其吉者，志在于行而不处也。去危则获吉矣。阳刚，能行者也；居柔，以顺自处者也。

九五，夬履，贞厉。

夬，刚决也。五以阳刚乾体，居至尊之位，任其刚决而行者也。如此，则虽得正，犹危厉也。古之圣人，居天下之尊，明足以照，刚足以决，势足以专，然而未尝不尽天下之议，虽刍荛之微必取，乃其所以为圣也，履帝位而光明者也。若自任刚明，决行不顾，虽使得正，亦危道也，可固守乎？有刚明之才，苟专自任，犹为危道，况刚明不足者乎？易中云贞厉，义各不同，随卦可见。

象曰：夬履贞厉，位正当也。

戒夬履者，以其正当尊位也。居至尊之位，据能专之势，而自任刚决，不复畏惧[一]，虽使得正，亦危道也。

上九，视履考祥，其旋元吉。

上处履之终，于其终视其所履行，以考其善恶祸福，若其旋，则善且吉也。旋谓周旋完备，无不至也。人之所履，考视其终，若终始周完无疚，善之至也，是以元吉。人之吉凶，系其所履善恶之多寡、吉凶之小大也。

象曰：元吉在上，大有庆也。

上，履之终也。人之所履，善而吉至；其终周旋无亏，乃大有福庆之人也。人之行，贵乎有终。

---

〔一〕覆元本"惧"作"慎"。

☷乾下坤上

泰,序卦:"履而泰,然后安,故受之以泰。"履得其所则舒泰,泰则安矣,泰所以次履也。为卦,坤阴在上,乾阳居下。天地阴阳之气相交而和,则万物生成,故为通泰。

## 泰:小往大来,吉亨。

小谓阴,大谓阳。往,往之于外也。来,来居于内也。阳气下降,阴气上交也。阴阳和畅,则万物生遂,天地之泰也。以人事言之:大则君上,小则臣下,君推诚以任下,臣尽诚以事君,上下之志通,朝廷之泰也;阳为君子,阴为小人,君子来处于内,小人往处于外,是君子得位,小人在下,天下之泰也。泰之道,吉而且亨也。不云元吉元亨者,时有污隆,治有小大,虽泰,岂一概哉?言吉亨则可包矣。

## 彖曰:泰,小往大来,吉亨,则是天地交而万物通也,上下交而其志同也。

小往大来,阴往而阳来也,则是天地阴阳之气相交,而万物得遂其通泰也。在人,则上下之情交通,而其志意同也。

## 内阳而外阴,内健而外顺,内君子而外小人,君子道长,小人道消也。

阳来居内,阴往居外,阳进而阴退也。乾健在内,坤顺在外,为内健而外顺,君子之道也。君子在内,小人在外,是君子道长,小人道消,所以为泰也。既取阴阳交和,又取君子道长。阴阳交和,乃君子之道长也。

## 象曰:天地交泰,后以财成天地之道,辅相天地之宜,以左右民。

天地交而阴阳和,则万物茂遂,所以泰也。人君当体天地通泰之
象,而以财成天地之道,辅相天地之宜,以左右生民也。财成,谓
体天地交泰之道,而财制成其施为之方也。辅相天地之宜,天地
通泰,则万物茂遂,人君体之而为法制,使民用天时,因地利,辅助
化育之功,成其丰美之利也。如春气发生万物,则为播植之法;秋
气成实万物,则为收敛之法。乃辅相天地之宜,以左右辅助于民
也。民之生,必赖君上为之法制以教率辅翼之,乃得遂其生养,是
左右之也。

## 初九,拔茅茹,以其汇征,吉。

初以阳爻居下,是有刚明之才而在下者也。时之否,则君子退而
穷处;时既泰,则志在上进也。君子之进,必与其朋类相牵援,如
茅之根然,拔其一则牵连而起矣。茹,根之相牵连者,故以为象。
汇,类也。贤者以其类进同志以行其道,是以吉也,君子之进,必
以其类,不唯志在相先,乐于与善,实乃相赖以济。故君子小人,
未有能独立不赖朋类之助者也。自古君子得位,则天下之贤萃于
朝廷,同志协力,以成天下之泰;小人在位,则不肖者并进,然后其
党胜而天下否矣,盖各从其类也。

## 象曰:拔茅征吉,志在外也。

时将泰,则群贤皆欲上进。三阳之志欲进,同也,故取茅茹汇征之
象。志在外,上进也。

## 九二,包荒,用冯河,不遐遗,朋亡,得尚于中行。

二以阳刚得中,上应于五;五以柔顺得中,下应于二。君臣同德,
是以刚中之才,为上所专任,故二虽居臣位,主治泰者也,所谓上
下交而其志同也。故治泰之道,主二而言。包荒,用冯河,不遐
遗,朋亡,四者处泰之道也。人情安肆,则政舒缓而法度废弛,庶

事无节。治之之道,必有包含荒秽之量,则其施为宽裕详密,弊革事理而人安之。若无含弘之度,有忿疾之心,则无深远之虑,有暴扰之患,深弊未去,而近患已生矣,故在包荒也。用冯河:泰宁之世,人情习于久安,安于守常,惰于因循,惮于更变,非有冯河之勇,不能有为于斯时也。冯河,谓其刚果足以济深越险也。自古泰治之世,必渐至于衰替,盖由狃习安逸,因循而然。自非刚断之君,英烈之辅,不能挺特奋发以革其弊也,故曰用冯河。或疑:上云包荒,则是包含宽容;此云用冯河,则是奋发改革,似相反也。不知以含容〔一〕之量,施刚果之用,乃圣贤之为也。不遐遗:泰宁之时,人心狃于泰,则苟安逸而已,恶能复深思远虑,及于遐远之事哉?治夫泰者,当周及庶事,虽遐远不可遗。若事之微隐,贤才之在僻—作侧。陋,皆遐远者也,时泰则固遗之矣。朋亡:夫时之既泰,则人习于安,其情肆而失节。将约而正之,非绝去其朋与之私,则不能也,故云朋亡。自古立法制事,牵于人情,卒不能行者多矣。若夫禁奢侈则害于近戚,限田产则妨于贵家,如此之类,既不能断以大公而必行,则是牵于朋比也。治泰不能朋亡,则为之难矣。治泰之道,有此四者,则能合于九二之德,故曰得尚于中行,言能配合中行之义也。尚,配也。

**象曰:包荒,得尚于中行,以光大也。**

象举包荒一句,而通解四者之义。言如此,则能配合中行之德,而其道光明显大也。

**九三,无平不陂,无往不复,艰贞无咎。勿恤其孚,于食**

---

〔一〕覆元本"容"下小注:"一作弘。"

有福。

三居泰之中,在诸阳之上,泰之盛也。物理如循环,在下者必升,居上者必降。泰久而必否,故于泰之盛与阳之将进,而为之戒曰:无常安平而不险陂者,谓无常泰也;无常往而不返者,谓阴当复也。平者陂,往者复,则为否矣。当知天理之必然,方泰之时,不敢安逸,常艰危其思虑,正固其施为,如是则可以无咎。处泰之道,既能艰贞,则可常保其泰,不劳忧恤;得其所求也,不失所期。为孚如是,则于其禄食有福益也。禄食谓福祉。善处泰者,其福可长也。盖德善日积,则福禄日臻,德踰于禄,则虽盛而非满。自古隆盛,未有不失道而丧败者也。

**象曰:无往不复,天地际也。**

无往不复,言天地之交际也。阳降于下,必复于上;阴升于上,必复于下,屈伸往来之常理也。因天地交际之道,明否泰不常之理,以为戒也。

**六四,翩翩,不富以其邻,不戒以孚。**

六四处泰之过中,以阴在上,志在下复,上二阴亦志在趋下。翩翩,疾飞之貌。四翩翩就下,与其邻同也。邻,其类也,谓五与上。夫人富,而其类从者,为利也。不富而从者,其志同也。三阴皆在下之物,居上乃失其实,其志皆欲下行,故不富而相从,不待戒告而诚意相合也。夫阴阳之升降,乃时运之否泰,或交或散,理之常也。泰既过中,则将变矣。圣人于三,尚云艰贞则有福,盖三为将中,知戒则可保。四已过中矣,理必变也,故专言始终反复之道。五,泰之主,则复言处泰之义。

**象曰:翩翩不富,皆失实也。不戒以孚,中心愿也。**

翩翩,下往之疾。不待富而邻从者,以三阴在上,皆失其实故也。阴本在下之物,今乃居上,是失实也。不待告戒而诚意相与者,盖其中心所愿故也。理当然者天也,众所同者时也。

## 六五,帝乙归妹,以祉,元吉。

史谓汤为天乙,厥后有帝祖乙,亦贤王也;后又有帝乙。多士曰:"自成汤至于帝乙,罔不明德恤祀。"称帝乙者,未知谁是。以爻义观之,帝乙,制王姬下嫁之礼法者也。自古帝女,虽皆下嫁,至帝乙然后制为礼法,使降其尊贵,以顺从其夫也。六五以阴柔居君位,下应于九二刚明之贤。五能倚任其贤臣而顺从之,如帝乙之归妹然,降其尊而顺从于阳,则以之受祉,且元吉也。元吉,大吉而尽善者也,谓成治泰之功也。

## 象曰:以祉元吉,中以行愿也。

所以能获祉福且元吉者,由其以中道合而行其志愿也。有中德,所以能任刚中之贤,所听从者皆其志愿也。非其所欲,能从之乎?

## 上六,城复于隍,勿用师。自邑告命,贞吝。

掘隍土积累以成城,如治道积累以成泰。及泰之终,将反于否,如城土颓圮,复反于隍也。上,泰之终,六以小人处之,行将否矣。勿用师:君之所以能用其众者,上下之情通而心从也;今泰之将终,失泰之道,上下之情不通矣,民心离散,不从其上,岂可用也?用之则乱。众既不可用,方自其亲近而告命之,虽使所告命者得其正,亦可羞吝。邑,所居,谓亲近,大率告命必自近始。凡贞凶贞吝,有二义:有贞固守此则凶吝者,有虽得正亦凶吝者。此不云贞凶,而云贞吝者,将否而方告命,为可羞吝,否不由于告命也。

## 象曰:城复于隍,其命乱也。

城复于隍矣,虽其命之,乱不可止也。

坤下乾上

否,序卦:"泰者通也,物不可以终通,故受之以否。"夫物理往来,通泰之极则必否,否所以次泰也。为卦,天上地下。天地相交,阴阳和畅,则为泰。天处上,地处下,是天地隔绝,不相交通,所以为否也。

## 否之匪人,

天地交而万物生于中,然后三才备,人为最灵,故为万物之首。凡生天地之中者,皆人道也。天地不交,则不生万物,是无人道,故曰匪人,谓非人道也。消长阖辟,相因而不息。泰极则复,否极则倾。无常而不变之理,人道岂能无也? 既否则泰矣。

## 不利君子贞,大往小来。

夫上下交通,刚柔和会,君子之道也。否则反是,故不利君子贞。君子正道否塞不行也。大往小来,阳往而阴来也。小人道长,君子道消之象,故为否也。

象曰:否之匪人,不利君子贞,大往小来,则是天地不交而万物不通也,上下不交而天下无邦也。内阴而外阳,内柔而外刚,内小人而外君子,小人道长,君子道消也。

夫天地之气不交,则万物无生成之理。上下之义不交,则天下无邦国之道。建邦国所以为治也。上施政以治民,民戴君而从命,上下相交,所以治安也。今上下不交,是天下无邦国之道也。阴柔在内,阳刚在外,君子往居于外,小人来处于内,小人道长,君子道消之时也。

象曰:天地不交,否,君子以俭德辟难,不可荣以禄。

天地不相交通,故为否。否塞之时,君子道消,当观否塞之象,而以俭损其[一]德,避免祸难,不可荣居禄位也。否者,小人得志之时,君子居显荣之地,祸患必及其身,故宜晦处穷约也。

## 初六,拔茅茹,以其汇贞,吉亨。

泰与否皆取茅为象者,以群阳群阴同在下,有牵连之象也。泰之时,则以同征为吉。否之时,则以同贞为亨。始以内小人外君子为否之义,复以初六否而在下为君子之道,易随时取义,变动无常。否之时,在下者君子也。否之三阴,上皆有应,在否隔之时,隔绝不相通,故无应义。初六能与其类贞固其节,则处否之吉,而其道之亨也。当否而能进者小人也,君子则伸道免祸而已。君子进退,未尝不与其类同也。

## 象曰:拔茅贞吉,志在君也。

爻以六自守于下,明君子处下[二]之道,象复推明以象[三]君子之心。君子固守其节以处下者,非乐于不进,独善也,以其道方否,不可进,故安之耳,心固未尝不在天下也。其志常在得君而进,以康济天下,故曰志在君也。

## 六二,包承,小人吉,大人否亨。

六二,其质则阴柔,其居则中正。以阴柔小人而言,则方否于下,志所包畜者,在承顺乎上以求济,其否为身之利,小人之吉也。大人当否,则以道自处,岂肯枉己屈道,承顺于上,唯自守其否而已,身之否,乃其道之亨也。或曰:上下不交,何所承乎?曰:正则否

---

〔一〕覆元本"其"作"之"。
〔二〕覆元本"下"下小注:"一作否。"义较长。
〔三〕覆元本"象"作"尽"。义较长。

矣,小人顺上之心,未尝无也。

## 象曰:大人否亨,不乱群也。

大人于否之时,守其正节,不杂乱于小人之群类,身虽否而道之亨也,故曰否亨。不以道而身亨,乃道之否也。不云君子而云大人,能如是则其道大矣。

## 六三,包羞。

三以阴柔,不中不正而居否,又切近于上,非能守道安命,穷斯滥矣,极小人之情状者也。其所包畜谋虑,邪滥无所不至,可羞耻也。

## 象曰:包羞,位不当也。

阴柔居否,而不中不正,所为可羞者,处不当故也。处不当位,所为不以道也。

## 九四,有命无咎,畴离祉。

四以阳刚健体,居近君之位,是有济否之才,而得高位者也,足以辅上济否。然当君道方否之时,处逼近之地,所恶在居功取忌而已。若能使动必出于君命,威柄一归于上,则无咎,而其志行矣。能使事皆出于君命,则可以济时之否,其畴类皆附离其福祉。离,丽也。君子道行,则与其类同进,以济天下之否,畴离祉也。小人之进,亦以其类同也。

## 象曰:有命无咎,志行也。

有君命则得无咎,乃可以济否,其志得行也。

## 九五,休否,大人吉。其亡其亡,系于苞桑。

五以阳刚中正之德,居尊位,故能休息天下之否,大人之吉也。大人当位,能以其道休息天下之否,以驯致于泰。犹未离于否也,故有其亡之戒。否既休息，渐将反泰，不可便为安肆，当深虑远戒，常虞否之复来，曰其亡矣，其亡矣。其系于苞桑，谓为安固之道，如维系于苞桑也。桑之为物，其根深固，苞谓业生者，其固尤甚，圣人之戒深矣。汉王允、唐李德裕，不知此戒，所以致祸败也。系辞曰："危者安其位者也，亡者保其存者也，乱者有其治者也。是故君子安而不忘危，存而不忘亡，治而不忘乱，是以身安而国家可保也。"

## 象曰：大人之吉，位正当也。

有大人之德，而得至尊之正位，故能休[一]天下之否，是以吉也。无其位，则虽有其道，将何为乎？故圣人之位，谓之大宝。

## 上九，倾否，先否后喜。

上九，否之终也。物理极而必反，故泰极则否，否极则泰。上九否既极矣，故否道倾覆而变也。先极，否也；后倾，喜也。否倾则泰矣，后喜也。

## 象曰：否终则倾，何可长也！

否终则必倾，岂有长否之理？极而必反，理之常也。然反危为安，易乱为治，必有刚阳之才而后能也。故否之上九则能倾否，屯之上六则不能变屯也。

☰离下乾上

同人，序卦："物不可以终否，故受之以同人。"夫天地不交则为否，上下相同则为同人，与否义相反，故相次。又世之方否，必与人同

---

〔一〕覆元本"休"下小注："一有息字。"

力〔一〕乃能济,同人所以次否也。为卦,乾上离下。以二象言之,天在上者也,火之性炎上,与天同也,故为同人。以二体言之,五居正位,为乾之主,二为离之主,二爻以中正相应,上下相同,同人之义也。又卦唯一阴,众阳所欲同,亦同人之义也。他卦固有一阴者,在同人之时而二五相应,天火相同,故其义大。

## 同人于野,亨,利涉大川,利君子贞。

野谓旷野,取远与外之义。夫同人者,以天下大同之道,则圣贤大公之心也。常人之同者,以其私意所合,乃昵比之情耳。故必于野,谓不以昵近情之所私,而于郊野旷远之地,既不系所私,乃至公大同之道,无远不同也,其亨可知。能〔二〕与天下大同,是天下皆同之也。天下皆同,何险阻之不可济? 何艰危之不可亨? 故利涉大川,利君子贞。上言于野,止谓不在昵比,此复言宜以君子正道。君子之贞,谓天下至公大同之道。故虽居千里之远,生千岁之后,若合符节,推而行之,四海之广,兆民之众,莫不同。小人则唯用其私意,所比者虽非亦同,所恶者虽是亦异,故其所同者则为阿党,盖其心不正也。故同人之道,利在君子之贞正。

## 彖曰:同人,柔得位、得中而应乎乾,曰同人。

言成卦之义。柔得位,谓二以阴居阴,得其正位也。五,中正,而二以中正应之,得中而应乎乾也。五,刚健中正,而二以柔顺中正应之,各得其正,其德同也,故为同人。五,乾之主,故云应乎乾。象取天火之象,而彖专以二言。

## 同人曰:

---

〔一〕覆元本“力”下小注:“一作欲。”
〔二〕覆元本“能”下小注:“一作既。”

此三字羡文。

## 同人于野,亨,利涉大川,乾行也。

至诚无私,可以蹈险难者,乾之行也。无私,天德也。

## 文明以健,中正而应,君子正也。

又以二体言其义。有文明之德,而刚健以中正之道相应,乃君子之正道也。

## 唯君子为能通天下之志。

天下之志万殊,理则一也。君子明理,故能通天下之志。圣人视亿兆之心犹一心者,通于理而已。文明则能烛理,故能明大同之义;刚健则能克己,故能尽大同之道,然后能中正合乎乾行也。

## 象曰:天与火,同人,君子以类族辨物。

不云火在天下,天下有火,而云天与火者,天在上,火性炎上,火与天同,故为同人之义。君子观同人之象,而以类族辨物,各以其类族辨物之同异也。若君子小人之党,善恶是非之理,物情之离合,事理之异同,凡异同者君子能辨明之,故处物不失其方也。

## 初九,同人于门,无咎。

九居同人之初,而无一有所字。系应,是无[一]偏私,同人之公者也,故为出门。同人出门谓在外,在外则无私昵之偏,其同博而公,如此则无过咎也。

## 象曰:出门同人,又谁咎也?

出门同人于外,是其所同者广,无所偏私。人之同也,有厚薄亲疏之异,过咎所由生也。既无所偏党,谁其咎之?

---

〔一〕覆元本"无"下有"所"字。

## 六二,同人于宗,吝。

二与五为正应,故曰同人于宗,宗谓宗党也。同于所系应,是有所偏与,在同人之道为私狭矣,故可吝。二若阳爻,则为刚中之德,乃以中道相同,不为私也。

## 象曰:同人于宗,吝道也。

诸卦以中正相应为善,而在同人则为可吝,故五不取君义。盖私比非人君之道,相同以私为可吝也。

## 九三,伏戎于莽,升其高陵,三岁不兴。

三以阳居刚而不得中,是刚暴之人也。在同人之时,志在于同。卦惟一阴,诸阳之志皆欲同之,三又与之比。然二以中正之道与五相应,三以刚强居二五之间,欲夺而同之。然理不直,义不胜,故不敢显发,伏藏兵戎于林莽之中,怀恶而内负不直,故又畏惧,时升高陵以顾望,如此至于三岁之久,终不敢兴。此爻深见小人之情状,然不曰凶者,既不敢发,故未至凶也。

## 象曰:伏戎于莽,敌刚也。三岁不兴,安行也?

所敌者五,既刚且正,其可夺乎?故畏惮伏藏也。至于三岁不兴矣,终安能行乎?

## 九四,乘其墉,弗克攻,吉。

四刚而不中正,其志欲同二,亦与五为仇者也。墉垣所以限隔也。四切近于五,如隔墉耳。乘其墉,欲攻之,知义不直而不克也。苟能自知义之不直而不攻,则为吉也。若肆其邪欲,不能反思义理,妄行攻夺,则其凶大矣。三以刚居刚,故终其强而不能反。四以刚居柔,故有困而能反之义,能反则吉矣。畏义而能改,其吉宜矣。

**象曰：乘其墉，义弗克也。其吉，则困而反则也。**

所以乘其墉而弗克攻之者，以其义之弗克也。以邪攻正，义不胜也。其所以得吉者，由其义不胜，困穷而反于法则也。二者，众阳所同欲也。独三四有争夺之义者，二爻居二五之间也，初终远，故取义别。

**九五，同人，先号咷而后笑，大师克相遇。**

九五同于二，而为三四二阳所隔。五自以义直理胜，故不胜愤抑，至于号咷。然邪不胜正，虽为所隔，终必得合，故后笑也。大师克相遇：五与二正应，而二阳非理隔夺，必用大师克胜之，乃得相遇也。云大师、云克者，见二阳之强也。九五君位，而爻不取人君同人之义者，盖五专以私昵应于二，而失其中正之德。人君当与天下大同，而独私一人，非君道也。又先隔则号咷，后遇则笑，是私昵之情，非大同之体也。二之在下，尚以同于宗为吝，况人君乎？五既于君道无取，故更不言君道，而明二人同心，不可间隔之义。系辞云："君子之道，或出或处，或默或语，二人同心，其利断金。"中诚所同，出处语默无不同，天下莫能间也。同者一也，一不可分，分乃二也。一可以通金石，冒水火，无所不能入，故云其利断金。其理至微，故圣人赞之曰："同心之言，其臭如兰。"谓其言意味深长也。

**象曰：同人之先，以中直也；大师相遇，言相克也。**

先所以号咷者，以中诚理直，故不胜其忿切而然也。虽其敌刚强，至用大师，然义直理胜，终能克之，故言能相克也。相克谓能胜，见二阳之强也。

**上九，同人于郊，无悔。**

郊,在外而远之地。求同者必相亲相与,上九居外而无应,终无与同者也。始有同则至,终或有睽悔。处远而无与,故虽无同,亦无悔。虽欲同之志不遂,而其终无所悔也。

## 象曰:同人于郊,志未得也。

居远莫同,故终无所悔。然而在同人之道,求同之志不得遂,虽无悔,非善处也。

≣乾下离上

大有,序卦:"与人同者,物必归焉,故受之以大有。"夫与人同者,物之所归也,大有所以次同人也。为卦,火在天上。火之处高,其明及远,万物之众,无不照见,为大有之象。又一柔居尊,众阳并应,居尊执柔,物之所归也。上下应之,为大有之义。大有,盛大丰有也。

## 大有:元亨。

卦之才可以元亨也。凡卦德,有卦名自有其义者,如比吉、谦亨是也;有因其卦义便为训戒者,如师贞丈人吉、同人于野亨是也;有以其卦才而言者,大有元亨是也。由刚健文明,应天时行,故能元亨也。

## 象曰:大有,柔得尊位,大中而上下应之,曰大有。

言卦之所以为大有也。五以阴居君位,柔得尊位也,处中得大中之道也,为诸阳所宗,上下应之也。夫居尊执柔,固众之所归也,而又有虚中文明大中之德,故上下同志应之,所以为大有也。

## 其德刚健而文明,应乎天而时行,是以元亨。

卦之德,内刚健而外文明。六五之君,应于乾之九二。五之性柔顺而明,能顺应乎二。二,乾之主也,是应乎乾也。顺应乾行,顺乎天时也,故曰应乎天而时行。其德如此,是以元亨也。王弼云:"不大通,何由得大有乎?大有则必元亨矣。"此不识卦义离乾成大有之义。非大有之义便有元亨,由其才故得元亨。大有而不善者,与不能亨者,有矣。诸卦具元亨利贞,则彖皆释为大亨,恐疑与乾坤同也;不兼利贞,则释为元亨,尽元义也,元有大善之义。有元亨者四卦:大有、蛊、升、鼎也。唯升之彖,误随他卦,作大亨。曰:诸卦之元与乾不同,何也?曰:元之在乾,为元始之义,为首出庶物之义,他卦则不能有此义,为善为大而已。曰:元之为大可矣,为善何也?曰:元者物之先也,物之先岂有不善者乎?事成而后有败,败非先成者也。兴而后有衰,衰固后于兴也。得而后有失,非得则何以有失也?至于善恶治乱是非,天下之事莫不皆然,必善为先。故文言曰:"元者善之长也。"

## 象曰:火在天上,大有,君子以遏恶扬善,顺天休命。

火高在天上,照见万物之众多,故为大有。大有,繁庶之义。君子观大有之象,以遏绝众恶,扬明善类,以奉顺天休美之命。万物众多,则有善恶之殊。君子享大有之盛,当代天工,治养庶类。治众之道,在遏恶扬善而已。恶惩善劝,所以顺天命而安群生也。

## 初九,无交害,匪咎,艰则无咎。

九居大有之初,未至于盛,处卑无应与,未有骄盈之失,故无交害,未涉于害也。大凡富有,鲜不有害。以子贡之贤,未能尽免,况其下者乎?匪咎,艰则无咎,言富有本匪有咎也,人因富有自为咎耳;若能享富有而知难处,则自无咎也。处富有而不能思艰兢畏,则骄侈之心生矣,所以有咎也。

## 象曰:大有初九,无交害也。

在大有之初,克念艰难,则骄溢之心无由生矣,所以不交涉于害也。

## 九二,大车以载,有攸往,无咎。

九以阳刚居二,为六五之君所倚任,刚健则才胜,居柔则谦顺,得中则无过,其才如此,所以能胜大有之任,如大车之材强壮,能胜载重物也。可以任重行远,故有攸往而无咎也。大有丰盛之时,有而未极,故以二之才可往而无咎,至于盛极,则不可以往矣。

## 象曰:大车以载,积中不败也。

壮大之车,重积载于其中而不损败,犹九二材力之强,能胜大有之任也。

## 九三,公用亨于天子,小人弗克。

三居下体之上,在下而居人上,诸侯人君之象也。公侯上承天子,天子居天下之尊,率土之滨,莫非王臣,在下者何敢专其有? 凡土地之富,人民之众,皆王者之有也,此理之正也。故三当大有之时,居诸侯之位,有其富盛,必用亨通乎—作于。天子,谓以其有为天子之有也,乃人臣之常义也。若小人处之,则专其富有以为私,不知公以奉上之道,故曰小人弗克也。

## 象曰:公用亨于天子,小人害也。

公当用〔一〕亨于天子,若小人处之,则为害也。自古诸侯能守臣节,忠顺奉上者,则蓄养其众,以为王之屏翰,丰殖其财,以待上之征赋。若小人处之,则不知为臣奉上之道,以其〔二〕为己之私,民众财丰,则反擅其富强,益为不顺,是小人大有则为害,又大有为

---

〔一〕覆元本"用"下小注:"一无用字。"
〔二〕覆元本"其"下有"有"字。义较长。

小人之害也。

## 九四,匪其彭,无咎。

九四居大有之时,已过中矣,是大有之盛者也。过盛则凶咎所由生也。故处之之道,匪其彭则得无咎,谓能谦损,不处其太盛,故〔一〕得无咎也。四近君之高位,苟处太盛,则致凶咎。彭,盛多之貌。诗载驱云:"汶水汤汤,行人彭彭。"行人盛多之状。雅大明云:"驷骎彭彭。"言武王戎马之盛也。

## 象曰:匪其彭无咎,明辩晢也。

能不处其盛而得无咎者,盖有明辩之智也。晢,明智也。贤智之人,明辩物理,当其方盛,则知咎之将至,故能损抑,不敢至于满极也。

## 六五,厥孚交如,威如,吉。

六五当大有之时,居君位,虚中,为孚信之象。人君执柔守中,而以孚信接于下,则下亦尽其信诚以事于上,上下孚信相交也。以柔居尊位,当大有之时,人心安易,若专尚柔顺,则陵慢生矣,故必威如则吉。威如,有威严之谓也。既以柔和孚信接于下,众志说从,又有威严使之有畏,善处有者也,吉可知矣。

## 象曰:厥孚交如,信以发志也。

## 威如之吉,易而无备也。

下之志,从乎上者也。上以孚信接于下,则下亦以诚信事其上,故厥孚交如。由上有孚信以发其下孚信之志,下之从上,犹响之应声也。威如之所以吉者,谓若无威严,则下易慢而无戒备也,谓无

---

〔一〕徐本"故"作"则"。义较长。

恭畏备上之道。备谓备上之求责也。

## 上九，自天祐之，吉无不利。

上九在卦之终，居无位之地，是大有之极，而不居其有者也。处离之上，明之极也。唯至明所以不居其有，不至于过极也。有极而不处，则无盈满之灾，能顺乎理者也。五之孚信，而履其上，为蹈履诚信之义。五有文明之德，上能降志以应之，为尚贤崇善之义。其处如此，合道之至也，自当享其福庆，自天祐之。行顺乎天而获天祐，故所往皆吉，无所不利也。

## 象曰：大有上吉，自天祐也。

大有之上，有极当变。由其所为顺天合道，故天祐助之，所以吉也。君子满而不溢，乃天祐也。系辞复申之云："天之所助者顺也，人之所助者信也。履信思乎顺，又以尚贤也，是以自天祐之，吉无不利也。"履信谓履五，五虚中，信也。思顺谓谦退不居。尚贤谓志从于五。大有之世，不可以盈丰，而复处盈焉，非所宜也。六爻之中，皆乐据权位，唯初上不处其位，故初九无咎，上九无不利。上九在上，履信思顺，故在上而得吉，盖自天祐也。

# 周易程氏传卷第二

## 周易上经下

䷎艮下坤上

谦，*序卦*："有大者不可以盈，故受之以谦。"其有既大，不可至于盈满，必在谦损，故大有之后，受之以谦也。为卦，坤上艮下，地中有山也。地体卑下，山高大之物，而居地之下，谦之象也。以崇高之德，而处卑之下，谦之义也。

**谦：亨，君子有终。**

谦有亨之道也。有其德而不居，谓之谦。人以谦巽自处，何往而不亨乎？君子有终：君子志存乎谦巽，达理，故乐天而不竞，内充，故退让而不矜，安履乎谦，终身不易，自卑而人益尊之，自晦而德益光显，此所谓君子有终也。在小人则有欲必竞，有德必伐，虽使勉慕于谦，亦不能安行而固守，不能有终也。

**彖曰：谦亨，天道下济而光明，地道卑而上行。**

济当为际。此明谦而能亨之义。天之道，以其气下际，故能化育万物，其道光明。下际谓下交也。地之道，以其处卑，所以其气上行，交于天。皆以卑降而亨也。

**天道亏盈而益谦，**

以天行而言,盈者则亏,谦者则益,日月阴阳是也。

## 地道变盈而流谦,

以地势而言,盈满者倾变而反陷,卑下者流注而益增也。

## 鬼神害盈而福谦,

鬼神谓造化之迹。盈满者祸害之,谦损者福祐之,凡过而损,不足而益者,皆是也。

## 人道恶盈而好谦。

人情疾恶于盈满,而好与于谦巽也。谦者人之至德,故圣人详言,所以戒盈而劝谦也。

## 谦尊而光,卑而不可踰,君子之终也。

谦为卑巽也,而其道尊大而光显;自处虽卑屈,而其德实高不可加尚,是不可踰也。君子至诚于谦,恒而不变,有终也,故尊光。

## 象曰:地中有山,谦,君子以裒多益寡,称物平施。

地体卑下,山之高大而在地中,外卑下而内蕴高大之象,故为谦也。不云山在地中,而曰地中有山,言卑下之中蕴其崇高也。若言崇高蕴于卑下之中,则文理不顺。诸象皆然,观文可见。君子以裒多益寡,称物平施:君子观谦之象,山而在地下,是高者下之,卑者上之,见抑高举下、损过益不及之义;以施于事,则裒取多者,增益寡者,称物之多寡以均其施与,使得其平也。

## 初六,谦谦君子,用涉大川,吉。

初六以柔顺处谦,又居一卦之下,为自处卑下之至,谦而又谦也,故曰谦谦。能如是者,君子也。自处至谦,众所共与也,虽用涉险难,亦无患害,况居平易乎? 何所不吉也? 初处谦而以柔居下,得无过于谦乎? 曰:柔居下,乃其常也,但见其谦之至,故为谦谦,未见其失也。

## 象曰:谦谦君子,卑以自牧也。

谦谦,谦之至也。谓君子以谦卑之道自牧也。自牧,自处也。诗云:"自牧归荑。"

## 六二,鸣谦,贞吉。

二以柔顺居中,是为谦德积于中。谦德充积于中,故发于外,见于声音颜色,故曰鸣谦。居中得正,有中正之德也,故云贞吉。凡贞吉,有为贞且吉者,有为得贞则吉者,六二之贞吉,所自有也。

## 象曰:鸣谦贞吉,中心得也。

二之谦德,由至诚积于中,所以发于声音,中心所自得也,非勉<sub>一有</sub>强字。为之也。

## 九三,劳谦,君子有终,吉。

三以阳刚之德而居下体,为众阴所宗,履得其位,为下之上,是上为君所任,下为众所从,有功劳而持谦德者也,故曰劳谦。古之人有当之者,周公是也。身当天下之大任,上奉幼弱之主,谦恭自牧,夔夔如畏然,可谓有劳而能谦矣。既能劳谦,又须君子行之有终,则吉。夫乐高喜胜,人之常情。平时能谦,固已鲜矣,况有功劳可尊乎?虽使知谦之善,勉而为之,若矜负之心不忘,则不能常久,欲其有终,不可得也。唯君子安履谦顺,乃其常行,故久而不变,乃所谓有终,有终则吉也。九三以刚居正,能终者也。此爻之德最盛,故象辞特重。

## 象曰:劳谦君子,万民服也。

能劳谦之君子,万民所尊服也。系辞云:"劳而不伐,有功而不德,厚之至也。语以其功下人者也。德言盛,礼言恭。谦也者,致恭以存其位者也。"有劳而不自矜伐,有功而不自以为德,是其德弘厚之至也。言以其功劳而自谦,以下于人也。德言盛,礼言恭。以其德言之,则至盛,以其自处之礼言之,则至恭,此所谓谦也。夫谦也者,谓致恭以存其位者也。存,守也。致其恭巽以守其位,故高而不危,满而不溢,是以能终吉也。夫君子履谦,乃其常行,非为保其位而为之也。而言存其位者,盖能致恭所以能存其位,言谦之道如此。如言为善有令名,君子岂为令名而为善也哉? 亦言其令名者,为善之故一作效。也。

## 六四,无不利㧑谦。

四居上体,切近君位,六五之君又以谦柔自处,九三又有大功德,为上所任、众所宗,而己居其上,当恭畏以奉谦德之君,卑巽以让劳谦之臣,动作施为,无所不利于㧑谦也。㧑,施布之象,如人手之㧑也。动息进退,必施其谦,盖居多惧之地,又在贤臣之上故也。

## 象曰:无不利㧑谦,不违则也。

凡人之谦,有所宜施,不可过其宜也。如六五或用侵伐是也。唯四以处近君之地,据劳臣之上,故凡所动作,靡不利于施谦,如是然后中于法则,故曰不违则也,谓得其宜也。

## 六五,不富以其邻,利用侵伐,无不利。

富者众之所归,唯财为能聚人。五以君位之尊,而执谦顺以接于下,众所归也,故不富而能有其邻也。邻,近也。不富而得人之亲也,为人君而持谦顺,天下所归心也。然君道不可专尚谦柔,必须威武相济,然后能怀服天下,故利用行侵伐也。威德并著,然后尽君道之宜,而无所不利也。盖五之谦柔,当防于过,故发此义。

## 象曰:利用侵伐,征不服也。

征其文德谦巽所不能服者也。文德所不能服,而不用威武,何以平治天下?非人君之中道,谦之过也。

## 上六,鸣谦,利用行师,征邑国。

六以柔处柔,顺之极,又处谦之极,极乎谦者也。以极谦而反居高,未得遂其谦之志,故至发于声音;又柔处谦之极,亦必见于声色,故曰鸣谦。虽居无位之地,非任天下之事,然人之行己,必须刚柔相济。上,谦之极也,至于太甚,则反为过矣。故利在以刚武自治。邑国,己之私有。行师,谓用刚武。征邑国,谓自治其私。

## 象曰:鸣谦,志未得也,可用行师征邑国也。

谦极而居上,欲谦之志未得,故不胜其切,至于鸣也。虽不当位,谦既过极,宜以刚武自治其私,故云利用行师征邑国也。

坤下震上

豫,序卦:"有大而能谦必豫,故受之以豫。"承二卦之义而为次也,有既大而能谦,则有豫乐也。豫者,安和悦乐之义。为卦,震上坤下,顺动之象。动而和顺,是以豫也。九四为动之主,上下群阴所共应也,坤又承之以顺,是以动而上下顺应,故为和豫之义。以二象言之,雷出于地上。阳始潜闭于地中,及其动而出地,奋发其声,通畅和豫,故为豫也。

## 豫:利建侯行师。

豫,顺而动也。豫之义,所利在于建侯行师。夫建侯树屏,所以共安天下,诸侯和顺则万民悦服,兵师之兴,众心和悦,则顺从而有功,故悦豫之道,利于建侯行师也。又上动而下顺,诸侯从王,师众顺令之象。君万邦,聚大众,非和悦不能使之服从也。

### 彖曰:豫,刚应而志行,顺以动,豫。

刚应,谓四为群阴所应,刚得众应也。志行,谓阳志上行,动而上下顺从,其志得行也。顺以动,豫:震动而坤顺,为动而顺理,顺理而动,又为动而众顺,所以豫也。

### 豫顺以动,故天地如之,而况建侯行师乎?

以豫顺而动,则天地如之而弗违,况建侯行师,岂有不顺乎? 天地之道,万物之理,唯至顺而已。大人所以先天后天而不违者,亦顺乎理而已。

### 天地以顺动,故日月不过而四时不忒;圣人以顺动,则刑罚清而民服。

复详言顺动之道。天地之运,以其顺动,所以日月之度不过差,四时之行不忒忒;圣人以顺动,故经正而民兴于善,刑罚清简而万民服也。

### 豫之时义大矣哉!

既言豫顺之道矣,然其旨味渊永,言尽而意有余也,故复赞之云:"豫之时义大矣哉!"欲人研味其理,优柔涵泳而识之也。时义,谓豫之时义。诸卦之时与义用大者,皆赞其大矣哉,豫以下十一卦是也。豫、遁、姤、旅言时义,坎、睽、蹇言时用,颐、大过、解、革言时,各以其大者也。

### 象曰:雷出地奋,豫,先王以作乐崇德,殷荐之上帝,以配祖考。

雷者,阳气奋发,阴阳相薄而成声也。阳始潜闭地中,及其动,则出地奋震也。始闭郁,及奋发则通畅和豫,故为豫也。坤顺震发,和顺积中而发于声,乐之象也。先王观雷出地而奋,和畅发于声之象,作声乐以褒崇功德,其殷盛至于荐之上帝,推配之以祖考。殷,盛也。礼有殷奠,谓盛也。荐上帝,配祖考,盛之至也。

## 初六,鸣豫,凶。

初六以阴柔居下,四,豫之主也,而应之,是不中正之小人处豫,而为上所宠,其志意满极,不胜其豫,至发于声音,轻浅如是,必至于凶也。鸣,发于声也。

## 象曰:初六鸣豫,志穷凶也。

云初六,谓其以阴柔处下,而志意穷极,不胜其豫,至于鸣也,必骄肆而致凶矣。

## 六二,介于石,不终日,贞吉。

逸豫之道,放则失正,故豫之诸爻,多不得正,才[一]与时合也。唯六二一爻处中正,又无应,为自守之象。当豫之时,独能以中正自守,可谓特立之操,是其节介如石之坚也。介于石,其介如石也。人之于豫乐,心悦之,故迟迟遂至于耽恋不能已也。二以中正自守,其介如石,其去之速,不俟终日,故贞正而吉也。处豫不可安且久也,久则溺矣。如二,可谓见几而作者也。夫子因二之见几,而极言知几之道,曰:"知几其神乎! 君子上交不谄,下交不渎,其知几乎! 几者动之微、吉之先见者也。君子见几而作,不俟终日。易曰:'介于石,不终日,贞吉。'介如石焉,宁用终日,断可识矣。君子知微知彰,知柔知刚,万夫之望。"夫见事之几微者,其神妙矣乎! 君子上交不至于谄,下交不至于渎者,盖知几也。不知几,则

〔一〕覆元本"才"作"不",义较长。

至于过而不已。交于上以恭巽,故过则为谄;交于下以和易,故过则为渎。君子见于几微,故不至于过也。所谓几者,始动之微也,吉凶之端可先见而未著者也。独言吉者,见之于先,岂复至有凶也? 君子明哲,见事之几微,故能其介如石,其守既坚,则不惑而明,见几而动,岂俟终日也? 断,别也。其判别可见矣。微与彰,柔与刚,相对者也。君子见微则知彰矣,见柔则知刚矣,知几如是,众所仰也,故赞之曰"万夫之望"。

## 象曰:不终日贞吉,以中正也。

能不终日而贞且吉者,以有中正之德也。中正故其守坚,而能辨之早,去之速。爻言六二处豫之道,为教之意深矣。

## 六三,盱豫,悔,迟有悔。

六三阴而居阳,不中不正之人也。以不中正而处豫,动皆有悔。盱,上视也。上瞻望于四,则以不中正不为四所取,故有悔也。四,豫之主,与之切近,苟迟迟而不前,则见弃绝,亦有悔也。盖处身不正,进退皆有悔吝。当如之何? 在正身而已。君子处己有道,以礼制心,虽处豫时,不失中正,故无悔也。

## 象曰:盱豫有悔,位不当也。

自处不当,失中正也,是以进退有悔。

## 九四,由豫,大有得,勿疑,朋盍簪。

豫之所以为豫者,由九四也,为动之主,动而众阴悦顺,为豫之义。四,大臣之位,六五之君顺从之,以阳刚而任上之事,豫之所由也,故云由豫。大有得,言得大行其志,以致天下之豫也。勿疑,朋盍簪:四居大臣之位,承柔弱之君,而当天下之任,危疑之地也,独当上之倚任,而下无同德之助,所以疑也;唯当尽其至诚,勿有疑虑,则朋类自当盍〔一〕聚。夫欲上下之信,唯至诚而已。苟尽其至诚,则何患乎其〔二〕无助也?簪,聚也。簪之名簪,取聚发也。或曰:卦唯一阳,安得同德之助?曰:居上位而至诚求助,理必得之。姤之九五曰有陨自天是也。四以阳刚,迫近君位,而专主乎豫,圣人宜为之戒,而不然者,豫和顺之道也,由和顺之道,不失为臣之正也。如此而专主于豫,乃是任天下之事而致时于豫者也,故唯戒以至诚勿疑。

## 象曰:由豫,大有得,志大行也。

由己而致天下于乐豫,故为大有得,谓其志得大行也。

## 六五,贞疾,恒不死。

六五以阴柔居君位,当豫之时,沉溺于豫,不能自立者也。权之所主,众之所归,皆在于四。四之阳刚得众,非耽惑柔弱之君所能制也,乃柔弱不能自立之君,受制于专权之臣也,居得君位贞也,受制于下有疾苦也。六居尊位,权虽失而位未亡也,故云"贞疾,恒不死",言贞而有疾,常疾而不死,如汉、魏末世之君也。人君致危亡之道非一,而以豫为多。在四不言失正,而于五乃见其强逼者,四本无失,故于四言大臣任天下之事之义,于五则言柔弱居尊,不能自立,威权去己之义,各据爻以取义,故不同也。若五不失君道,而四主于豫,乃是任得其人,安享其功,如太甲、成王也。蒙亦以阴居尊位,二以阳为蒙之主,然彼吉而此疾者,时不同也。童蒙而资之于人,宜也;耽豫而失之于人,危亡之道也。故蒙相应,则倚任者也;豫相逼,则失权者也。又上下之心专归于四也。

〔一〕覆元本"盍"作"合"。
〔二〕覆元本"乎其"下小注:"一无乎字,一无其字。"

象曰:六五贞疾,乘刚也;恒不死,中未亡也。

贞而疾,由乘刚为刚所逼也。恒不死,中之尊位未亡也。

## 上六,冥豫成,有渝无咎。

上六阴柔,非有中正之德,以阴居上,不正也。而当豫极之时,以
君子居斯时,亦当戒惧,况阴柔乎?乃耽肆于豫,昏迷不知反者
也。在豫之终,故为昏冥已成也。若能有渝变,则可以无咎矣。
在豫之终,有变之义。人之失,苟能自变,皆可以无咎,故冥豫虽
已成,能变则善也。圣人发此义,所以劝迁善也,故更不言冥之
凶,专言渝之无咎。

## 象曰:冥豫在上,何可长也?

昏冥于豫,至于终极,灾咎行及矣。其可长然乎?当速渝也。

䷐震下兑上

随,序卦:"豫必有随,故受之以随。"夫悦豫之道,物所随也,随所
以次豫也。为卦,兑上震下,兑为说,震为动,说而动,动而说,皆
随之义。女,随人者也,以少女从长男,随之义也。又震为雷,兑
为泽,雷震于泽中,泽随而动,随之象也。又以卦变言之,乾之上
来居坤之下,坤之初往居乾之上,阳来下于阴也;以阳下阴,阴必
说随,为随之义。凡成卦,既取二体之义,又有取爻义者,复有更
取卦变之义者,如随之取义,尤为详备。

## 随:元,亨,利,贞,无咎。

随之道,可以致大亨也。君子之道,为众所随,与己随于人,及临
事择所随,皆随也。随得其道,则可以致大亨也。凡人君之从善,
臣下之奉命,学者之徙义,临事而从长,皆随也。随之道,利在于

贞正,随得其正,然后能大亨而无咎。失其正则有咎矣,岂能亨乎?

## 彖曰:随,刚来而下柔,动而说,随。

## 大亨贞,无咎,而天下随时。

卦所以为随,以刚来而下柔,动而说也,谓乾之上九来居坤之下,坤之初六往居乾之上,以阳刚来下于阴柔,是以上下下,以贵下贱,能如是,物之所说随也。又下动而上说,动而可说也,所以随也。如是则可大亨而得正,能大亨而得正,则为无咎。不能亨,不得正,则非可随之道,岂能使天下随之乎? 天下所随者时也,故云"天下随时"。

## 随时之义大矣哉!

君子之道,随时而动,从宜适变,不可为典要,非造道之深,知几能权者,不能与于此也。故赞之曰:"随时之义大矣哉!"凡赞之者,欲人知其义之大,玩而识之也。此赞随时之义大,与豫等诸卦不同,诸卦时与义是两事。

## 象曰:泽中有雷,随,君子以向晦入宴息。

雷震于泽中,泽随震而动,为随之象。君子观象,以随时而动。随时之宜,万事皆然,取其最明且近者言之。君子以向晦入宴息:君子昼则自强不息,及向昏晦,则入居于内,宴息以安其身,起居随时,适其宜也。礼:君子昼不居内,夜不居外,随时之道也。

## 初九,官有渝,贞吉,出门交有功。

九居随时而震体且动之主,有所随者也。官,主守也。既有所随,是其所主守有变易也,故曰"官有渝,贞吉",所随得正则吉也。有渝而不得正,乃过动也。出门交有功:人心所从,多所亲爱者也。

常人之情,爱之则见其是,恶之则见其非,故妻孥之言虽失而多从,所憎之言虽善为恶也。苟以亲爱而随之,则是私情所与,岂合正理,故出门而交则有功也。出门谓非私昵,交不以私,故其随当而有功。

## 象曰:官有渝,从正吉也。

既有随而变,必所从得正则吉也。所从不正,则有悔吝。

## 出门交有功,不失也。

出门而交,非牵于私,其交必正矣,正则无失而有功。

## 六二,系小子,失丈夫。

二应五而比初,随先于近柔,不能固守,故为之戒云:若系小子,则失丈夫也。初阳在下,小子也;五正应在上,丈夫也。二若志系于初,则失九五之正应,是失丈夫也。系小子而失丈夫,舍正应而从不正,其咎大矣。二有中正之德,非必至如是也,在随之时,当为之戒也。

## 象曰:系小子,弗兼与也。

人之所随,得正则远邪,从非则失是,无两从之理。二苟系初,则失五矣,弗能兼与也。所以戒人从正当专一也。

## 六三,系丈夫,失小子,随有求得,利居贞。

丈夫九四也,小子初也。阳之在上者丈夫也,居下者小子也。三虽与初同体,而切近于四,故系于四也。大抵阴柔不能自立,常亲系于所近者。上系于四,故下失于初,舍初从上,得随之宜也,上随则善也。如昏之随明,事之从善,上随也。背是从非,舍明逐暗,下随。四亦无应,无随之者也,近得三之随,必与之亲善。故三之随四,有求必得也。人之随于上,而上与之,是得所求也。

又凡所求者可得也。虽然,固不可非理枉道以随于上,苟取爱说以遂所求。如此,乃小人邪谄趋利之为也,故云利居贞。自处于正,则所谓有求而必〔一〕得者,乃正事君子之随也。

## 象曰:系丈夫,志舍下也。

既随于上,则是其志舍下而不从也。舍下而从上,舍卑而从高也,于随为善矣。

## 九四,随有获,贞凶。有孚,在道,以明,何咎?

九四以阳刚之才,处臣位之极,若于随有获,则虽正亦凶。有获,谓得天下之心随于己。为臣之道,当使恩威一出于上,众心皆随于君。若人心从己,危疑之道也,故凶。居此地者奈何?唯孚诚积于中,动为合于道,以明哲处之,则又何咎?古之人有行之者,伊尹、周公、孔明是也,皆德及于民,而民随之。其得民之随,所以成其君之功,致其国之安,其至诚存乎中,是有孚也;其所施为无不中道,在道也;唯其明哲,故能如是以明也,复何过咎之有?是以下信而上不疑,位极而无逼上之嫌,势重而无专强〔二〕之过。非圣人大贤,则不能也。其次如唐之郭子仪,威震主而主不疑,亦由中有诚孚而处无甚失也,非明哲能如是乎?

## 象曰:随有获,其义凶也。有孚在道,明功也。

居近君之位而有获,其义固凶。能有孚而在道,则无咎,盖明哲之功也。

## 九五,孚于嘉,吉。

九五居尊得正而中实,是其中诚在于随善,其吉可知。嘉,善也。

---

〔一〕覆元本“必”下小注:“一无必字。”
〔二〕覆元本“强”下小注:“一作权。”

自人君至于庶人,随道之吉,唯在随善而已。下应二之正中,为随善之义。

## 象曰:孚于嘉吉,位正中也。

处正中之位,由正中之道,孚诚所随者正中也,所谓嘉也,其吉可知。所孚之嘉,谓六二也。随以得中为善,随之所防者过也,盖心所说随,则不知其过矣。

## 上六,拘系之,乃从维之,王用亨于西山。

上六以柔顺而居随之极,极乎随者也。拘系之:谓随之极,如拘持縻系之。乃从维之:又从而维系之也,谓随之固结如此。王用亨于西山:随之极如是。昔者太王用此道,亨王业于西山。太王避狄之难,去豳来岐,豳人老稚扶携以随之如归市,盖其人心之随,固结如此,用此故能亨盛其王业于西山。西山,岐山也。周之王业,盖兴于此。上居随极,固为太过,然在得民[一]之随,与随善之固,如此乃为善也,施于他则过矣。

## 象曰:拘系之,上穷也。

随之固如拘系维持,随道之穷极也。

☶ 巽下艮上

蛊,序卦:"以喜随人者必有事,故受之以蛊。"承二卦之义以为次也。夫喜悦以随于人者,必有事也。无事,则何喜、何随? 蛊所以次随也。蛊,事也。蛊非训事,蛊乃有事也。为卦,山下有风,风在山下,遇山而回则物乱,是为蛊象。蛊之义,坏乱也。在文为虫

---

〔一〕覆元本"民"下小注:"一有心字。"

皿,皿之有虫,蛊坏之义。左氏传云:"风落山,女惑男。"以长女下于少男,乱其情也。风遇山而回,物皆挠乱,是为有事之象,故云蛊者事也。既蛊而治之,亦事也。以卦之象言之,所以成蛊也;以卦之才言之,所以治蛊也。

## 蛊:元,亨,利涉大川。

既蛊则有复治之理。自古治必因乱,乱则开治,理自然也。如卦之才以治蛊,则能致元亨也。蛊之大者,济时之艰难险阻也,故曰利涉大川。

## 先甲三日,后甲三日。

甲,数之首,事之始也,如辰之甲乙。甲第、甲令,皆谓首也,事之端也。治蛊之道,当思虑其先后三日,盖推原先后,为救弊可久之道。先甲谓先于此,究其所以然也。后甲谓后于此,虑其将然也。一日二日至于三日,言虑之深,推之远也。究其所以然,则知救之之道;虑其将然,则知备之之方。善救则前弊可革,善备则后利可久,此古之圣王所以新天下而垂后世也。后之治蛊者,不明圣人先甲后甲之诫,虑浅而事近,故劳于救世而乱不革,功未及成而弊已生矣。甲者事之首,庚者变更之首。制作政教之类,则云甲,举其首也。发号施令之事,则云庚,庚犹更也,有所更变也。

## 彖曰:蛊,刚上而柔下,巽而止,蛊。

以卦变及二体之义而言。刚上而柔下,谓乾之初九上而为上九,坤之上六下而为初六也。阳刚,尊而在上者也,今往居于上;阴柔,卑而在下者也,今来居于下。男虽少而居上,女虽长而在下,尊卑得正,上下顺理,治蛊之道也。由刚之上、柔之下,变而为艮巽。艮,止也。巽,顺也。下巽而上止,止于巽顺也。以巽顺之道治蛊,是以元亨也。

## 蛊元亨而天下治也。

治蛊之道,如卦之才,则元亨而天下治矣。夫治乱者,苟能使尊卑上下之义正,在下者巽顺,在上者能止齐安定之,事皆止于顺,则何蛊之不治也?其道大善而亨也,如此则天下治矣。

## 利涉大川,往有事也。

方天下坏乱之际,宜涉艰险以往而济之,是往有所事也。

## 先甲三日,后甲三日,终则有始,天行也。

夫有始则必有终,既终则必有始,天之道也。圣人知终始之道,故能原始而究其所以然,要终而备其将然,先甲后甲而为之虑,所以能治蛊而致元亨也。

## 象曰:山下有风,蛊,君子以振民育德。

山下有风,风遇山而回,则物皆散乱,故为有事之象。君子观有事之象,以振济于民,养育其德也。在己则养德,于天下则济民,君子之所事,无大于此二者。

## 初六,干父之蛊,有子,考无咎,厉终吉。

初六虽居最下,成卦由之,有主之义。居内在下而为主,子干父蛊也。子干父蛊之道,能堪其事则为有子,而其考得无咎。不然,则为父之累,故必惕厉,则得终吉也。处卑而尸尊事,自当兢畏。以六之才,虽能巽顺,体乃阴柔,在下无应而主干,非有能济之义。若以不克干而言,则其义甚小,故专言为子干蛊之道,必克济则不累其父,能厉则可以终吉,乃备见为子干蛊之大法也。

## 象曰:干父之蛊,意承考也。

子干父蛊之道,意在承当于父之事也,故祗敬其事,以置父于无咎之地,常怀惕厉,则终得其吉也。尽诚于父事,吉之道也。

## 九二,干母之蛊,不可贞。

九二阳[一]刚,为六五所应,是以阳刚之才在下,而干夫在上,阴柔之事也,故取子干母蛊为义。以刚阳之臣,辅柔弱之君,义亦相近。二巽体而处柔,顺义为多,干母之蛊之道也。夫子之于母,当以柔巽辅道之,使得于义。不[二]顺而致败蛊,则子之罪也。从容将顺,岂无道乎? 以妇人言之,则阴柔可知。若伸己刚阳之道,遽然矫拂则伤恩,所害大矣,亦安能入乎? 在乎屈己下意,巽顺将承,使之身正事治而已,故曰不可贞。谓不可贞固,尽其刚直之道,如是乃中道也,又安能使之为甚高之事乎? 若于柔弱之君,尽诚竭忠,致之于中道则可矣,又安能使之大有为乎? 且以周公之圣辅<u>成王</u>,<u>成王</u>非甚柔弱也,然能使之为<u>成王</u>而已,守成不失道则可矣,固不能使之为<u>羲</u>、<u>黄</u>、<u>尧</u>、<u>舜</u>之事也。二巽体而得中,是能巽顺而得中道,合不可贞之义,得干母蛊之道也。

## 象曰:干母之蛊,得中道也。

二得中道而不过刚,干母蛊之善者也。

## 九三,干父之蛊,小有悔,无大咎。

三以刚阳之才,居下之上,主干者也,子干父之蛊也。以阳处刚而不中,刚之过也。然而在巽体,虽刚过而不为无顺。顺,事亲之本也。又居得正,故无大过。以刚阳之才,克干其事,虽以刚过,而有小小之悔,终无大过咎也。然有小悔,已非善事亲也。

## 象曰:干父之蛊,终无咎也。

以三之才,干父之蛊,虽小有悔,终无大咎也。盖刚断能干,不失

---

〔一〕覆<u>元</u>本"阳"上有"以"字。
〔二〕覆<u>元</u>本"不"上小注:"一有母字。"义较长。

正而有顺,所以终无咎也。

## 六四,裕父之蛊,往见吝。

四以阴居阴,柔顺之才也,所处得正,故为宽裕以处其父事者也。夫柔顺之才而处正,仅能循常自守而已。若往干过常之事,则不胜而见吝也。以阴柔而无应助,往安能济?

## 象曰:裕父之蛊,往未得也。

以四之才,守常居宽裕之时则可矣,欲有所往,则未得也。加其所任〔一〕,一作往。则不胜矣。

## 六五,干父之蛊,用誉。

五居尊位,以阴柔之质,当人君之干,而下应于九二,是能任刚阳之臣也。虽能下应刚阳之贤而倚任之,然己实阴柔,故不能为创始开基之事,承其旧业则可矣,故为干父之蛊。夫创业垂统之事,非刚明之才则不能。继世之君,虽柔弱之资,苟能〔二〕任刚贤,则可以为善继而成令誉也。太甲、成王,皆以臣而用誉者也。

## 象曰:干父用誉,承以德也。

干父之蛊,而用有令誉者,以其在下之贤承辅之以刚中之德也。

## 上九,不事王侯,高尚其事。

上九居蛊之终,无系应于下,处事之外,无所事之地也。以刚明之才,无应援而处无事之地,是贤人君子不偶于时,而高洁自守,不累于世务者也,故云不事王侯,高尚其事。古之人有行之者,伊尹、太公望之始,曾子、子思之徒是也。不屈道以徇时,既不得施

---

〔一〕徐本此句作"如有所往",义较长。
〔二〕覆元本"能"下小注:"一有信字。"

设于天下,则自善其身,尊高敦尚其事,守其志节而已。士之自高尚,亦非一道:有怀抱道德,不偶于时,而高洁自守者;有知止足之道,退而自保者;有量能度分,安于不求知者;有清介自守,不屑天下之事,独洁其身者。所处虽有得失小大之殊,皆自高尚其事者也。象所谓志可则者,进退合道者也。

## 象曰:不事王侯,志可则也。

如上九之处事外,不累于世务,不臣事于王侯,盖进退以道,用舍随时,非贤者能之乎?其所存之志,可为法则也。

**䷒兑下坤上**

临,序卦:"有事而后可大,故受之以临。""临者大也","蛊者事也",有事则可大矣,故受之以临也。韩康伯云:"可大之业,由事而生。"二阳方长而盛大,故为临也。为卦,泽上有地。泽上之地,岸也,与水相际,临近乎水,故为临。天下之物,密近相临者,莫若地与水,故地上有水则为比,泽上有地则为临也。临者,临民、临事,凡所临皆是。在卦,取自上临下,临民之义。

## 临:元,亨,利,贞。

以卦才言也。临之道,如卦之才,则大亨而正也。

## 至于八月,有凶。

二阳方长于下,阳道向盛之时,圣人豫为之戒曰:阳虽方长,至于八月,则其道消矣,是有凶也。大率圣人为戒,必于方盛之时。方盛而虑衰,则可以防其满极,而图其永久。若既衰而后戒,亦无及矣。自古天下安治,未有久而不乱者,盖不能戒于盛也。方其盛而不知戒,故狃安富则骄侈生,乐舒肆则纲纪坏,忘祸乱则衅孽萌，是以浸淫不知乱之至也。

## 象曰：临，刚浸而长，

## 说而顺，刚中而应，

## 大亨以正，天之道也。

浸，渐也。二阳长于下而渐进也。下兑上坤，和说而顺也。刚得中道而有应助，是以能大亨而得正，合天之道。刚正而和顺，天之道。化育之功所以不息者，刚正和顺而已。以此临人，临事，临天下，莫不大亨而得正也。兑为说，说乃和也。夬彖云：决而和。

## 至于八月有凶，消不久也。

临，二阳生，阳方渐盛之时，故圣人为之戒云：阳虽方长，然至于八月，则消而凶矣。八月，谓阳生之八月。阳始生于复，自复至遯凡八月，自建子至建未也，二阴长而阳消矣，故云消不久也。在阴阳之气言之，则消长如循环，不可易也。以人事言之，则阳为君子，阴为小人，方君子道长之时，圣人为之诫，使知极则有凶之理而虞备之，常不至于满极，则无凶也。

## 象曰：泽上有地，临，君子以教思无穷，容保民无疆。

泽之上有地。泽，岸也，水之际也。物之相临与含容，无若水之在地，故泽上有地为临也。君子观亲临之象，则教思无穷，亲临于民，则有教导之意思也。无穷，至诚无斁也。观含容之象，则有容保民之心。无疆，广大无疆限也。含容有广大之意，故为无穷无疆之义。

## 初九，咸临，贞吉。

咸，感也。阳长之时，感动于阴。四应于初，感之者也，比他卦相应尤重。四，近君之位。初得正位，与四感应，是以正道为当位所信任,得行其志,获乎上而得行其正道,是以吉也。他卦初、上爻不言得位失位,盖初终之义为重也。临则以初得位居正为重。凡言贞吉,有既正且吉者,有得正则吉者,有贞固守之则吉者,各随其事—作时。也。

## 象曰:咸临贞吉,志行正也。

所谓贞吉,九之志在于行正也。以九居阳,又应四之正,其志正也。

## 九二,咸临吉,无不利。

二方阳长而渐盛,感动于六五中顺之君,其交之亲,故见信任,得行其志,所临吉而无不利也。吉者已然,如是故吉也。无不利者将然,于所施为,无所不利也。

## 象曰:咸临吉无不利,未顺命也。

未者,非遽之辞。孟子:或问:"劝齐伐燕有诸?"曰:"未也。"又云:"仲子所食之粟,伯夷之所树与?抑亦盗跖之所树与?是未可知也。"史记侯嬴曰:"人固未易知。"古人用字之意皆如此,今人大率用对"已"字,故意似异,然实不殊也。九二与五感应以临下,盖以刚德之长,而又得中,至诚相感,非由顺上之命也,是以吉而无不利。五顺体而二说体,又阴阳相应,故象特明其非由说顺也。

## 六三,甘临,无攸利,既忧之,无咎。

三居下之上,临人者也。阴柔而说体,又处不中正,以甘说临人者也。在上而以甘说临下,失德之甚,无所利也。兑性既说,又乘二阳之上,阳方长而上进,故不安而益甘,既知危惧而忧之,若能持谦守正,至诚以自处,则无咎也。邪说由己,能忧而改之,复何咎乎?

象曰:甘临,位不当也。**既忧之,咎不长也。**

阴柔之人,处不中正,而居下之上,复乘二阳,是处不当位也。既能知惧而忧之,则必强勉自改,故其过咎不长也。

六四,至临,无咎。

四居上之下,与下体相比,是切临于下,临之至也。临道尚近,故以比为至。四居正位,而下应于刚阳之初,处近君之位,守正而任贤,以亲临于下,是以无咎,所处当也。

象曰:**至临无咎,位当也。**

居近君之位,为得其任;以阴处四,为得其正;与初相应,为下贤。所以无咎,盖由位之当也。

六五,知临,大君之宜,吉。

五以柔中顺体,居尊位,而下应于二刚中之臣,是能倚任于二,不劳而治,以知临下者也。夫以一人之身,临乎天下之广,若区区自任,岂能周于万事?故自任其知者,适足为不知。惟能取天下之善,任天下之聪明,则无所不周。是不自任其知,则其知大矣。五顺应于九二刚中之贤,任之以临下,乃己以明知临天下,大君之所宜也,其吉可知。

象曰:**大君之宜,行中之谓也。**

君臣道合,盖以气类相求。五有中德,故能倚任刚中之贤,得大君之宜,成知临之功,盖由行其中德也。人君之于贤才,非道同德合,岂能用也?

上六,敦临,吉,无咎。

上六,坤之极,顺之至也,而居临之终,敦厚于临也。与初二虽非正应,然大率阴求于阳,又其至顺,故志在从乎二阳,尊而应卑,高而从下，尊贤取善，敦厚之至也，故曰敦临，所以吉而无咎。阴柔在上，非能临者，宜有咎也。以其敦厚于顺刚，是以吉而无咎。六居临之终，而不取极义，临无过极，故止为厚义。上，无位之地，止以在上言。

## 象曰：敦临之吉，志在内也。

志在内，应乎初与二也。志顺刚阳而敦笃，其吉可知也。

≣≣坤下巽上

观，序卦："临者大也，物大然后可观，故受之以观。"观所以次临也。凡观视于物则为观[一]，为观于下则为观[二]。如楼观谓之观者，为观于下也。人君上观天道，下观民俗，则为观；修德行政，为民瞻仰，则为观。风行地上，遍触万类，周观之象也。二阳在上，四阴在下，阳刚居尊，为群下所观，仰观之义也。在诸爻，则惟取观见，随时为义也。

## 观：盥而不荐，有孚颙若。

予闻之胡翼之先生曰："君子居上，为天下之表仪，必极其庄敬，则下观仰而化也。故为天下之观，当如宗庙之祭，始盥之时，不可如既荐之后，则下民尽其至诚，颙然瞻仰之矣。"盥，谓祭祀之始，盥手酌郁鬯于地，求神之时也。荐，谓献腥献熟之时也。盥者事之始，人心方尽其精诚，严肃之至也。至既荐之后，礼数繁缛，则人心散，而精一不若始盥之时矣。居上者，正其表仪，以为下民之观，当一作常。庄严如始盥之初，勿使诚意少散，如既荐之后，则天

<hr>

〔一〕覆元本"观"下小注："平声。"
〔二〕覆元本"观"下小注："去声。"

下之人莫不尽其孚诚,颙然瞻仰之矣。颙,仰望也。

## 彖曰:大观在上,顺而巽,中正以观天下。

五居尊位,以刚阳中正之德,为下所观,其德甚大,故曰大观在上。下坤而上巽,是能顺而巽也。五居中正,以巽顺中正之德为观于天下也。

## 观盥而不荐,有孚颙若,下观而化也。

为观之道,严敬如始盥之时,则下民至诚瞻仰而从化也。不荐,谓不使诚意少散也。

## 观天之神道而四时不忒,圣人以神道设教而天下服矣。

天道至神,故曰神道。观天之运行,四时无有差忒,则见其神妙。圣人见天道之神,体神道以设教,故天下莫不服也。夫天道至神,故运行四时,化育万物,无有差忒。至神之道,莫可名言,惟圣人默契,体其妙用,设为政教,故天下之人涵泳其德而不知其功,鼓舞其化而莫测其用,自然仰观而戴服,故曰:“以神道设教而天下服矣。”

## 象曰:风行地上,观,先王以省方观民设教。

风行地上,周及庶物,为由历周览之象,故先王体之为省方之礼,以观民俗而设政教也。天子巡省四方,观视民俗,设为政教,如奢则约之以俭,俭则示之以礼是也。省方,观民也。设教,为民观也。

## 初六,童观,小人无咎,君子吝。

六以阴柔之质,居远于阳,是以观见者浅近,如童稚然,故曰童观。阳刚中正在上,圣贤之君也,近之则见其道德之盛,所观深远。初乃远之,所见不明,如童蒙之观也。小人,下民也,所见昏浅,不能识君子之道,乃常分也,不足谓之过咎,若君子而如是,则可鄙吝也。

## 象曰:初六童观,小人道也。

所观不明,如童稚,乃小人之分,故曰小人道也。

## 六二,窥观,利女贞。

二应于五,观于五也。五,刚阳中正之道,非二阴暗柔弱所能观见也,故但如窥觇之观耳。窥觇之观,虽少见而不能甚一作尽。明也。二既不能明见刚阳中正之道,则利如女子之贞。虽见之不能甚明,而能顺从者,女子之道也,在女子为贞也。二既不能明见九五之道,能如女子之顺从,则不失中正,乃为利也。

## 象曰:窥观女贞,亦可丑也。

君子不能观见刚阳中正之大道,而仅一有能字。窥觇其仿佛,虽能顺从,乃同女子之贞,亦可羞丑也。

## 六三,观我生,进退。

三居非其位,处顺之极,能顺时以进退者也。若居当其位,则无进退之义也。观我生:我之所生,谓动作施为出于己者,观其所生而随宜进退,所以处虽非正,而未至失道也。随时进退,求不失道,故无悔咎,一作吝。以能顺也。

## 象曰:观我生,进退,未失道也。

观己之生,而进退以顺乎宜,故未至于失道也。

## 六四,观国之光,利用宾于王。

观莫明于近。五以刚阳中正,居尊位,圣贤之君也;四切近之,观见其道,故云观国之光,观见国之盛德光辉也。不指君之身而云国者,在人君而言,岂止观其行一身乎?当观天下之政化,则人君之道德可见矣。四虽阴柔,而巽体居正,切近于五,观见而能顺从者也。利用宾于王:夫圣明在上,则怀抱才德之人,皆愿进于朝廷,辅戴之以康济天下。四既观见人君之德,国家之治,光华盛美,所宜宾于王朝,效其智力,上辅于君,以施泽天下,故云利用宾于王也。古者有贤德之人,则人君宾礼之,故士之仕进于王朝,则谓之宾。

## 象曰:观国之光,尚宾也。

君子怀负才业,志在乎兼善天下,然有卷怀自守者,盖时无明君,莫能用其道,不得已也,岂君子之志哉?故孟子曰:"中天下而立,定四海之民,君子乐之。"既观见国之盛德光华,古人所谓非常之遇也,一无也字。所以志愿登进王朝,以行其道,故云"观国之光,尚宾也"。尚谓志尚,其志意愿慕宾于王朝也。

## 九五,观我生,君子无咎。

九五居人君之位,时之治乱,俗之美恶,系乎己而已。观己之生,若天下之俗皆君子矣,则是己之所为政化善也,乃无咎矣;若天下之俗未合君子之道,则是己之所为政治未善,不一作未。能免于咎也。

## 象曰:观我生,观民也。

我生,出于己者。人君欲观己之施为善否,当观于民,民俗善则政化善也。王弼云观民以察己之道,是也。

## 上九,观其生,君子无咎。

上九以阳刚之德处于上,为下之所观,而不当位,是贤人君子不在于位,而道德为天下所观仰者也。观其生,观其所生也,谓出于己者,德业行义也,既为天下所观仰,故自观其所生,若皆君子矣,则无过咎也;苟未君子,则何以使人观仰矜式,是其咎也。

## 象曰:观其生,志未平也。

虽不在位,然以人观其德,用为仪法,故当自慎省,观其所生,常不
失于君子,则人不失所望而化之矣;不可以不在于位故,安然放意
无所事也。是其志意未得安也,故云志未平也。平谓安宁也。

**☲ 震下离上**

噬嗑,序卦:"可观而后有所合,故受之以噬嗑。嗑者,合也。"既有
可观,然后有来合之者也,噬嗑所以次观也。噬,啮也。嗑,合也。
口中有物间之,啮而后合之也。卦:上下二刚爻而中柔,外刚中
虚,人颐口之象也;中虚之中,又一刚爻,为颐中有物之象。口中
有物,则隔其上下,不得嗑,必啮之,则得嗑,故为噬嗑。圣人以卦
之象,推之于天下之事,在口则为有物隔而不得合,在天下则为有
强梗或谗邪间隔于其间,故天下之事不得合也,当用刑罚,小则惩
戒,大则诛戮以除去之,然后天下之治得成矣。凡天下至于一国
一家,至于万事,所以不和合者,皆由有间也,无间则合矣。以至
天地之生,万物之成,皆合而后能遂,凡未合者皆有间也。若君臣
父子亲戚朋友之间,有离贰怨隙者,盖谗邪间于其间也,除去之则
和合矣。故间隔者,天下之大害也。圣人观噬嗑之象,推之于天
下万事,皆使去其间隔而合之,则无不和且治—作治。矣。噬嗑者,
治天下之大用也。去天下之间,在任刑罚,故卦取用刑为义。在
二体,明照而威震,乃用刑之象也。

## 噬嗑:亨,利用狱。

噬嗑,亨:卦自有亨义也。天下之事所以不得亨者,以有间也,噬
而嗑之,则亨通矣。利用狱:噬而嗑之之道,宜用刑狱也。天
下之

间,非刑狱何以〔一〕去之？不云利用刑,而云利用狱者,卦有明照之象,利于察狱也。狱者所以究察情伪,得其情则知为间之道,然后可以设防与致刑也。

## 彖曰:颐中有物曰噬嗑,噬嗑而亨。

颐中有物,故为噬嗑。有物间于颐中则为害,噬而嗑之,则其害亡,乃亨通也,故云"噬嗑而亨"。

## 刚柔分动而明,雷电合而章。

以卦才言也。刚爻与柔爻相间,刚柔分而不相杂,为明辨之象。明辨,察狱之本也。动而明,下震上离,其动而明也。雷电合而章,雷震而电耀,相须并见,合而章也。照与威并行,用狱之道也。能照则无所隐情,有威则莫敢不畏。上既以二象言其动而明,故复言威照并用之意。

## 柔得中而上行,虽不当位,利用狱也。

六五以柔居中,为用柔得中之义。上行,谓居尊位。虽不当位,谓以柔居五为不当。而利于用狱者,治狱之道,全刚则伤于严暴,过柔则失于宽纵,五为用狱之主,以柔处刚而得中,得用狱之宜也。以柔居刚为利用狱,以刚居柔为利否？曰:刚柔质也,居用也,用柔非治狱之宜也。

## 象曰:雷电,噬嗑,先王以明罚敕法。

象无倒置者,疑此文互也。雷电,相须并见之物,亦有嗑象,电明而雷威。先王观雷电之象,法其明与威,以明其刑罚,饬其法令。

〔一〕覆元本"何以"下小注:"一作不可以。"

法者,明事理而为之防者也。

# 初九,屦校灭趾,无咎。

九居初,最下无位者也,下民之象,为受刑之人,当用刑之始,罪小
而刑轻。校,木械也,其过小,故屦之于足,以灭伤其趾。人有小
过,校而灭其趾,则当惩惧,不敢进于恶矣,故得无咎。系辞云:
"小惩而大诫,此小人之福也。"言惩之于小与初,故得无咎也。初
与上无位,为受刑之人,余四爻皆为用刑之人。初居最下,无位者
也。上处尊位之上,过于尊位,亦无位者也。王弼以为无阴阳之
位,阴阳系于奇偶,岂容无也?然诸卦初上不言当位不当位者,盖
初终之义为大。临之初九,则以位为正。若需上六云不当位,乾
上九云无位,爵位之位,非阴阳之位也。

# 象曰:屦校灭趾,不行也。

屦校而灭伤其趾,则知惩诫而不敢长其恶,故云不行也。古人制
刑,有小罪,则校其趾,盖取禁止其行,使不进于恶也。

# 六二,噬肤灭鼻,无咎。

二,应五之位,用刑者也。四爻皆取噬为义,二居中得正,是用刑
得其中正也。用刑得其中正,则罪恶者易服,故取噬肤为象。噬
啮人之肌肤,为易入也。灭,没也,深入至没其鼻也。二以中正之
道,其刑易服,然乘初刚,是用刑于刚强之人。刑刚强之人,必须
深痛,故至灭鼻而无咎也。中正之道,易以服人,与严刑以待刚
强,义不相妨。

# 象曰:噬肤灭鼻,乘刚也。

深至灭鼻者,乘刚故也。乘刚乃用刑于刚强之人,不得不深严也。
深严则得宜,乃所谓中也。

## 六三,噬腊肉,遇毒,小吝,无咎。

三居下之上,用刑者也。六居三,处不当位,自处不得其当,而刑于人,则人不服而怨怼悖犯之,如噬啮干腊坚韧之物,而遇毒恶之味,反伤于口也。用刑而人不服,反致怨伤,是可鄙吝也。然当噬嗑之时,大要噬间而嗑之,虽其身处位不当,而强梗难服,至于遇毒,然用刑非为不当也,故虽可吝,而亦小噬而嗑之,非有咎也。

## 象曰:遇毒,位不当也。

六三一无三字。以阴居阳,处位不当,自处不当,故所刑者难服而反毒之也。

## 九四,噬干胏,得金矢,利艰贞,吉。

九四居近君之位,当噬嗑之任者也。四已过中,是其间愈大而用刑愈深也,故云噬干胏。胏,肉之有联一无联字。骨者。干肉而兼骨,至坚难噬者也。噬至坚而得金矢,金取刚,矢取直。九四阳德刚直,为得刚直之道,虽用刚直之道,利在克艰其事而贞固其守,则吉也。九四刚而明体,阳而居柔。刚明则伤于果,故戒以知难;居柔则守不固,故戒以坚贞。刚而不贞者有矣,凡失刚者皆不贞也。在噬嗑,四最为善。

## 象曰:利艰贞吉,未光也。

凡言未光,其道未光大也。戒于〔一〕利艰贞,盖其所不足也,不得中正故也。

## 六五,噬干肉,得黄金,贞厉无咎。

五在卦愈上,而为噬干肉,反易于四之干胏者,五居尊位,乘在上

〔一〕覆元本"于"下小注:"一作以字。"义似较长。

之势,以刑于下,其势易也。在卦将极矣,其为间甚大,非易嗑也,故为噬干肉也。得黄金:黄中色,金刚物。五居中为得中道,处刚而四辅以刚,得黄金也。五无应,而四居大臣之位,得其助也。贞厉无咎:六五虽处中刚,然实柔体,故戒以必正固而怀危厉,则得无咎也。以柔居尊而当噬嗑[一]之时,岂可不贞固而怀危惧哉?

## 象曰:贞厉无咎,得当也。

所以能无咎者,以所为得其当也。所谓当,居中用刚,而能守正虑危也。

## 上九,何校灭耳,凶。

上过乎尊位,无位者也,故为受刑者。居卦之终,是其间大,噬之极也。系辞所谓"恶积而不可掩,罪大而不可解"者也,故何校而灭其耳,凶可知矣。何,负也,谓在颈也。

## 象曰:何校灭耳,聪不明也。

人之聋暗不悟,积其罪恶,以至于极。古人制法,罪之大者,何之以校,为其无所闻知,积成其恶,故以校而灭伤—无伤字。其耳,诚聪之不明也。

☰ 离下艮上

贲,序卦:"嗑者合也,物不可以苟合而已,故受之以贲,贲者饰也。"物之合则必有文,文乃饰也。如人之合聚,则有威仪上下,物之合聚,则有次序行列,合则必有文也,贲所以次噬嗑也。为卦,山下有火。山者,草木百物之所聚也,下有火,则照见其上,草木

---

〔一〕覆元本"嗑"下小注:"一作坚。"义似较长。

品汇皆被其光采,有贲饰之象,故为贲也。

## 贲:亨,小利有攸往。

物有饰而后能亨,故曰无本不立,无文不行,有实而加饰,则可以
亨矣。文饰之道,可增其光采,故能小利于进也。

## 彖曰:贲亨,

## 柔来而文刚,故亨。分刚上而文柔,故小利有攸往。天文也,

## 文明以止,人文也。

卦为贲饰之象,以上下二体,刚柔交相为文饰也。下体本乾,柔来
文其中而为离;上体本坤,刚往文其上而为艮,乃为山下有火,止
于文明而成贲也。天下之事,无饰不行,故贲则能亨也。柔来而
文刚故亨:柔来文于刚,而成文明之象,文明所以为贲也。贲之道
能致亨,实由饰而能亨也。分刚上而文柔,故小利攸往:分乾之中
爻,往文于艮之上也。事由饰而加盛,由饰而能行,故小利有攸
往。夫往而能利者,以有本也。贲饰之道,非能增其实也,但加之
文采耳。事由文而显盛,故为小利有攸往。亨者,亨通也。往者,
加进也。二卦之变,共成贲义,而彖分言上下,各主一事者,盖离
明足以致亨,柔又能小进也。天文也,文明以止,人文也:此承
上文言阴阳刚柔相文者,天之文也;止于文明者,人之文也。止谓
处于文明也。质必有文,自然之理。理必有对待,生生之本也。
有上则有下,有此则有彼,有质则有文,一不独立,二则为文。非
知道者,孰能识之? 天文,天之理也;人文,人之道也。

## 观乎天文,以察时变;

天文谓日月星辰之错列,寒暑阴阳之代变。观其运行,以察四时

之迁改也。

# 观乎人文,以化成天下。

人文,人理之伦序。观人文以教化天下,天下成其礼俗,乃圣人用贲之道也。贲之象,取山下有火,又取卦变,柔来文刚,刚上文柔。凡卦,有以二体之义及二象而成者,如屯取动乎险中,与云雷讼取上刚下险与天水违行是也。有取一爻者,成卦之由也,柔得位而上下应之,曰小畜;柔得尊位,大中而上下应之,曰大有,是也。有取二体,又取消长之义者,雷在地中复,山附于地剥,是也。有取二象兼取二爻交变为义者,风雷益兼取损上益下,山下有泽损兼取损下益上,是也。有既以二象成卦,复取爻之义者,夬之刚决柔,姤之柔遇刚,是也。有以用成卦者,巽乎水而上水井,木上有火鼎,是也。鼎又以卦形为象。有以形为象者,山下有雷颐,颐中有物曰噬嗑,是也。此成卦之义也。如刚上柔下,损上益下,谓刚居上,柔在下,损于上,益于下,据成卦而言,非谓就卦中升降也。如讼、无妄云刚来,岂自上体而来也? 凡以柔居五者,皆云柔进而上行,柔居下者也,乃居尊位,是进而上也,非谓自下体而上也。卦之变,皆自乾、坤,先儒不达,故谓贲本是泰卦,岂有乾坤重而为泰,又由泰而变之理? 下离,本乾中爻变而成离;上艮,本坤上爻变而成艮。离在内,故云柔来,艮在上,故云刚上,非自下体而上也。乾坤变而为六子,八卦重而为六十四,皆由乾坤之变也。

# 象曰:山下有火,贲,君子以明庶政,无敢折狱。

山者草木百物之一无之字。所聚生也,火在其下而上照,庶类皆被其光明,为贲饰之象也。君子观山下有火明照之象,以修明其庶政,成文明之治,而无果敢于折狱也。折狱者,人君之所致慎也,岂可恃其明而轻自用乎? 乃圣人之用心也,为戒深矣。象之所取,唯以山下有火,明照庶物,以用明为戒,而贲亦自有无敢折狱之义。折狱者,专用情实,有文饰则没其情矣,故无敢用文以折狱也。

# 初九,贲其趾,舍车而徒。

初九以刚阳居明体而处下,君子有刚明之德而在下者也。君子在无位之地,无所施于天下,惟自贲饰其所行而已。趾取在下而所以行也。君子修饰之道,正其所行,守节处义,其行不苟,义或不当,则舍车舆而宁徒行,众人之所羞,而君子以为贲也。舍车而徒之义,兼于比应取之。初比二而应四,应四正也,与二非正也。九之刚明守义,不近与于二而远应于四,舍易而从难,如舍车而徒行也。守节义,君子之贲也。是故君子所贲,世俗所羞;世俗所贵[一],君子所贱。以车徒为言者,因趾与行为义也。

# 象曰:舍车而徒,义弗乘也。

舍车而徒行者,于义不可以乘也。初应四正也,从二非正也。近舍二之易,而从四之难,舍车而徒行也。君子之贲,守其义而已。

# 六二,贲其须。

卦之为贲,虽由两爻之变,而文明之义为重。二实贲之主也,故主言贲之道。饰于物者,不能大变其质也,因其质而加饰耳,故取须义。须,随颐而动者也,动止唯系于所附,犹善恶不由于贲也。二之文明,惟为贲饰,善恶则系其质也。

# 象曰:贲其须,与上兴也。

以须为象者,谓其与上同兴也。随上而动,动止惟系所附也。犹

---

〔一〕覆元本"贵"下小注:"一作贲。"义似较长。

加饰于物,因其质而贲之,善恶在其质也。

## 九三,贲如,濡如,永贞吉。

三处文明之极,与二四二阴,间处相贲,贲之盛者也,故云贲如。如,辞助也。贲饰之盛,光采润泽,故云濡如。光采之盛,则有润泽。诗云:"麀鹿濯濯。"永贞吉:三与二四非正应,相比而成相贲,故戒以常永贞正。贲者饰也,贲饰一作修饰。之事,难乎常也,故永贞则吉。三与四相贲,又下比于二,二柔文一刚,上下交贲,为贲之盛也。

## 象曰:永贞之吉,终莫之陵也。

饰而不常,且非正,一有则字。人所陵侮也,故戒能永正则吉也。其贲既常而正,谁能陵之乎?

## 六四,贲如,皤如,白马翰如,匪寇婚媾。

四与初为正应,相贲者也。本当贲如,而为三所隔,故不获相贲而皤如。皤,白也,未获贲也。马,在下而动者也,未获相贲,故云白马。其从正应之志如飞,故云翰如。匪为九三之寇仇所隔,则婚媾遂其相亲矣。己之所乘与动于下者,马之象也。初四正应,终必获亲,第始为其间隔耳。

## 象曰:六四当位,疑也。匪寇婚媾,终无尤也。

四与初其远,而三介于其间,是所当之位为可疑也。虽为三寇仇所隔,未得亲于[一]婚媾,然其正应,理直义胜,终必得合,故云终无尤也。尤,怨也,终得相贲,故无怨尤也。

## 六五,贲于丘园,束帛戋戋,吝,终吉。

---

〔一〕覆元本"于"作"其"。

六五以阴柔之质,密比于上九刚阳之贤,阴比于阳,复无所系应,从之者也,受贲于上九也。自古设险守国,故城垒多依丘坂,丘谓在外而近且高者。园圃之地,最近城邑,亦在外而近者。丘园谓在外而近者,指上九也。六五虽居君位,而阴柔之才,不足自守,与上之刚阳相比而志从焉,获贲于外比之贤,贲于丘园也。若能受贲于上九,受一作随。其裁制,如束帛而戋戋,则虽其柔弱,不能自为,为可吝少,然能从于人,成贲之功,终获其吉也。戋戋,翦裁分[一]裂之状。帛未用则束之,故谓之束帛;及其制为衣服,必翦裁分裂戋戋然。束帛喻六五本质,戋戋谓受人翦制而成用也。其资于人,与蒙同,而蒙不言吝者,盖童蒙而赖于人,乃其宜也,非童幼而资贲于人为可吝耳,然享其功,终为吉也。

## 象曰:六五之吉,有喜也。

能从人以成贲之功,享其吉美,是有喜也。

## 上九,白贲,无咎。

上九,贲之极也。贲饰之极,则失于华伪。惟能质白其贲,则无过失[二]之咎。白,素也。尚质素,则不失其本真。所谓尚质素者,非无饰也,不使华没实耳。

## 象曰:白贲无咎,上得志也。

白贲无咎,以其在上而得志也。上九为得志者,在上而文柔成贲之功,六五之君,又受其贲,故虽居无位之地,而实尸贲之功为得志也。与他卦居极者异矣。既在上而得志,处贲之极,将有华伪失实之咎,故戒以质素则无咎,饰不可过也。

---

〔一〕覆元本“分”作“纷”。
〔二〕覆元本“失”作“饰”,义较长

☶ 坤下艮上

剥,序卦:"贲者饰也,致饰然后亨则尽矣,故受之以剥。"夫物至于文饰,亨之极也,极则必反,故贲终则剥也。卦,五阴而一阳,阴始自下生,渐长至于盛极,群阴消剥于阳,故为剥也。以二体言之,山附于地,山高起地上,而反附着于地,颓剥之象也。

## 剥:不利有攸往。

剥者,群阴长盛,消剥于阳之时。众小人剥丧于君子,故君子不利有所往,惟当巽言晦迹,随时消息,以免小人之害也。

## 彖曰:剥,剥也,柔变刚也。

## 不利有攸往,小人长也。

剥,剥也,谓剥落也。柔变刚也,柔长而刚变[一]一作剥。也。夏至一阴生而渐长,一阴长则一阳消,至于建戌,则极而成剥,是阴柔变刚阳也。阴,小人之道方长盛,而剥消于[二]阳,故君子不利有所往也。

## 顺而止之,观象也。君子尚消息盈虚,天行也。

君子当剥之时,知不可有所往,顺时而止,乃能观剥之象也。卦有顺止之象,乃处剥之道,君子当观而体之。君子尚消息盈虚,天行也;君子存心消息盈虚之理而能顺之,乃合乎天行也。理有消衰,有息长,有盈满,有虚损,顺之则吉,逆之则凶,君子随时敦尚,所以事天也。

## 象曰:山附于地,剥,上以厚下安宅。

---

〔一〕覆元本"变"作"剥"。
〔二〕覆元本"于"下小注:"一作刚。"

艮重于坤,山附于地也。山高起于地,而反附着于地,圮剥之象
也。上,谓人君与居人上者,观剥之象而厚固其下,以安其居也。
下者,上之本,未有基本固而能剥者也。故上[一]之剥必自下,下
剥则上危矣。为人上者,知理之如是,则安养人民,以厚其本,乃
所以安其居也。书曰:"民惟邦本,本固邦宁。"

### 初六,剥床以足,蔑贞凶。

阴之剥阳,自下而上。以床为象者,取身之所处也。自下而剥,渐
至于身也。剥床以足,剥床之足也。剥始自下,故为剥足。阴自
下进渐,消蔑于贞正,凶之道也。蔑,无也,谓消亡于正道也。阴
剥阳,柔变刚,是邪侵正,小人消君子,其凶可知。

### 象曰:剥床以足,以灭下也。

取床足为象者,以阴侵没阳于下也。灭,没也。侵灭正道,自下而
上也。

### 六二,剥床以辨,蔑贞凶。

辨,分隔上下者,床之干也。阴渐进而上剥至于辨,愈蔑于正也,
凶益甚矣。

### 象曰:剥床以辨,未有与也。

阴之侵剥于阳,得以益盛,至于剥辨者,以阳未有应与故也。小人
侵剥君子,若君子有与,则可以胜小人,不能为害矣;唯其无与,所
以被蔑而凶。当消剥之时而无徒与,岂能自存也? 言未有与,剥
之未盛,有与犹可胜也,示人之意深矣。

### 六三,剥之无咎。

---

〔一〕覆元本"故上"下小注:"一作山。"义似较长。

众阴剥阳之时,而三独居刚应刚,与上下之阴异矣。志从于正,在剥之时,为无咎者也。三之为,可谓善矣,不言吉,何也? 曰:方群阴剥阳,众小人害君子,三虽从正,其势孤弱,所应在无位之地,于斯时也,难乎免矣,安得吉也? 其义为无咎耳。言其无咎,所以劝也。

**象曰:剥之无咎,失上下也。**

三居剥而无咎者,其所处与上下诸阴不同,是与其同类相失,于处剥之道为无咎,如东汉之吕强是也。

**六四,剥床以肤,凶。**

始剥于床足,渐至于肤。肤,身之外也,将灭其身矣,其凶可知。阴长已盛,阳剥已甚,贞道已消,故更不言蔑贞,直言凶也。

**象曰:剥床以肤,切近灾也。**

五为君位,剥已及四,在人则剥其肤矣。剥及其肤,身垂于亡矣,切近于灾祸也。

**六五,贯鱼以宫人宠,无不利。**

剥及君位,剥之极也,其凶可知,故更不言剥,而别设义以开小人迁善之门。五,群阴之主也。鱼,阴物,故以为象。五能使群阴顺序,如贯鱼然,反获宠爱于在上之阳,如宫人,则无所不利也。宫人,宫中之人,妻妾侍使也。以阴言,且取获宠爱之义;以一阳在上,众阴有顺从之道,故发此义。

**象曰:以宫人宠,终无尤也。**

群阴消剥于阳,以至于极,六五若能长率群阴,骈首顺序,反获宠爱于阳,则终无过尤也。于剥之将终,复发此义,圣人劝迁善之意,深切之至也。

## 上九，硕果不食，君子得舆，小人剥庐。

诸阳消剥已尽，独有上九一爻尚存，如硕大之果，不见食，将见<sup></sup>[一]复生之理。上九亦一作一[二]。变，则纯阴矣。然阳无可尽之理，变于上则生于下，无间可容息也。圣人发明此理，以见阳与君子之道，不可亡也。或曰：剥尽则为纯坤，岂复有阳乎？曰：以卦配月，则坤当十月。以气消息言，则阳剥[三]为坤，阳[四]来为复；阳[五]未尝尽也，剥尽于上，则复生于下矣。故十月谓之阳月，恐疑其无阳也。阴亦然，圣人不言耳。阴道盛极之时，其乱可知。乱极则自当思治，故众心愿载于君子，君子得舆也。诗匪风、下泉所以居变风之终也。理既如是，在卦亦众阴宗阳，为共载之象。小人剥庐：若小人，则当剥之极，剥其庐矣，无所容其身也。更不论爻之阴阳，但言小人处剥极，则及其庐矣。庐，取在上之象。或曰：阴阳之消，必待尽而后复生于下，此在上便有复生之义，何也？夬之上六，何以言终有凶？曰：上九居剥之极，上[六]有一阳，阳无可尽之理，故明其有复生之义，见君子之道，不可亡也。夬者，阳消阴，阴，小人之道也，故但言其消亡耳，何用更言却有复生之理乎？

## 象曰：君子得舆，民所载也；小人剥庐，终不可用也。

正道消剥既极，则人复思治，故阳刚君子为民所承载也。若小人

---

〔一〕覆元本"见"作"有"，义较长。
〔二〕覆元本"一作一"下尚有"一作已"三字。
〔三〕覆元本"剥"下小注："一有尽字。"
〔四〕覆元本"阳"下小注："一有复字。"
〔五〕覆元本"阳"上小注："一有然字。"
〔六〕覆元本"上"作"止"，义较长。

处剥之极,则小人之穷耳,终不可用也。非谓九为小人,但言剥极之时,小人如是也。

☷☳ 震下坤上

复,序卦:"物不可以终尽,剥穷上反下,故受之以复。"物无剥尽之理,故剥极则复来[一],阴极则阳生,阳剥极于上而复生于下,穷上而反下也,复所以次剥也。为卦,一阳生于五阴之下,阴极而阳复也。岁十月,阴盛既极,冬至则一阳复生于地中,故为复也。阳,君子之道。阳消极而复反,君子之道消极而复长也,故为反善之义。

# 复:亨,出入无疾,朋来无咎。

复亨,既复则亨也。阳气复生于下,渐亨盛而生育万物,君子之道既复,则渐以亨通,泽于天下,故复则有亨盛之理也。出入无疾:出入谓生长,复生于内入也,长进于外出也。先云出,语顺耳。阳生非自外也,来于内,故谓之入。物之始生,其气至微,故多屯艰。阳之始生,其气至微,故多摧折。春阳之发,为阴寒所折,观草木于朝暮,则可见矣。出入无疾,谓微阳生长,无害之者也。既无害之,而其类渐进而来,则将亨盛,故无咎也。所谓咎,在气则为差忒,在君子[二]则为抑塞不得尽其理。阳之当复,虽使有疾之,固不能止其复也,但为阻碍耳。而卦之才有无疾之义,乃复道之善也。一阳始生,至微,固未能胜群阴而发生万物,必待诸阳之来,然后能成生物之功而无差忒,以朋来而无咎也。三阳子丑寅之气生成万物,众阳之功也。若君子之道,既消而复,岂能便胜于小

---

〔一〕覆元本"来"下小注:"一无来字。"
〔二〕覆元本"君子"下小注:"一有之道字。"

人？必待其朋类渐盛,则能协力以胜之也。

**反复其道,七日来复,利有攸往。**

谓消长之道,反复迭至。阳之消,至七日而来复。姤阳之始消也,
七变而成复,故云七日,谓七更也。临云八月有凶,谓阳长至于阴
长,历八月也。阳进则阴退,君子道长则小人道消,故利有攸
往也。

**象曰:复亨,刚反。**

**动而以顺行,是以出入无疾,朋来无咎。**

复亨,谓刚反而亨也。阳刚消极而来反,既来反,则渐长盛而亨通
矣。动而以顺行,是以出入无疾,朋来无咎,以卦才言其所以然
也。下动而上顺,是动而以顺行也。阳刚反而顺动,是以得出入
无疾,朋来而无咎也。朋之来,亦顺动也。

**反复其道,七日来复,天行也。**

**利有攸往,刚长也。**

**复其见天地之心乎!**

其道反复往来,迭消迭息。七日而来复者,天地〔一〕之运行如是
也。消长相因,天之理也。阳刚君子之道长,故利有攸往。一阳
复于下,乃天地生物之心也。先儒皆以静为见天地之心,盖不知
动之端乃天地之心也。非知道者,孰能识之?

**象曰:雷在地中,复。先王以至日闭关,商旅不行,后不
省方。**

雷者,阴阳相薄而成声,当阳之微,未能发也。雷在地中,阳始复

---

〔一〕覆元本无“地”字。

之时也。阳始生于下而甚微,安静而后能长。先王顺天道,当至日阳之始生,安静以养之,故闭关,使商旅不得行,人君不省视四方,观复之象而顺天道也。在一人之身亦然,当安静以养其阳也。

## 初九,不远复,无祇悔,元吉。

复者,阳反来复也。阳,君子之道,故复为反善之义。初刚阳来复,处卦之初,复之最先者也,是不远而复也。失而后有复,不失则何复之有?惟失之不远而复,则不至于悔,大善而吉也。祇宜音柢,抵也。玉篇云:适也。义亦同。无祇悔,不至于悔也。坎卦曰:祇既平,无咎。谓至既平也。颜子无形显之过,夫子谓其庶几,乃无祇悔也。过既未形而改,何悔之有?既未能不勉而中,所欲不踰矩,是有过也,然其明而刚,故一有不善未尝不知,既知未尝不遽改,故不至于悔,乃不远复也。祇,陆德明音支,玉篇、五经文字、群经音辨并见衣部。

## 象曰:不远之复,以修身也。

不远而复者,君子所以修其身之道也。学问之道无他也,唯其知不善则速改以从善而已。

## 六二,休复吉。

二虽阴爻,处中正而切比于初,志从于阳,能下仁也,复之休美者也。复者,复于礼也,复礼则为仁。初阳复,复于仁也。二比而下之,所以美而吉也。

## 象曰:休复之吉,以下仁也。

为复之休美而吉者,以其能下仁也。仁者,天下之公,善之本也。初复于仁,二能亲而下之,是以吉也。

## 六三,频复,厉无咎。

三以阴躁,处动之极,复之频数而不能固者也。复贵安固,频复频失,不安于复。复善而屡失,危之道。圣人开迁善之道,与其复而危其屡失,故云厉无咎。不可以频失而戒其复也,频失则为危,屡复何咎? 过在失而不在复也。

## 象曰:频复之厉,义无咎也。

频复频失,虽为危厉,然复善之义则无咎也。

## 六四,中行独复。

此爻之义,最宜详玩。四行群阴之中,而独能复,自处于正,下应于阳刚,其志可谓善矣。不言吉凶者,盖四以柔居群阴之间,初方甚微,不足以相援,无可济之理,故圣人但称其能独复,而不欲言其独从道而必凶也。曰:然则不言无咎,何也? 曰:以阴居阴,柔弱之甚,虽有从阳之志,终不克济,非无咎也。

## 象曰:中行独复,以从道也。

称其独复者,以其从阳刚君子之善道也。

## 六五,敦复,无悔。

六五以中顺之德,处君位,能敦笃于复善者也,故无悔。虽本善,戒亦在其中矣。阳复方微之时,以柔居尊,下复无助,未能致亨吉也,能无悔而已。

## 象曰:敦复无悔,中以自考也。

以中道自成也。五以阴居尊,处中而体顺,能敦笃其志,以中道自成,则可以无悔也。自成谓成其中顺之德。

## 上六,迷复凶,有灾眚,用行师,终有大败,以其国君凶,至于十年不克征。

以阴柔居复之终,终迷不复者也。迷而不复,其凶可知。有灾眚:

灾,天灾,自外来;眚,己过,由自作。既迷不复善,在己则动皆过失,灾祸亦自外而至,盖所招也。迷道不复,无施而可,用以行师,则终有大败,以之为国,则君之凶也。十年者,数之终。至于十年不克征,谓终不能行。既迷于道,何时而可行也?

## 象曰:迷复之凶,反君道也。

复则合道,既迷于复,与道相反也,其凶可知。以其国君凶,谓其反君道也。人君居上而治众,当从天下之善,乃迷于复,反君之道也。非止人君,凡人迷于复者,皆反道而凶也。

☳震下乾上

无妄,序卦:"复则不安矣,故受之以无妄。"复者反于道也,既复于道,则合〔一〕正理而无妄,故复之后受之以无妄也。为卦,乾上震下。震,动也,动以天为无妄,动以人欲则妄矣。无妄之义大矣哉!

## 无妄:元亨,利贞。其匪正有眚,不利有攸往。

无妄者〔二〕至诚也,至诚者—无者字。天之道也。天之化育万物,生生不穷,各正其性命,乃无妄也。人能合无妄之道,则所谓与天地合其德也。无妄有大亨之理,君子行无妄之道,则可以致大亨矣。无妄,天之道也,卦言人由无妄之道也。一无也字。利贞:法无妄之道,利在贞正,失贞正则妄也。虽无邪心,苟不合正理,则妄也,乃邪心也,故有—作其。匪正则为过眚。既已无妄,不宜有往,往则妄也。

---

〔一〕覆元本"合"下小注:"一无合字。"
〔二〕覆元本"者"作"言"。

## 彖曰：无妄，刚自外来，而为主于内。

谓初九也。坤初爻变而为震，刚自外而来也。震以初爻为主，成卦由之，故初为无妄之主。动以天为无妄，动而以天，动为主也。以刚变柔，为以正去妄之象。又刚正为主于内，无妄之义也。九居初，正也。

## 动而健，刚中而应，大亨以正，天之命也。

下动而上健，是其动刚健也。刚健，无妄之体也。刚中而应：五以刚居中正，二复以中正相应，是顺理而不妄也。故其道大亨通而贞正，乃天之命也。天命谓天道也，所谓无妄也。

## 其匪正有眚，不利有攸往。无妄之往何之矣？天命不祐行矣哉！

所谓无妄，正而已。小失于正，则为有过，乃妄也。所谓匪正，盖由有往。若无妄而不往，何由有匪正乎？无妄者，理之正也。更有往，将何之矣？乃入于妄也。往则悖于天理，天道所不祐，可行乎哉？

## 象曰：天下雷行，物与无妄，先王以茂对时，育万物。

雷行于天下，阴阳交和，相薄而成声，于是惊蛰藏，振萌芽，发生一作育。万物，其所赋与，洪纤高下，各正其性命，无有差妄，一作式。物与无妄也。先王观天下雷行发生赋与之象，而以茂对天时，养育万物，使各得其宜，如天与之无妄也。茂，盛也。茂对之为言，犹盛行永言之比。对时，谓顺合天时。天道生万物，各正其性命而不妄；王者体天之道，养育人民，以至昆虫草木，使各得其宜，乃对时育物之道也。

## 初九，无妄，往吉。

九以阳刚为主于内,无妄之象,以刚实—无实字。变柔而居内,中诚不妄者也。以无妄而往,何所不吉? 卦辞言不利有攸往,谓既无妄,不可复有往也,过则妄矣。爻言往吉,谓以无妄之道而行,则吉也。

## 象曰:无妄之往,得志也。

以无妄而往,无不得其志也。盖诚之于物,无不能动,以之修身则身正,以之治事则事得其理,以之临人则人感而化,无所往而不得其志也。

## 六二,不耕获,不菑畬,则利有攸往。

凡理之所然者非妄也,人所欲—无欲字[一]。为者乃妄也,故以耕获菑畬譬之。六二居中得正,又应五之中正,居动体而柔顺,为动能顺乎中正,乃无妄者也,故极言无妄之义。耕,农之始,获,其成终也。田一岁曰菑,三岁曰畬。不耕而获,不菑而畬,谓不首造其事,因其事理所当然。首造其事,则是人心所作为,乃妄也。因事之当然,则是顺理应物,非妄也,获与畬是也。盖耕则必有获,菑则必有畬,—作为畬。是事理之固然,非心意之所造作也。或曰:圣人制作以利天下者,皆造端也,岂非妄乎? 曰:圣人随时制作,合—作因。乎风气之宜,未尝先时而开之也。若不待时,则一圣人足以尽为矣,岂待累圣继作也? 时乃事之端,圣人随时而为也。一"非心意之所造作也"句下,有"如是则为无妄,不妄则所往利而无害也"。

## 象曰:不耕获,未富也。

未者,非必之辞,临卦曰未顺命是也。不耕而获,不菑而畬,因其事之当然,既耕则必有获,既菑则必成畬,非必—无必字。以—无以

---

〔一〕覆元本"一无欲字"作"一作欲所"。

字。获菑之富而为也。其始耕菑，乃设心在于求—无求字。获菑，是以其富也，心有欲而为者则妄也。

## 六三，无妄之灾，或系之牛，行人之得，邑人之灾。

三以阴柔而不中正，是为妄者也；又志应于上，欲也，亦妄也；在无妄之道，为灾害也。人之妄动，由有欲也。妄动而得，亦必有失，虽使得其所利，其动而妄，失已大矣，况复凶悔随之乎？知者见妄之得，则知其失必与称也。故圣人因六三有妄之象，而发明其理云：无妄之灾，或系之牛，行人之得，邑人之灾。言如三之为妄，乃无妄之灾害也，设如有得，其失随至。如或系之牛，或谓设或也，或系得牛，行人得之以为有得，邑人失牛乃是灾也。借使邑人系得马，则行人失马，乃是灾也。言有得则有失，不足以为得也。行人邑人，但言有得则有失，非以为彼己也。妄得之福，灾亦随之，妄得之得，失亦称之，固不足以为得也。人能知此，则不为妄动矣。

## 象曰：行人得牛，邑人灾也。

行人得牛，乃邑人之灾也。有得则有失，何足以为得乎？

## 九四，可贞，无咎。

四刚阳而居乾体，复无应与，无妄者也。刚而无私，岂有妄乎？可贞固守此，自无咎也。九居阴，得为正—作贞。乎？曰：以阳居乾体，若复处刚，则为—无为字。过矣，过则妄也。居四，无尚刚之志也。可贞与利贞不同，可贞谓其所处可贞固守之，利贞谓利于贞也。

## 象曰：可贞无咎，固有之也。

贞固守之，则无咎也。

## 九五,无妄之疾,勿药有喜。

九以中正当尊位,下复以中正顺应之,可谓无妄之至者也,其道无以加矣。疾,为之病者也。以九五之无妄,如其有疾,勿以药治,则有喜也。人之有疾,则以药石攻去其邪,以养其正。若气体平和,本无疾病而攻治之,则反害其正矣,故勿药则有喜也。有喜谓疾自亡也。无妄之所谓疾者,谓若治之而不治,率之而不从,化之而不革,以妄而为无妄之疾,舜之有苗,周公之管、蔡,孔子之叔孙武叔是也。既已无妄,而有疾之者,则当自如无妄之疾,不足患也。若遂自攻治,乃是渝其无妄而迁于妄也。五既处无妄之极,故惟戒在动,动则妄矣。

## 象曰:无妄之药,不可试也。

人之有妄,理必修改。既无妄矣,复药以治之,是反为妄也,其可用乎?故云不可试也。试,暂用也,犹曰少尝之也。

## 上九,无妄,行有眚,无攸利。

上九居卦之终,无妄之极者也。极而复行,过于理也,过于理则妄也。故上九而行,则有过眚,而无所利矣。

## 象曰:无妄之行,穷之灾也。

无妄既极,而复加进,乃为妄矣,是穷极而为灾害也。

▤▤ 乾下艮上

大畜,序卦:"有无妄然后可畜,故受之以大畜。"无妄则为有实,故可畜聚,大畜所以次无妄也。为卦,艮上乾下,天而在于山中,所畜至大之象。畜为畜止,又为畜聚,止则聚矣。取天在山中之象,则为蕴畜;取艮之止乾,则为畜止。止而后有积,故止为畜义。

# 大畜：利贞，不家食吉，利涉大川。

莫大于天，而在山中，艮在上而止乾于下，皆蕴畜至大之象也。在
人，为学术道德充积于内，乃所畜之大也。凡所畜聚，皆是专言其
大者。人之蕴畜，宜得正道，故云利贞。若夫异端偏学，所畜至
多，而不正者固有矣。既道德充积于内，宜在上位以享天禄，施为
于天下，则不独于[一]一身之吉，天下之吉也。若穷处而自食于
家，道之否也，故不家食则吉。所畜既大，宜施之于时，济天下之
艰险，乃大畜之用也，故利涉大川。此只据大畜之义而言，彖更以
卦之才德而言，诸爻则惟有止畜之义。盖易体道随宜，取明且
近者。

# 彖曰：大畜刚健、笃实、辉光，日新其德。

以卦之才德而言也。乾体刚健，艮体笃实。人之才刚健笃实，则
所畜能大，充实而有辉光；畜之不已，则其德日新也。

# 刚上而尚贤，能止健，大正也。

刚上，阳居上也。阳刚居尊位之上为尚贤之义。止居健上，为能
止健之义。止乎健者，非大正则安能以刚阳在上与尊尚贤德？能
止至健，皆大正之道也。

# 不家食吉，养贤也。

# 利涉大川，应乎天也。

大畜之人，所宜施其所畜以济天下，故不食于家则吉，谓居天位享
天禄也。国家养贤，贤者得行其道也。利涉大川，谓大有蕴畜之
人，宜济天下之艰险也。彖更发明卦才云：所以能涉大川者，以应

---

〔一〕覆元本"于"下小注："一无于字。"

乎天也。六五，君也，下应乾之中爻，乃大畜之君，应乾而行也。所行能应乎天，无艰险之不可济，况其他乎？

## 象曰：天在山中，大畜，君子以多识前言往行，以畜其德。

天为至大而在山之中，所畜至大之象。君子观象以大其蕴畜。人之蕴畜，由学而大，在多闻前古圣贤之言与行，考迹以观其用，察言以求其心，识而得之，以畜成其德，乃大畜之义也。

## 初九，有厉利已。

大畜，艮止畜乾也，故乾三爻皆取被止为义，艮三爻皆取止之为义。初以阳刚，又健体而居下，必上进者也；六四在上，畜止于己，安能敌在上得位之势？若犯之而进，则有危厉，故利在已而不进也。在他卦，则四与初为正应相援者也；在大畜，则相应乃为相止畜。上与三皆阳，则为合志，盖阳皆上进之物，故有同志之象，而无相止之义。

## 象曰：有厉利已，不犯灾也。

有危则宜已，不可犯灾危而行也，不度其势而进，有灾必矣。

## 九二，舆说輹。

二为六五所畜止，势不可进也。五据在上之势，岂可犯也？二虽刚健之体，然其处得中道，故进止无失，虽志于进，度其势之不可，则止而不行，如车舆脱去——有其字。轮輹，谓不行也。

## 象曰：舆说輹，中无尤也。

舆说輹而不行者，盖其处得中道，动不失宜，故无过尤也。善莫善于刚中。柔中者不至于过柔耳。刚中，中而才也。初九处不得中，故戒以有危宜已。二得中，进止自无过差，故但言舆说輹，谓其能不行也，不行则无尤矣。初与二乾体，刚健而不足以进，四与五阴柔而能止。时之盛衰,势之强弱,学易者所宜深识也。

## 九三,良马逐,利艰贞,曰闲舆卫,利有攸往。

三刚健之极,而上九之阳亦上进之物,又处畜之极而思变也,与三
乃不相畜,而志同相应以进者也。三以刚健之才,而在上者与合
志而进,其进如良马之驰逐,言其速也。虽其进之势速,不可恃其
才之健与上之应而忘备与慎也,故宜艰难其事,而由贞正之道。
舆者用行之物,卫者所以自防。当自一无自字。曰常闲习其车舆与
其防卫,则利有攸往矣。三,乾体而居正能贞者也,当有〔一〕锐进,
故戒以知难与不失其贞也。志既锐于进,虽刚明,有时而失,不得
不诫也。

## 象曰:利有攸往,上合志也。

所以利有攸往者,以与在上者合志也。上九阳性上进,且畜已极,
故不下畜三,而与一有三字。合志上进也。

## 六四,童牛之牿,元吉。

以位而言,则四下应于初,畜初者也。初居最下,阳之微者,微而
畜之则易制,犹童牛而加牿,大善而吉也。概论畜道,则四艮体居
上位而得正,是以正德居大臣之位,当畜之任者也。大臣之任,上
畜止人君之邪心,下畜止天下之恶人〔二〕。人之恶,止于初则易,
既盛而后禁,则扞格而难胜。故上之恶既甚,则虽圣人救之,不能
免违拂;下之恶既甚,则虽圣人治之,不能免刑戮。莫若止之于
初,如童牛而加牿,则元吉也。牛之性觝触以角,故牿以制之。若
童犊始角,而加之以牿,使觝触之性不发,则易而无伤,以况六四

〔一〕覆元本"有"作"其",义较长。
〔二〕覆元本"恶人"下小注:"一无人字。"

能畜止上下之恶于未发之前,则大善之吉也。

## 象曰:六四元吉,有喜也。

天下之恶,已盛而止之,则上劳于禁制,而下伤于刑诛,故畜止于微小之前,则大善而吉,不劳而无伤,故可喜也。四之畜初是也,上畜亦然。

## 六五,豮豕之牙,吉。

六五居君位,止畜天下之邪恶。夫以亿兆之众,发其邪欲之心,人君欲力以制之,虽密法严刑,不能胜也。夫物有总摄,事有机会,圣人操得其要,则视[一]亿兆之心犹一心,道之斯行,止之则戢,故不劳而治,其用若豮豕之牙也。豕,刚躁之物,而牙为猛利,若强制其牙,则用力劳而不能止其躁猛,虽縶之维之,不能使之变也。若豮去其势,则牙虽存,而刚躁自止,其用如此,所以吉也。君子发豮豕之义,知天下之恶,不可以力制也,则察其机,持其要,塞绝其本原,故不假刑罚严峻而恶自止也。且如止盗,民有欲心,见利则动,苟不知教而迫于饥寒,虽刑杀日施,其能胜亿兆利欲之心乎?圣人则知所以止之之道,不尚威刑,而修政教,使之有农<sup>一作</sup>桑之业,知廉耻之道,虽赏之不窃矣。故止恶之道,在知其本,得其要而已。不严刑于彼,而修政于此,是犹患豕牙之利,不制其牙而豮其势也。

## 象曰:六五之吉,有庆也。

在上者不知止恶之方,严刑以敌民欲,则其伤甚而无功。若知其本,制之有道,则不劳无伤而俗革,天下之福庆也。

---

〔一〕覆元本"视"下小注:"一无视字"。

## 上九,何天之衢,亨。

予闻之胡先生曰:天之衢亨,误加"何"字。事极则反,理之常也,故畜极而亨。小畜畜之小,故极而成;大畜畜之大,故极而散。极既[一]当变,又阳性上行,故遂散也。天衢,天路也,谓虚空之中,云气飞鸟往来,故谓之天衢。天衢之亨,谓其亨通旷阔,无有蔽阻也。在畜道则变矣,变而亨,非畜道之亨也。

## 象曰:何天之衢? 道大行也。

何以谓之天衢? 以其无止碍,道路大通行也。以天衢非常语,故象特设问曰:何谓天之衢? 以道路大通行,取空豁之状也。以象有何字,故爻下亦误加之。

震下艮上

颐,序卦:"物畜然后可养,故受之以颐。"夫物既畜聚,则必有以养之,无养则不能存息,颐所以次大畜也。卦,上艮下震,上下二阳爻,中含四阴,上止而下动,外实而中虚,人颐颔之象也。颐,养也。人口所以饮食养人之身,故名为颐。圣人设卦,推养之义,大至于天地养育万物,圣人养贤以及万民,与人之养生、养形、养德、养人,皆颐养之道也。动息节宣,以养生也;饮食衣服,以养形也;威仪行义,以养德也;推己及物,以养人也。

## 颐:贞吉,观颐,自求口实。

颐之道,以正则吉也。人之养身、养德,养人、养于人,皆以正道则吉也。天地造化,养育万物,各得其宜者,亦正而已矣。观颐,自

[一]覆元本"极既"作"既极"。

求口实：观人之所颐，与其自求口实之道，则善恶吉凶可见矣。

## 彖曰：颐贞吉，养正则吉也。观颐，观其所养也。自求口实，观其自养也。

贞吉，所养者正则吉也。所养，谓所养之人与养之之道。自求口实，谓其自求养身之道，皆以正则吉也。

## 天地养万物，圣人养贤以及万民，颐之时大矣哉！

圣人极言颐之道，而赞其大。天地之道，则养育万物；养育万物之道，正而已矣。圣人则养贤才，与之共天位，使之食天禄，俾施泽于天下，养贤以及万民也，养贤所以养万民也。夫天地之中，品物之众，非养则不生。圣人裁成天地之道，辅相天地之宜，以养天下，至于鸟兽草木，皆有养之之政，其道配天地，故夫子推颐之道，赞天地与圣人之功曰："颐之时大矣哉！"或云"义"，或云"用"，或止云"时"，以其大者也。万物之生与养，时为大，故云时。

## 象曰：山下有雷，颐，君子以慎言语，节饮食。

以二体言之，山下有雷，雷震于山下，山之生物，皆动其根荄，发其萌芽，为养之象。以上下之义言之，艮止而震动，上止下动，颐颔之象。以卦形言之，上下二阳，中含四阴，外实中虚，颐口之象，口所以养身也。故君子观其象以养其身，慎言语以养其德，节饮食以养其体。不唯就口取养[一]义，事之至近而所系至大者，莫过于言语饮食也。在身为言语，于天下则凡命令政教出于身者皆是，慎之则必当而无失；在身为饮食，于天下则凡货资财用养于人者皆是，节之则适宜而无伤。推养之道[二]，养德养天下，莫不然也。

---

〔一〕覆元本"养"下小注："一无养字。"
〔二〕覆元本"道"下小注："一有则字。"

## 初九,舍尔灵龟,观我朵颐,凶。

蒙之初六,蒙者也,爻乃主发蒙而言。颐之初九,亦假外而言,尔谓初也。舍尔之灵龟,乃观我而朵颐,我对尔而设。初之所以朵颐者四也,然非四谓之也,假设之辞尔。九,阳体刚明,其才智足以养正者也。龟能咽息不食,灵龟喻其明智,而可以不求养于外也。才虽如是,然以阳居动体,而在颐之时,求颐,人所欲也,上应于四,不能自守,志在上行,说所欲而朵颐者也。心既动,则其自失必矣。迷欲而失己,以阳而从阴,则何所不至?是以凶也。朵颐为朵动其颐颔,人见食而欲之,则动颐垂涎,故以为象。

## 象曰:观我朵颐,亦不足贵也。

九,动体。朵颐,谓其说阴而志动,既为欲所动,则虽有刚健明智之才,终必自失,故其才亦不足贵也。人之贵乎刚者,为其能立而不屈于欲也;贵乎明者,为其能照而不失于正也。既惑所欲而失其正,何刚明之有?为可贱也。

## 六二,颠颐,拂经,于丘颐,征凶。

女不能自处,必从男;阴不能独立,必从阳。二,阴柔,不能自养,待养于人者也。天子养天下,诸侯养一国,臣食君上之禄,民赖司牧之养,皆以上养下,理之正也。二既不能自养,必求养于刚阳;若反下求于初,则为颠倒,故云颠颐。颠则拂违经常,不可行也。若求养于丘,则往必有凶。丘,在外而高之物,谓上九也。卦止二阳,既不可颠颐于初,若求颐于上九,往则有凶。在颐之时,相应则相养者也。上非其应而往求养,非道妄动,是以凶也。颠颐则拂经,不获其养尔;妄求于上,往则得凶也。今有人,才不足以自养,见在上者势力足以养人,非其族类,妄往求之,取辱得凶必矣。

六二中正,在他卦多吉,而凶,何也?曰:时然也。阴柔既不足以
自养,初上二爻皆非其与,故往求则悖理而得凶也。

### 象曰:六二征凶,行失类也。

征而从上则凶者,非其类故也。往求而失其类,得凶宜矣。行,
往也。

### 六三,拂颐,贞凶,十年勿用,无攸利。

颐之道,唯正则吉。三以阴柔之质,而处不中正,又在动之极,是
柔邪不正而动者也。其养如此,拂违于颐之正道,是以凶也。得
颐之正,则所养皆吉,求养、养人则合于义,自养则成其德。三乃
拂违正道,故戒以十年勿用。十,数之终,谓终不可用,无所往而
利也。

### 象曰:十年勿用,道大悖也。

所以戒终不可用,以其所由之道,大悖义理也。

### 六四,颠颐,吉。虎视眈眈,其欲逐逐,无咎。

四在人上,大臣之位;六以阴居之,阴柔不足以自养,况养天下乎?
初九以刚阳居下,在下之贤也,与四为应,四又柔顺而正,是能顺
于初,赖初之养也。以上养下则为顺,今反求下之养,颠倒也,故
曰颠颐。然己〔一〕不胜其任,求在下之贤而顺从之,以济其事,则
天下得其养,而己无旷败之咎,故为吉也。夫居上位者,必有〔二〕
才德威望,为下民所尊畏,则事行而众心服从。若或下易其上,则
政出而人违,刑施而怨起,轻于陵犯,乱之由也。六四虽能顺从刚
阳,不废厥职,然质本阴柔,赖人以济,人之所轻,故必养其威严,

---

〔一〕覆元本"己"下有"以"字。
〔二〕覆元本"有"下小注:"一作其。"

眈眈然如虎视,则能重其体貌,下不敢易。又从〔一〕于人者必有常,若间或无继,则其政败矣。其欲,谓所须用者,必逐逐相继而不乏,则其事可济;若取于人而无继,则困穷矣。既有威严,又所施不穷,故能无咎也。二颠颐则拂经,四则吉,何也?曰:二在上而反求养于下,下非其应类,故为拂经。四则居上位,以贵下贱,使在下之贤由己以行其道,上下之志相应而〔二〕施于民,何吉如之?自三以下,养口体者也;四以上,养德义者也。以君而资养于臣,以上位而赖养于下,皆养德也。

**象曰:颠颐之吉,上施光也。**

颠倒求养,而所以吉者,盖得刚阳之应以济其事,致己居上之德施,光明被于天下,吉孰大焉?

**六五,拂经,居贞吉,不可涉大川。**

六五颐之时,居君位,养天下者也,然其阴柔之质,才不足以养天下,上有刚阳之贤,故顺从之,赖其养己以济天下。君者,养人者也,反赖人之养,是违拂于经常。既以己之不足而顺从于贤师傅,上,师傅之位也,必居守贞固,笃于委信,则能辅翼其身,泽及天下,故吉也。阴柔之质,无贞刚之性,故戒以能居贞则吉。以阴柔之才,虽倚赖刚贤,能持循于平时,不可处艰难变故之际,故云不可涉大川也。以成王之才,不至甚柔弱也,当管、蔡之乱,几不保于周公,况其下者乎?故书曰:"王亦未敢诮公,赖二公得终信。"故艰险之际,非刚明之主,不可恃也。不得已而济艰险者则有矣。

---

〔一〕覆元本"从"作"取"。观下文"若取于人而无继,则困穷矣"句,作"取"
　　较长。
〔二〕覆元本"而"下小注:"一有泽字。"

发此义者,所以深戒于为君也。于上九,则据为臣致身尽忠之道言,故不同也。

## 象曰:居贞之吉,顺以从上也。

居贞之吉者,谓能坚固顺从于上九之贤,以养天下也。

## 上九,由颐,厉吉,利涉大川。

上九以刚阳之德,居师傅之任,六五之君,柔顺而从于己,赖己之养,是当天下之任,天下由之以养也。以人臣而当是任,必常怀危厉则吉也。如伊尹、周公,何尝不忧勤兢畏?故得终吉。夫以君之才不足,而倚赖于己,身当天下〔一〕大任,宜竭其才力,济天下之艰危,成天下之治安,故曰利涉大川。得君如此之专,受任如此之重,苟不济天下〔二〕艰危,何足称委遇而谓之贤乎?当尽诚竭力,而不顾虑,然惕厉则不可忘也。

## 象曰:由颐厉吉,大有庆也。

若上九之当大任如是,能兢畏如是,天下被其德泽,是大有福庆也。

☰☱ 巽下兑上

大过,序卦曰:"颐者养也,不养则不可动,故受之以大过。"凡物养而后能成,成则能动,动则有过,大过所以次颐也。为卦,上兑下巽,泽在木上,灭木也。泽者润养于木,乃至灭没于木,为大过之义。大过者,阳过也,故为大者过,过之大,与大事过也。圣贤道德功业,大过于人,凡事之大过于常者皆是也。夫圣人尽人道,非

---

〔一〕覆元本"天下"下小注:"一有之字。"
〔二〕覆元本"天下"二字下有"之"字。

过于理也,其制事以天下之正理,矫时之用,小过于中者则有之,如行过乎恭,丧过乎哀,用过乎俭是也。盖矫之小过,而后能及于中,乃求中之用也。所谓大过者,常事之大者耳,非有过于理也。惟其大,故不常见;以其比常所见者大,故谓之大过。如尧、舜之禅让,汤、武之放伐,皆由一有此字。道也。道无不中,无不常,以世人所不常见,故谓之大过于常也。

## 大过:栋桡,利有攸往,亨。

小过,阴过于上下;大过,阳过于中。阳过于中,而上下弱矣,故为栋桡之象。栋取其胜重,四阳聚于中,可谓重矣。九三九四,皆取栋象,谓任重也。桡取其本末弱,中强而本末弱,是以桡也。阴弱而阳强,君子盛而小人衰,故利有攸往而亨也。栋,今人谓之檩。

## 彖曰:大过,大者过也。

大者过,谓阳过也。在事为事之大者过,与其过之大。

## 栋桡,本末弱也。

谓上下二阴衰弱。阳盛则阴衰,故为大者过。在小过,则曰小者过,阴过也。

## 刚过而中,巽而说行,利有攸往,乃亨。

言卦才之善也。刚虽过,而二五皆得中,是处不失[一]中道也。下巽上兑,是以巽顺和说之道而行也。在大过之时,以中道巽说而行,故利有攸往,乃所以能亨也。

## 大过之时,大矣哉!

---

〔一〕覆元本"不失"下小注:"不失一作得。"

大过之时,其事甚大,故赞之曰"大矣哉"。如立非常之大事,兴百〔一〕世之大功,成绝俗之大德,皆大过之事也。

## 象曰:泽灭木,大过,君子以独立不惧,遁世无闷。

泽,润养于木者也,乃至灭没于木,则过甚矣,故为大过。君子观大过之象,以立其大过人之行。君子所以大过人者,以其能独不惧,遁世无闷也。天下非之而不顾,独立不惧也。举世不见知而不悔,遁世无闷也。如此,然后能自守,所以为大过人一无人字。也。

## 初六,藉用白茅,无咎。

初以阴柔巽体而处下,过于畏慎者也。以柔在下,用茅藉物之象。不错诸地,而藉以茅,过于慎也,是以无咎。茅之为物虽薄而用可重者,以用之能成敬慎之道也。慎守斯术而行,岂有失乎?大过之用也。系辞云:"苟错诸地而可矣,藉之用茅,何咎之有?慎之至也。"夫茅之为物薄而用可重也,慎斯术也以往,其无所失矣,言敬慎之至也。茅虽至薄之物,然用之可甚重。以之藉荐,则为重慎之道,是用之重也。人之过于敬慎,为之非难,而可以保其安而无过,苟能慎一有思字。斯道,推而行之于事,其无所失矣。

## 象曰:藉用白茅,柔在下也。

以阴柔处卑下之道,惟当过于敬慎而已。以柔在下,为以茅藉物之象,敬慎之道也。

## 九二,枯杨生稊,老夫得其女妻,无不利。

阳之大过,比阴则合,故二与五皆有生象。九二当大过之初,得中

---

〔一〕覆元本"百"作"不"。

而居柔,与初密比而相与。初既切比于二,二复无应于上,其相与可知。是刚过之人,而能以中自处,用柔相济者也。过刚则不能有所为,九三是也。得中用柔,则能成大过之功,九二是也。杨者,阳气易感之物,阳过则枯矣。杨枯槁而复生稊,阳过而未至于极也。九二阳过而与初,老夫得女妻之象。老夫而得女妻,则能成生育之功。二得中居柔而与初,故能复生稊,而无过极之失,无所不利也。在大过,阳爻居阴则善,二与四是也。二不言吉,方言无所不利,未遽至吉也。稊,根也。刘琨劝进表云:"生繁华于枯荑。"谓枯根也。郑玄易亦作荑字,与稊同。

## 象曰:老夫女妻,过以相与也。

老夫之说少女,少女之顺老夫,其相与过于常分,谓九二初六阴阳相与之和,过于常也。

## 九三,栋桡凶。

夫居大过之时,兴大过之功,立大过之事,非刚柔得中,取于人以自辅,则不能也。既过于刚强,则不能与人同,常常之功尚不能独立,况大过之事乎? 以圣人之才,虽小事必取于人,当天下之大任,则可知矣。九三以大过之阳,复以刚自居而不得中,刚过之甚者也。以过甚之刚,动则违于中和而拂于众心,安能当大过之任乎? 故不胜其任,如栋之桡,倾败其室,是以凶也。取栋为象者,以其无辅,而不能胜重任也。或曰:三,巽体而应于上,岂无用柔之象乎? 曰:言易者,贵乎识势之重轻,时之变易。三居过而用刚,巽既终而且变,岂复有用柔之义? 应者,谓志相从也。三方过刚,上能系其志乎?

## 象曰:栋桡之凶,不可以有辅也。

刚强之过,则不能取于人,人亦不能[一]亲辅之,如栋桡折,不可支辅也。栋当室之中,不可加助,是不可以有辅也。

## 九四,栋隆吉,有它吝。

四居近君之位,当大过之任者也。居柔为能用柔相济,既不过刚,则能胜其任,如栋之隆起,是以吉也。隆起,取[二]不下桡之义。大过之时,非阳刚不能济,以刚处柔,为得宜矣,若又与初六之阴相应,则过也。既刚柔得宜,而志复应阴,是有它也。有它则有累于刚,虽未至于大害,亦可吝也。盖大过之时,动则过也。有它谓更有它志,吝为不足之义,谓可少也。或曰:二比初则无不利,四若应初则为吝,何也?曰:二得中而比于初,为以柔相济之义;四与初为正应,志相系者也。九既居四,刚柔得宜矣,复牵系于阴,以害其刚,则可吝也。

## 象曰:栋隆之吉,不桡乎下也。

栋隆起则吉,不桡曲以就下也,谓不下系于初也。

## 九五,枯杨生华,老妇得其士夫,无咎,无誉。

九五当大过之时,本以中正居尊位,然下无应助,固不能成大过之功,而上比过极之阴,其所相济者,如枯杨之生华。枯杨下生根稀,则能复生,如大过之阳兴成事功也;上生华秀,虽有所发,无益于枯。上六过极之阴,老妇也。五虽非少,比老妇则为壮矣,于五无所赖也,故反称妇得。过极之阴,得阳之相济,不为无益也。以士夫而得老妇,虽无罪咎,殊非美也,故云无咎无誉,象复言其可丑也。

---

〔一〕覆元本“能”下小注:“一作肯。”
〔二〕覆元本“取”上小注:“一有兼字。”

**象曰：枯杨生华,何可久也！老妇士夫,亦可丑也。**

枯杨不生根而生华,旋复枯矣,安能久乎？老妇而得士夫,岂能成生育之功？亦为可丑也。

**上六,过涉灭顶凶,无咎。**

上六以阴柔处过极,是小人过常之极者也。小人之所谓大过,非能为大过人之事也,直过常越理,不恤危亡,履险蹈祸而已。如过涉于水,至灭没其顶,其凶可知。小人狂躁以自祸,盖其宜也,复将何尤？故曰无咎,言自为之,无所怨咎也。因泽之象而取涉义。

**象曰：过涉之凶,不可咎也。**

过涉至溺,乃自为之,不可以有咎也,言无所怨咎。

☵ 坎下坎上

习坎,序卦："物不可以终过,故受之以坎,坎者陷也。"理无过而不已,过极则必陷,坎所以次大过也。习谓重习。他卦虽重,不加其名,独坎加习者,见其重险,险中复有险,其义大也。卦中一阳上下二阴,阳实阴虚,上下无据,一阳陷于二阴之中,故为坎陷之义。阳居阴中则为陷,阴居阳中则为丽。凡阳：在上者止之象,在中陷之象,在下动之象。阴：在上说之象,在中丽之象,在下巽之象。陷则为险。习,重也,如学习温习,皆重复之义也。坎,陷也。卦之所言,处险难之道。坎,水也。一始于中,有生之最先者也,故为水。陷,水之体也。

**习坎有孚,维心亨,行有尚。**

阳实在中,为中有孚信。维心亨,维其心诚一,故能亨通。至诚可以通金石,蹈水火,何险难之不可亨也？行有尚,谓以诚一而行,则能出险,有可嘉尚,谓有功也。不行则常在险中矣。

## 彖曰:习坎,重险也。

## 水流而不盈,行险而不失其信。

习坎者,谓重险也,上下皆坎,两险相重也。初六云坎窞,是坎中之坎,重险也。水流而不盈,阳动于险中,而未出于险,乃水性之流行而未盈于坎,既盈则出乎坎矣。行险而不失其信,阳刚中实,居险之中,行险而不失其信者也。坎中实,水就下,皆为信义有孚也。

## 维心亨,乃以刚中也。

维其心可以亨通者,乃以其刚中也。中实为有孚之象。至诚之道,何所不通?以刚中之道而行,则可以济险难而亨通也。

## 行有尚,往有功也。

以其刚中之才而往,则有功,故可嘉尚;若止而不行,则常在险中矣。坎以能行为功。

## 天险不可升也,地险山川丘陵也。王公设险以守其国。险之时用大矣哉!

高不可升者,天之险也。山川丘陵,地之险也。王公,君人者。观坎之象,知险之不可陵也,故设为城郭沟池之险,以守其国,保其民人,是有用险之时,其用甚大,故赞其大矣哉!山河城池,设险之大端也。若夫尊卑之辨,贵贱之分,明等威,异物采,凡所以杜绝陵僭,限隔上下者,皆体险之用也。

## 象曰:水洊至,习坎,君子以常德行习教事。

坎为水,水流仍洊而至。两坎相习,水流仍洊之象也。水自涓滴至于寻丈,至于江海,洊习而不骤者也。其因势就下,信而有常。

故君子观坎水之象，取其有常，则常久其德行。人之德行，不常则伪也，故当如水之有常，取其洊习相受，则以习熟其教令之事。夫发政行教，必使民熟于闻听，然后能从，故三令五申之；若骤告未喻，遽责其从，虽严刑以驱之不能也，故当如水之洊习。

### 初六，习坎，入于坎窞，凶。

初以阴柔居坎险之下，柔弱无援，而处不得当，非能出乎险也，唯益陷于深险耳。窞，坎中之陷处。已在习坎中，更入坎窞，其凶可知。

### 象曰：习坎入坎，失道凶也。

由习坎而更入坎窞，失道也，是以凶。能出于险，乃不失道也。

### 九二，坎有险，求小得。

二当坎险之时，陷上下二阴之中，乃至险之地，是有险也。然其刚中之才，虽未能出乎险中，亦可小自济，不至如初益陷入于深险，是所求小得也。君子处险难而能自保者，刚中而已。刚则才足自卫，中则动不失宜。

### 象曰：求小得，未出中也。

方为二阴所陷，在险〔一〕之地，以刚中之才，不至陷于深险，是所求小得，然未能出坎中之险也。

### 六三，来之坎坎，险且枕，入于坎窞，勿用。

六三在坎陷之时，以阴柔而居不中正，其处不善，进退与居，皆不可者也。来下则入于险之中，之上则重险也，退来与进之皆险，故

---

〔一〕覆元本“险”上有“至”字。观上文“陷上下二阴之中，乃至险之地”，作“至险”义较长。

云来之坎坎。既进退皆险,而居亦险。枕谓支倚。居险而支倚以处,不安之甚也。所处如此,唯益入于深险耳,故云入于坎窞。如三所处之道,不可用也,故戒勿用。

## 象曰:来之坎坎,终无功也。

进退皆险,处又不安,若用此道,当益入于险,终岂能有功乎?以阴柔处不中正,虽平易之地,尚致悔咎,况处险乎?险者人之所欲出也,必得其道,乃能去之。求去而失其道,益困穷耳。故圣人戒如三所处,不可用也。

## 六四,樽酒簋贰,用缶,纳约自牖,终无咎。

六四阴柔而下无助,非能济天下之险者。以其在高位,故言为臣处险之道。大臣当险难之时,唯至诚见信于君,其交固而不可间,又能开明君心,则可保无咎矣。夫欲上之笃信,唯当尽其质实而已。多仪而尚饰,莫如燕享之礼,故以燕享喻之,言当不尚浮饰,唯以质实。所用一樽之酒,二簋之食,复以瓦缶为器,质之至也。其质实如此,又须纳约自牖。纳约谓进结于君之道。牖〔一〕,开通之义。室之暗也,故设牖所以通明。自牖,言自通明之处,以况君心所明处。诗云:"天之牖民,如壎如篪。"毛公训牖为道,亦开通之谓〔二〕。人臣以忠信之道结于君心,必自其所明处乃能入也。人心有所蔽,有所通。所蔽者暗处也,所通者明处也。当就其明处而告之,求信则易也,故云纳约自牖。能如是,则虽艰险之时,终得无咎也。且如君心蔽于荒乐,唯其蔽也,故尔虽力诋其荒乐之非,如其不省何?必于所不蔽之事,推而及之,则能悟其心矣。

〔一〕覆元本"牖"下小注:"一有有字。"
〔二〕覆元本"谓"下小注:"一作义。"

自古能谏其君者,未有不因其所明者也。故讦直强劲者率多取忤,而温厚明辩者其说多行。且如汉祖爱戚姬,将易太子,是其所蔽也。群臣争之者众矣。嫡庶之义,长幼之序,非不明也,如其蔽而不察何?四老者,高祖素知其贤而重之,此其不蔽之明心也,故因其所明而及其事,则悟之如反手。且四老人之力,孰与张良群公卿及天下之士?其言之切,孰与周昌、叔孙通?然而不从彼而从此者,由攻其蔽与就其明之异耳。又如赵王太后爱其少子长安君,不肯使质于齐,此其蔽于私爱也。大臣谏之虽强,既曰蔽矣,其能听乎?爱其子而欲使之长久富贵者,其心之所明也。故左师触龙因其[一]明而导之以长久之计,故其听也如响。非惟告于君者如此,为教者亦然。夫教必就人之所长,所长者心之所明也,从其心之所明而入,然后推及其余,孟子所谓成德达才是也。

**象曰:樽酒簋贰,刚柔际也。**

象只举首句,如此比多矣。樽酒簋贰,质实之至,刚柔相际,接之道能如此,则可终保无咎。君臣之交,能固而常者,在诚实而已。刚柔指四与五,谓君臣之交际也。

**九五,坎不盈,祇既平,无咎。**

九五在坎之中,是不盈也,盈则平而出矣。祇宜音坻,抵也,复卦云:"无祇悔。"必抵于已平,则无咎。既曰不盈,则是未平而尚在险中,未得无咎也。以九五刚中之才,居尊位,宜可以济于险,然下无助也。二陷于险中未能出,余皆阴柔,无[二]济险之才,人君

---

〔一〕覆元本"其"下小注:"一有所字。"义似较长。
〔二〕覆元本"无"下小注:"一作非。"

虽才,安能独济天下之险?居君位而不能致天下出于险,则为有
咎,必祗既平,乃得无咎。

## 象曰:坎不盈,中未大也。

九五刚中之才,而得尊位,当济天下之险难,而坎尚不盈,乃未能
平乎险难,是其刚中之道未光大也。险难之时,非君臣协力,其能
济乎?五之道未大,以无臣也。人君之道,不能济天下之险难,则
为未大,不称其位也。

## 上六,系用徽纆,置于丛棘,三岁不得,凶。

上六以阴柔而居险之极,其陷之深者也。以其陷之深,取牢狱为
喻。如系缚之以徽纆,囚置于丛棘之中,阴柔而陷之深,其不能出
矣。故云至于三岁之久,不得免也,其凶可知。

## 象曰:上六失道凶,三岁也。

以阴柔而自处极险之地,是其失道也,故其凶至于三岁也。三岁
之久,而不得免焉,终凶之辞也。言久,有曰十,有曰三,随其事
也。陷于狱,至于三岁,久之极也。他卦以年数言者,亦各以其事
也,如三岁不兴,十年乃字是也。

☲离下离上

离,序卦:"坎者陷也,陷必有所丽,故受之以离,离者丽也。"陷于
险难之中,则必有所附丽,理自然也,离所以次坎也。离,丽也,明
也。取其阴丽于上下之阳,则为附丽之义;取其中虚,则为明义。
离为火,火体虚,丽于物而明者也。又为日,亦以虚明之象。

## 离:利贞,亨。畜牝牛,吉。

离,丽也。万物莫不皆有所丽,有形则有丽矣。在人则为[一]所亲附之人,所由之道,所主之事,皆其所丽也。人之所丽,利于贞正,得其正则可以亨通,故曰"离,利贞,亨"。畜牝牛,吉:牛之性顺,而又牝焉,顺之至也,既附丽于正,必能顺于正道如牝牛,则吉也。畜牝牛,谓养其顺德。人之顺德,由养以成,既丽于正,当养习以成其顺德也。

## 象曰:离,丽也。日月丽乎天,百谷草木丽乎土。

离,丽也:谓附丽也。如日月则丽于天,百谷草木则丽于土。万物莫不各有所丽,天地之中,无无丽之物,在人当审其所丽,丽得其正则能亨也。

## 重明以丽乎正,乃化成天下。

以卦才言也。上下皆离,重明也。五二皆处中正,丽乎正也。君臣上下皆有明德,而处中正,可以化天下,成文明之俗也。

## 柔丽乎中正,故亨,是以畜牝牛吉也。

二五以柔顺丽于中正,所以能亨。人能养其至顺,以丽中正,则吉,故曰"畜牝牛吉"也。或曰:二则中正矣,五以阴居阳,得为正乎?曰:离主于[二]所丽。五,中正之位,六,丽于正位,乃为正也。学者知时义而不失轻重,则可以言易矣。

## 象曰:明两,作离,大人以继明照于四方。

若云两明,则是二明,不见继明之义,故云明两,明而重两,谓相继也。作离,明两而为离,继明之义也。震巽之类,亦取洊随之义,然离之义尤重也。大人,以德言则圣人,以位言则王者。大人观

---

〔一〕覆元本"为"下小注:"一无为字。"
〔二〕覆元本此句无"于"字。

离明相继之象,以世继其明德,照临于四方。大凡以明相继,皆继明也。举其大者,故以世袭继照言之。

## 初九,履错然,敬之无咎。

阳固好动,又居下而离体。阳居下,则欲进。离性炎上,志在上丽,几于躁动。其履错然,谓交错也。虽未进,而迹已动矣,动则失居下之分而有咎也。然其刚明之才,若知其义而敬慎之,则不至于咎矣。初在下,无位者也。明其身之进退,乃所丽之道也。其志既动,不能敬慎则妄动,是不明所丽,乃有咎也。

## 象曰:履错之敬,以辟咎也。

履错然欲动,而知敬慎,不敢进,所以求辟免过咎也。居明而刚,故知而能辟,不刚明则妄动矣。

## 六二,黄离,元吉。

二居中得正,丽于中正也。黄,中之色,文之美也。文明中正,美之盛也,故云黄离。以文明中正之德,上同于文明中顺之君,其明如是,所丽如是,大善之吉也。

## 象曰:黄离元吉,得中道也。

所以元吉者,以其得中道也。不云正者,离以中为重。所以成文明,由中也,正在其中矣。

## 九三,日昃之离,不鼓缶而歌,则大耋之嗟,凶。

八纯卦皆有二体之义。乾,内外皆健;坤,上下皆顺;震,威震相继;巽,上下顺随;坎,重险相习;离,二明继照;艮,内外皆止;兑,彼己相说。而离之义,在人事最大。九三居下体之终,是前明将尽,后明当继之时,人之始终,时之革易也,故为日昃之离,日下昃之明也,昃则将没矣。以理言之,盛必有衰,始必有终,常道也。

达者顺理为乐。缶，常用之器也。鼓缶而歌，乐其常也。不能如是，则以大耋为嗟忧，乃为凶也。大耋，倾没也。人之终尽，达者则知其常理，乐天而已，遇常皆乐，如鼓缶而歌。不达者则恐恒有将尽之悲，乃大耋之嗟，为其凶也。此处死生之道也。耋与昳同。

## 象曰：日昃之离，何可久也！

日既倾昃，明能久乎？明者知其然也，故求人以继其事，退处以休其身，安常处顺，何足以为凶也！

## 九四，突如其来如，焚如，死如，弃如。

九四，离下体而升上体，继明之初，故言继承之义。在上而近君，继承之地也。以阳居离体而处四，刚躁而不中正，且重刚。以不正而刚盛之势，突如而来，非善继者也。夫善继者，必有巽让之诚，顺承之道，若舜、启然。今四突如其来，失善继之道也。又承六五阴柔之君，其刚盛陵烁之势，气焰如焚然，故云焚如。四之所行，不善如此，必被祸害，故曰死如。失继绍之义，承上之道皆逆德也，众所弃绝，故云弃如。至于死弃，祸之极矣，故不假言凶也。

## 象曰：突如其来如，无所容也。

上陵其君，不顺所承，人恶众弃，天下所不容也。

## 六五，出涕沱若，戚嗟若，吉。

六五居尊位而守中，有文明之德，可谓善矣。然以柔居上，在下无助，独附丽于刚强之间，危惧之势也。唯其明也，故能畏惧之深，至于出涕；忧虑之深，至于戚嗟，所以能保其吉也。出涕戚嗟，极言其忧惧之深耳，时当然也。居尊位而文明，知忧畏如此，故得吉。若自恃其文明之德，与所丽中正，泰然不惧，一作虑。则安能保其吉也？

## 象曰:六五之吉,离王公也。

六五之吉者,所丽得王公之正位也。据在上之势,而明察事理,畏惧忧虞以持之,所以能吉也。不然,岂能安乎?

## 上九,王用出征,有嘉。

九以阳居上,在离之终,刚明之极者也。明则能照,刚则能断。能照足以察邪恶,能断足以行威刑,故王者宜用。如是刚明以辨天下之邪恶,而行其征伐,则有嘉美之功也。征伐,用刑之大者。

## 折首,获匪其丑,无咎。

夫明极则无微不照,断极则无所宽宥,不约之以中,则伤于严察矣。去天下之恶,若尽究其渐染诖误,则何可胜诛?所伤残亦甚矣,故但当折取其魁首,所执获者非其丑类,则无残暴之咎也。书曰:"歼厥渠魁,胁从罔治。"

## 象曰:王用出征,以正邦也。

王者用此上九之德,明照而刚断,以察除天下之恶,所以正治其邦国,刚明居上之道也。

# 周易程氏传卷第三

## 周易下经上

䷞ 艮下兑上

咸,序卦:"有天地然后有万物,有万物然后有男女,有男女然后有夫妇,有夫妇然后有父子,有父子然后有君臣,有君臣然后有上下,有上下然后礼义有所错。"天地万物之本,夫妇人伦之始,所以上经首乾、坤,下经首咸继以恒也。天地二物,故二卦分为天地之道。男女交合而成夫妇,故咸与恒皆二体合为夫妇之义。咸,感也,以说为主;恒,常也,以正为本。而说之道自有正也,正之道固有说焉:巽而动,刚柔皆应,说也。咸之为卦,兑上艮下,少女少男也。男女相感之深,莫如少者,故二少为咸也。艮体笃实,止为诚悫之义。男志笃实以下交,女心说而上应,男感之先也。男先以诚感,则女说而应也。

## 咸:亨,利贞,取女吉。

咸,感也。不曰感者,咸有皆义,男女交相感也。物之相感,莫如男女,而少复甚焉。凡君臣上下,以至万物,皆有相感之道。物之相感,则有亨通之理。君臣能相感,则君臣之道通;上下能相感,则上下之志通;以至父子、夫妇、亲戚、朋友,皆情意相感,则和顺

而亨通。事物皆然,故咸有亨之理也。利贞,相感之道利在于正
也。不以正,则入于恶矣,如夫妇之以淫姣,君臣之以媚说,上下
之以邪僻,皆相感之不以正也。取女吉,以卦才言也。卦有柔上
刚下,二气感应,相与止而说,男下女之义。以此义取女,则得正
而吉也。

## 彖曰:咸,感也。

## 柔上而刚下,二气感应,以相与止而说,男下女,是以亨
## 利贞,取女吉也。

咸之义感也。在卦,则柔爻上而刚爻下,柔上变刚而成兑,刚下变
柔而成艮,阴阳相交,为男女交感之义。又兑女在上,艮男居下,
亦柔上刚下也。阴阳二气,相感相应而和合,是相与也。止而说,
止于说,为坚悫之意。艮止于下,笃诚相下也;兑说于上,和说相
应也。以男下女,和之至也。相感之道如此,是以能亨通而得正,
取女如是则吉也。卦才如此,大率感道利于正也。

## 天地感而万物化生,圣人感人心而天下和平。观其所
## 感,而天地万物之情可见矣。

既言男女相感之义,复推极感道,以尽天地之理、圣人之用。天地
二气交感而化生万物,圣人至诚以感亿兆之心而天下和平。天下
之心所以和平,由圣人感之也。观天地交感化生万物之理,与圣
人感人心致和平之道,则天地万物之情可见矣。感通之理,知道
者默而观之可也。

## 象曰:山上有泽,咸,君子以虚受人。

泽性润下,土性受润,泽在山上而其渐润通彻,是二物之气相感通
也。君子观山泽通气之象,而虚其中以受于人。夫人中虚则能

受,实则不能入矣。虚中者,无我也。中无私主,则无感不通。以
量而容之,择合一作交。而受之,非圣人有感必通之道也。

## 初六,咸其拇。

初六在下卦之下,与四相感。以微处初,其感未深,岂能动于人?
故如人拇之动,未足以进也。拇,足大指。人之相感,有浅深轻重
之异,识其时势,则所处不失其宜矣。

## 象曰:咸其拇,志在外也。

初志之动,感于四也,故曰在外。志虽动而感未深,如拇之动,未
足以进也。

## 六二,咸其腓,凶,居吉。

二以阴居下,与五为应,故设咸腓之戒。腓,足肚,行则先动,足乃
举之,非如腓之自动也。二若不守道,待上之求,而如腓自动,则
躁妄自失,所以凶也。安其居而不动,以待上之求,则得进退之道
而吉也。二,中正之人,以其在咸而应五,故为此戒。复云居吉,
若安其分,不自动,则吉也。

## 象曰:虽凶,居吉,顺不害也。

二居中得正,所应又中正,其才本善,以其在咸之时,质柔而上应,
故戒以先动求君则凶,居以自守则吉。象复明之云:非戒之不得
相感,唯顺理则不害,谓守道不先动也。

## 九三,咸其股,执其随,往吝。

九三以阳居刚,有刚阳之才,而为主于内,居下之上,是宜自得于
正道,以感于物,而乃应于上六。阳好上而说,阴上居感说之极,
故三感而从之。股者,在身之下,足之上,不能自由,随身而动者
也,故以为象,言九三不能自主,随物而动,如股然,其所执守者随

于物也。刚阳之才，感于所说而随之，如此而往，可羞吝也。

## 象曰：咸其股，亦不处也；志在随人，所执下也。

云亦者，盖象辞〔一〕本不与易相比，自作一处，故诸爻之象辞，意有相续者。此言亦者，承上爻〔二〕辞也。上云："咸其拇，志在外也，虽凶居吉，顺不害也。"咸其股，亦不处也。前二阴爻皆有感而动，三虽阳爻亦然，故云"亦不处也"。不处谓动也。有刚阳之质，而不能自主〔三〕，志反在于随人，是所操执者卑下之甚也。

## 九四，贞吉，悔亡。憧憧往来，朋从尔思。

感者，人之动也，故皆就人身取象。拇取在下而动之微，腓取先动，股取其随。九四无所取，直言感之道，不言咸其心，感乃心也。四在中而居上，当心之位，故为感之主，而言感之道：贞正则吉而悔亡，感不以正，则有悔也。又四说体，居阴而应初，故戒于贞感之道，无所不通，有所私系，则害于感通，乃有悔也。圣人感天下之心，如寒暑雨旸，无不通，无不应者，亦贞而已矣。贞者，虚中无我之谓也。憧憧往来，朋从尔思：夫贞一则所感无不通，若往来憧憧然，用其私心以感物，则思之所及者有能〔四〕感而动，所不及者不能感也，是其朋类则从其思也，以有系之私心，既主于一隅一事，岂能廓然无所不通乎？系辞曰："天下何思何虑？天下同归而殊途，一致而百虑，天下何思何虑？"夫子因咸极论感通之道。夫以思虑之私心感物，所感狭矣。天下之理一也，途虽殊而其归则

〔一〕覆元本"辞"下小注："一作体。"
〔二〕覆元本"爻"下小注："一有象字。"义较长。
〔三〕覆元本"主"下小注："一作立，一作处。"
〔四〕覆元本"能"作"所"，义较长。

同,虑虽百而其致则一。虽物有万殊,事有万变,统之以一,则无能违也。故贞其意,则穷天下无不感通焉,故曰:"天下何思何虑?"用其思虑之私心,岂能无所不感也?"日往则月来,月往则日来,日月相推而明生焉。寒往则暑来,暑往则寒来,寒暑相推而岁成焉。往者屈也,来者信也,屈信相感而利生焉。"此以往来屈信明感应之理。屈则有信,信则有屈,所谓感应也。故日月相推而明生,寒暑相推而岁成,功用由是而成,故曰屈信相感而利生焉。感,动也,有感必有应。凡有动皆为感,感则必有应,所应复为感,感〔一〕复有应,所以不已也。"尺蠖之屈,以求信也。龙蛇之蛰,以存身也。精义入神,以致用也。利用安身,以崇德也。过此以往,未之或知也。"前云屈信之理矣,复取物以明之。尺蠖之行,先屈而后信,盖不屈则无信,信而后有屈,观尺蠖则知感应之理矣。龙蛇之〔二〕藏,所以存息其身,而后能奋迅也,不蛰则不能奋矣。动息相感,乃屈信也。君子潜心精微之义,入于神妙,所以致其用也。潜心精微,积也;致用,施也。积与施乃屈信也。"利用安身,以崇德也",承上文致用而言:利其施用,安处其身,所以崇大其德业也。所为合理,则事正而身安,圣人〔三〕能事尽于此矣,故云:"过此以往,未之或知也。""穷神知化,德之盛也。"既云"过此以往,未之或知",更以此语终之,云穷极至神之妙,知化育之道,德之至盛也,无加于此矣。

**象曰:贞吉悔亡,未感害也;憧憧往来,未光大也。**

〔一〕覆元本"感"上小注:"一有所字。"义较长。
〔二〕覆元本"之"作"蛰",义较长,与下文"不蛰则不能奋"句相应。
〔三〕覆元本"人"下小注:"一作贤。"

贞则吉而悔亡,未为私感所害也;系私应则害于感矣。憧憧往来,以私心相感,感之道狭矣,故云未光大也。

## 九五,咸其脢,无悔。

九居尊位,当以至诚感天下,而应二比上。若系二而说上,则偏私浅狭,非人君之道,岂能感天下乎?脢,背肉也,与心相背而所不见也。言能背其私心,感非其所见而说者,则得人君感天下之正,而无悔也。

## 象曰:咸其脢,志末也。

戒使背其心而咸脢者,为其存心浅末,系二而说上,感于私欲也。

## 上六,咸其辅颊舌。

上阴柔而说体,为说之主,又居感之极,是其欲感物之极也,故不能以至诚感物,而发见于口舌之间,小人女子之常态也,岂能动于人乎?不直云口,而云辅颊舌,亦犹今人谓口过曰唇吻、曰颊舌也,辅颊舌皆所用以言也。

## 象曰:咸其辅颊舌,滕口说也。

唯至诚为能感人,乃以柔说腾扬于口舌,言说岂能感于人乎?

☳ 巽下震上

恒,序卦:"夫妇之道,不可以不久也,故受之以恒。恒,久也。"咸,夫妇之道。夫妇[一]终身不[二]变者也,故咸之后受之以恒也。咸,少男在少女之下,以男下女,是男女交感之义。恒,长男在长

---

〔一〕覆元本"妇"下小注:"一有之道字。"
〔二〕覆元本"不"下小注:"一有可字。"

女之上,男尊女卑,夫妇居室之常道也。论交感之情,则少为
亲[一]切;论尊卑之序,则长当谨正:故兑艮为咸,而震巽为恒也。
男在女上,男动于外,女顺于内,人理之常,故为恒也。又刚上柔
下,雷风相与,巽而动,刚柔相应,皆恒之义也。

## 恒:亨,无咎;利贞,利有攸往。

恒者,常久也。恒之道可以亨通,恒而能亨,乃无咎也。恒而不可
以亨,非可恒之道也,为有咎矣。如君子之恒于善,可恒之道也;
小人恒于恶,失可恒之道也。恒所以能亨,由贞正也,故云利贞。
夫所谓恒,谓可恒久之道,非守一隅而不知变也,故利于有往。唯
其有往,故能恒也,一定则不能常矣。又常久之道,何往不利?

## 彖曰:恒,久也。

恒者长久之义。

## 刚上而柔下,雷风相与,巽而动,刚柔皆应,恒。

卦才有此四者,成恒之义也。刚上而柔下,谓乾之初上居于四,坤
之初[二]下居于初,刚爻上而柔爻下也。二爻易处则成震巽,震上
巽下,亦刚上而柔下也。刚处上而柔居下,乃恒道也。雷风相与:
雷震则风发,二者相须,交助其势,故云相与,乃其常也。巽而动:
下巽顺,上震动,为以巽而动。天地造化,恒久不已者,须动而已。
巽而动,常久之道也。动而不顺,岂能常也? 刚柔皆应[三]:一卦
刚柔之爻皆相应。刚柔相应,理之常也。此四者,恒之道也,卦所
以为恒也。

---

〔一〕覆元本"亲"作"深"。
〔二〕覆元本"初"下小注:"一作四。"义较长。
〔三〕覆元本"应"下小注:"一有恒字。"

## 恒亨，无咎，利贞，久于其道也。

恒之道，可致亨而无过咎，但所恒宜得其正，失正则非可恒之道也，故曰久于其道。其道，可恒之正道也。不恒其德，与恒于不正，皆不能亨而有咎也。

## 天地之道，恒久而不已也。

天地之所以不已，盖有恒久之道。人能恒于可恒之道，则合天地之理也。

## 利有攸往，终则有始也。

天下之理，未有不动而能恒者也。动则终而复始，所以恒而不穷。凡天地所生之物，虽山岳之坚厚，未有能不变者也，故恒非一定之谓也，一定则不能恒矣。唯随时变易，乃常道也，故云利有攸往。明理之如是，惧人之泥于常也。

## 日月得天而能久照，四时变化而能久成，圣人久于其道而天下化成。观其所恒，而天地万物之情可见矣。

此极言常理。日月，阴阳之精气耳，唯其顺天之道，往来盈缩，故能久照而不已。得天，顺天理也。四时，阴阳之气耳，往来变化，生成万物，亦以得天，故常久不已。圣人以常久之道，行之有常，而天下化之以成美俗也。观其所恒，谓观日月之久照、四时之久成、圣人之道所以能常久之理。观此，则天地万物之情理可见矣。天地常久之道，天下常久之理，非知道者孰能识之？

## 象曰：雷风，恒，君子以立不易方。

君子观雷风相与成恒之象，以常久其德，自立于大中常久之道，不变易其方所也。

## 初六，浚恒，贞凶，无攸利。

初居下而四为正应,柔暗之人,能守常而不能度势。四震体而阳性,以刚居高,志上而不下,又为二三所隔,应初之志异乎常矣,而初乃求望之深,是知常而不知变也。浚,深之也。浚恒,谓求恒之深也。守常而不度势,求望于上之深,坚固守此,凶之道也。泥常如此,无所往而利矣。世之责望故素而致悔吝[一]者,皆浚恒者也。志既上求之深,是不能恒安其处者也。柔微而不恒安其处,亦致凶之道。凡卦之初终,浅与深、微与盛之地也。在下而求深,亦不知时矣。

## 象曰:浚恒之凶,始求深也。

居恒之始,而求望于上之深,是知常而不知[二]度势之甚也,所以凶,阴暗不得恒之宜也。

## 九二,悔亡。

在恒之义,居得其正,则常道也。九,阳爻,居阴位,非常理也。处非其常,本当有悔,而九二以中德而应于五,五复居中,以中而应中,其处与动,皆得中也,是能恒久于中也。能恒久于中,则不失正矣。中重于正,中则正矣,正不必中也。九二以刚中之德而应于中,德之胜也,足以亡其悔矣。人能识重轻之势,则可以言易矣。

## 象曰:九二悔亡,能久中也。

所以得悔亡者,由其能恒久于中也。人能恒久于中,岂止亡其悔,德之善也。

## 九三,不恒其德,或承之羞,贞吝。

〔一〕覆元本"悔吝"作"悔咎",下有小注:"一作吝。"
〔二〕覆元本"不知"下小注:"一无知字。"

三,阳爻,居阳位,处得其位,是其常处也;乃志从于上六,不唯阴阳相应,风复从雷,于恒处而不处,不恒之人也。其德不恒,则羞辱或承之矣。或承之,谓有时而至也。贞吝:固守不恒以为恒,岂不可羞吝乎?

## 象曰:不恒其德,无所容也。

人既无恒,何所容处? 当处之地,既不能恒,处非其据,岂能恒哉? 是不恒之人,无所容处其身也。

## 九四,田无禽。

以阳居阴,处非其位,处非其所,虽常何益? 人之所为,得其道则久而成功,不得其道则虽久何益? 故以田为喻,言九之居四,虽使恒久,如田猎而无禽兽之获,谓徒用力而无功也。

## 象曰:久非其位,安得禽也?

处非其位,虽久何所得乎? 以田为喻,故云安得禽也。

## 六五,恒其德,贞。妇人吉,夫子凶。

五应于二,以阴柔而应阳刚,居中而所应又中,阴柔之正也,故恒久其德则为贞也。夫以顺从为恒者,妇人之道,在妇人则为贞,故吉;若丈夫而以顺从于人为恒,则失其刚阳之正,乃凶也。五,君位,而不以君道言者,如六五之义:在丈夫犹凶,况人君之道乎? 在它卦,六居君位而应刚,未为失也;在恒,故不可耳。君道岂可以柔顺为恒也?

## 象曰:妇人贞吉,从一而终也;夫子制义,从妇凶也。

如五之从二,在妇人则为正而吉,妇人以从为正,以顺为德,当终守于从一。夫子则以义制者也,从妇人之道,则为凶也。

## 上六,振恒,凶。

六居恒之极,在震之终,恒极则不常,震终则动极。以阴居上,非其安处,又阴柔不能坚固其守,皆不常之义也,故为振恒,以振为恒也。振者,动之速也,如振衣,如振书,抖擞运动之意。在上而其动无节,以此为恒,其凶宜矣。

### 象曰:振恒在上,大无功也。

居上之道,必有恒德,乃能有功;若躁动不常,岂能有所成乎?居上而不恒,其凶甚矣。象又言其不能有所成立,故曰大无功也。

☰☷艮下乾上

遯,序卦:"恒者久也,物不可以久居其所,故受之以遯。遯者,退也。"夫久则有去,相须之理也,遯所以继恒也。遯,退也,避也,去之之谓也。为卦,天下有山。天,在上之物,阳性上进。山,高起之物,形虽高起,体乃止。物有上陵之象而止不进,天乃上进而去之,下陵而上去,是相违遯,故为遯去之义。二阴生于下,阴长将盛,阳消而退,小人渐盛,君子退而避之,故为遯也。

### 遯:亨,小利贞。

遯者,阴长阳消,君子遯藏之时也。君子退藏以伸其道,道不屈则为亨,故遯所以有亨也。在事,亦有由遯避而亨者。虽小人道长之时,君子知几退避,固善也。然事有不齐,与时消息,无必同也。阴柔方长,而未至于甚盛,君子尚有迟迟致力之道,不可大贞,而尚利小贞也。

### 象曰:遯亨,遯而亨也。

小人道长之时,君子遯退,乃其道之亨也。君子遯藏,所以伸道也。此言处遯之道,自"刚当位而应"以下,则论时与卦才,尚有可为之理也。

## 刚当位而应，与时行也。

虽遁之时，君子处之，未有必遁之义。五以刚阳之德，处中正之位，又下与六二以中正相应，虽阴长之时，如卦之才，尚当随时消息，苟可以致其力，无不至诚自尽以扶持其道，未必于遁藏而不为，故曰与时行也。

## 小利贞，浸而长也。

## 遁之时义大矣哉！

当阴长之时，不可大贞，而尚小利贞者，盖阴长必以浸渐，未能遽盛，君子尚可小贞其道，所谓小利贞，扶持使未遂亡也。遁者阴之始长，君子知微，故当深戒，而圣人之意未便遽已也，故有"与时行，小利贞"之教。圣贤之于天下，虽知道之将废，岂肯坐视其乱而不救？必区区致力于未极之间，强此之衰，艰彼之进，图其暂安，苟得为之，孔、孟之所屑为也，王允、谢安之于汉、晋是也。若有可变之道，可亨之理，更不假言也，此处遁时之道也。故圣人赞其时义大矣哉！或久或速，其义皆大也。

## 象曰：天下有山，遁，君子以远小人，不恶而严。

天下有山，山下起而乃止，天上进而相违，是遁避之象也。君子观其象，以避远乎小人，远小人之道，若以恶声厉色，适足以致其怨忿，唯在乎矜庄威严，使知敬畏，则自然远矣。

## 初六，遁尾厉，勿用有攸往。

他卦以下为初。遁者往遁也，在前者先进，故初乃为尾。尾，在后之物也，遁而在后，不及者也，是以危也。初以柔处微，既已后矣，不可往也，往则危矣。微者易于晦藏，往既有危，不若不往之无灾也。

## 象曰:遁尾之厉,不往何灾也?

见几先遁,固为善也;遁而为尾,危之道也。往既有危,不若不往
而晦藏,可免于灾,处微故也。古人处微下,隐乱世,而不去者
多矣。

## 六二,执之用黄牛之革,莫之胜说。

二与五为正应,虽在相违遁之时,二以中正顺应于五,五以中正亲
合于二,其交自固。黄,中色。牛,顺物。革,坚固之物。二五以
中正顺道相与,其固如执系之以牛革也。莫之胜说,谓其交之固,
不可胜言也。在遁之时,故极言之。

## 象曰:执用黄牛,固志也。

上下以中顺之道相固结,其心志甚坚,如执之以牛革也。

## 九三,系遁,有疾厉,畜臣妾吉。

阳志说阴,三与二切比,系乎二者也。遁贵速而远,有所系累,则
安能速且远也?害于遁矣,故为有疾也。遁而不速,是以危也。
臣妾,小人女子,怀恩而不知义,亲爱之则忠其上。系恋之私恩,
怀小人女子之道也,故以畜养臣妾,则得其心为吉也。然君子之
待小人,亦不如是也。三与二非正应,以昵比相亲,非待君子之
道。若以正,则虽系,不得为有疾,蜀先主之不忍弃士民是也。虽
危,为无咎矣。

## 象曰:系遁之厉,有疾惫也;畜臣妾吉,不可大事也。

遁而有系累,必以困惫致危;其有疾,乃惫也,盖力亦不足矣。以
此昵爱之心畜养臣妾则吉,岂可以当大事乎?

## 九四,好遁,君子吉,小人否。

四与初为正应,是所好爱者也。君子虽有所好爱,义苟当遁,则去而不疑,所谓克己复礼,以道制欲,是以吉。小人则不能以义处,昵于所好,牵于所私,至于陷辱其身而不能已,故在小人则否也。否,不善也。四,乾体能刚断者。圣人以其处阴而有系,故设小人之戒,恐其失于正也。

## 象曰:君子好遁,小人否也。

君子虽有好而能遁,不失于义;小人则不能胜其私意,而至于不善也。

## 九五,嘉遁,贞吉。

九五中正,遁之嘉美者也。处得中正之道,时止时行,乃所谓嘉美也,故为贞正而吉。九五非无系应,然与二皆以中正自处,是其心志及乎动止,莫非中正,而无私系之失,所以为嘉也。在彖则概言遁时,故云"与时行,小利贞",尚有济遁之意;于爻至五,遁将极矣,故唯以中正处遁言之。遁非人君之事,故不主君位言,然人君之所避远乃遁也,亦在中正而已。

## 象曰:嘉遁贞吉,以正志也。

志正则动必由正,所以为遁之嘉也。居中得正,而应中正,是其志正也,所以为吉。人之遁也,止也,唯在正其志而已矣。

## 上九,肥遁,无不利。

肥者,充大宽裕之意。遁者,唯飘然远逝,无所系滞之为善。上九乾体刚断,在卦之外矣,又下无所系,是遁之远而无累,可谓宽绰有余裕也。遁者,穷困之时也,善处则为肥矣。其遁如此,何所不利?

## 象曰:肥遁无不利,无所疑也。

其遁之远,无所疑滞也。盖在外则已远,无应则无累,故为刚决无疑也。

䷡乾下震上

大壮,序卦:"遁者退也,物不可以终遁,故受之以大壮。"遁为违去之义,壮为进盛之义。遁者,阴长而阳遁也。大壮,阳之壮盛也。衰则必盛,消息一作长。相须,故既遁则必壮,大壮所以次遁也。为卦,震上乾下。乾刚而震动,以刚而动,大壮之义也。刚阳大也,阳长已过中矣,大者壮盛也。又雷之威震而在天上,亦大壮之义也。

## 大壮:利贞。

大壮之道,利于贞正也。大壮而不得其正,强猛之为耳,非君子之道壮盛也。

## 彖曰:大壮,大者壮也,刚以动故壮。

所以名大壮者,谓大者壮也。阴为小,阳为大。阳长以盛,是大者壮也。下刚而上动,以乾之至刚而动,故为大壮。为大者壮,与壮之大也。

## 大壮利贞,大者正也。正大而天地之情可见矣。

大者既壮,则利于贞正。正而大者道也,极正大之理,则天地之情可见矣。天地之道,常久而不已者,至大至正也。正大之理,学者默识心通可也。不云大正,而云正大,恐疑为一事也。

## 象曰:雷在天上,大壮,君子以非礼弗履。

雷震于天上,大而壮也。君子观大壮之象,以行其壮。君子之大壮者,莫若克己复礼。古人云:"自胜之谓强。"中庸于"和而不流"、"中立而不倚",皆曰"强哉矫"。"赴汤火"、"蹈白刃",武夫之勇可能也。至于克己复礼,则非君子之大壮不可能也,故云"君子以非礼弗履"。

## 初九,壮于趾,征凶有孚。

初,阳刚乾体而处下,壮于进者也。在下而用壮,壮于趾也。趾,在下而进动之物。九在下,用壮而不得其中。夫以刚处壮,虽居上犹不可行,况在下乎? 故征则其凶有孚。孚,信也,谓以壮往,则得凶可必也。

## 象曰:壮于趾,其孚穷也。

在最下而用壮以行,可必信其穷困而凶也。

## 九二,贞吉。

二虽以阳刚当大壮之时,然居柔而处中,是刚柔得中,不过于壮,得贞正而吉也。或曰:贞非以九居二为戒乎? 曰:易取所胜为义。以阳刚健体当大壮之时,处得中道,无不正也。在四,则有不正之戒。人能识时义之轻重,则可以学易矣。

## 象曰:九二贞吉,以中也。

所以贞正而吉者,以其得中道也。中则不失正,况阳刚而乾体乎?

## 九三,小人用壮,君子用罔,贞厉,羝羊触藩,羸其角。

九三以刚居阳而处壮,又当乾体之终,壮之极者也。极壮如此,在小人则为用壮,在君子则为用罔。小人尚力,故用其壮勇;君子志刚,故用罔。罔,无也。犹云蔑也。以其至刚,蔑视于事,而无所忌惮也。君子小人以地言,如"君子有勇而无义为乱"。刚柔得中,则不折不屈,施于天下而无不宜。苟刚之太过,则无和顺之德,多伤莫与,贞固守此,则危道也。凡物莫不用其壮:齿者啮,角者触,蹄乾踶。羊壮于首,羝为喜触,故取为象。羊喜触藩篱,以藩篱当其前也。盖所当必触,喜用壮如此,必羸困其角矣。犹人尚刚壮,所当必用,必至摧困也。三壮甚如此,而不至凶,何也?曰:如三之为,其往足以致凶,而方言其危,故未及于凶也。凡可以致凶而未至者,则曰厉也。

## 象曰:小人用壮,君子罔也。

在小人,则为用其强壮之力。在君子,则为用罔:志气刚强,蔑视于事,靡所顾惮也。

## 九四,贞吉悔亡,藩决不羸,壮于大舆之輹。

四,阳刚长盛,壮已过中,壮之甚也。然居四为不正,方君子道长之时,岂可有不正也? 故戒以贞则吉而悔亡。盖方道长之时,小失则害亨进之势,是有悔也。若在他卦,重刚而居柔,未必不为善也,大过是也。藩所以限隔也,藩篱决开,不复羸困其壮也。高大之车,轮輹强壮,其行之利可知,故云壮于大舆之輹。輹,轮之要处也。车之败,常在折輹,輹壮则车强矣。云壮于輹,谓壮于进也。輹与辐同。

## 象曰:藩决不羸,尚往也。

刚阳之长,必至于极。四虽已盛,然其往未止也。以至盛之阳,用壮而进,故莫有当之。藩决开而不羸困,其力也。尚往,其进不已也。

## 六五,丧羊于易,无悔。

羊群行而喜触,以象诸阳并进。四阳方长而并进,五以柔居上,若以力制,则难胜而有悔,唯和易以待之,则群阳无所用其刚,是丧其壮于和易也。如此,则可以无悔。五:以位言则正,以德言则中,故能用和易之道,使群阳虽壮无所用也。

## 象曰:丧羊于易,位不当也。

所以必用柔和者,以阴柔居尊位故也。若以阳刚中正得〔一〕尊位,
则下无壮矣。以六五位不当也,故设丧羊于易之义。然大率治壮
不可用刚。夫君臣上下之势,不相侔也。苟君之权足以制乎下,
则虽有强壮跋扈之人,不足谓之壮也。必人君之势有所不足,然
后谓之治壮。故治壮之道,不可以刚也。

## 上六,羝羊触藩,不能退,不能遂,无攸利,艰则吉。

羝羊但取其用〔二〕壮,故阴爻亦称之。六以阴处震终而当壮极,其
过可知。如羝羊之触藩篱,进则碍身,退则妨角,进退皆不可也。
才本阴柔,故不能胜己以就义,是不能退也。阴柔之人,虽极用壮
之心,然必不能终其壮,有摧必缩,是不能遂也。其所为如此,无
所往而利也。阴柔处壮,不能固其守,若遇艰困,必失其壮。失其
壮,则反得柔弱之分矣,是艰则得吉也。用壮则不利,知艰而处柔
则吉也。居壮之终,有变之义也。

## 象曰:不能退,不能遂,不详也;艰则吉,咎不长也。

非其处而处,故进退不能,是其自处之不详慎也。艰则吉:柔遇艰
难,又居壮终,自当变矣,变则得其分,过咎不长乃吉也。

☲☷ 坤下离上

晋,序卦:"物不可以终壮,故受之以晋。晋者,进也。"物无壮而终
止之理,既盛壮则必进,晋所以继大壮也。为卦,离在坤上,明出

---

〔一〕覆元本"得"下小注:"一作居。"
〔二〕覆元本"用"下小注:"一无用字。"

地上也。日出于地,升而益明,故为晋。晋,进而光明盛大之意〔一〕也。凡物渐盛为进,故彖云"晋,进也"。卦有有德者,有无德者,随其宜也。乾、坤之外,云元亨者,固有也;云利贞者,所不足而可以有功也。有不同者,革、渐是也,随卦可见。晋之盛而无德者,无用有〔二〕也。晋之明盛,故更不言亨,顺乎大明,无用戒正也。

## 晋:康侯用锡马蕃庶,昼日三接。

晋为进盛之时,大明在上,而下体顺附,诸侯承王之象也,故为康侯。康侯者,治安之侯也。上之大明,而能同德,以顺附治安之侯也,故受其宠数,锡之马众多也。车马,重赐也;蕃庶,众多也。不唯锡与之厚,又见亲礼,昼日之中,至于三接,言宠遇之至也。晋进盛之时,上明下顺,君臣相得。在上而言,则进于明盛;在臣而言,则进升高显,受其光宠也。

## 彖曰:晋,进也。

## 明出地上,顺而丽乎大明,柔进而上行,是以康侯用锡马蕃庶,昼日三接也。

晋,进也,明进而盛也。明出于地,益进而盛,故为晋。所以不谓之进者,进为前进,不能包明盛之义。明出地上,离在坤上也。坤丽于离,以顺丽于大明,顺德之臣上附于大明之君也。柔进而上行:凡卦,离在上者,柔居君位,多云柔进而上行,噬嗑、睽、鼎是也。六五以柔居君位,明而顺丽,为能待下宠遇亲密之义,是以为康侯用锡马蕃庶,昼日三接也。大明之君,安天下者也。诸侯能

---

〔一〕覆元本"意"下小注:"一作义。"
〔二〕覆元本"有"作"者"。

顺附天子之明德,是康民安国之侯也,故谓之康侯,是以享宠锡而见亲礼,昼日之间,三接见于天子也。不曰公卿而曰侯,天子治于上者也,诸侯治于下者也,在下而顺附于大明之君,诸侯之象也。

## 象曰:明出地上,晋,君子以自昭明德。

昭,明之也。传曰:"昭德塞违,昭其度也。"君子观明出地上而益明盛之象,而以自昭其明德。去蔽致知,昭明德于己也;明明德于天下,昭明德于外也。明明德在己,故云自昭。

## 初六,晋如,摧如,贞吉,罔孚,裕无咎。

初居晋之下,进之始也。晋如,升进也。摧如,抑退也。于始进而言,遂其进,不遂其进,唯得正则吉也。罔孚者,在下而始进,岂遽能深见信于上? 苟上未见信,则当安中自守,雍容宽裕,无急于求上之信也。苟欲信之心切,非汲汲以失其守,则悻悻以伤于义矣,皆有咎也。故裕则无咎,君子处进退之道也。

## 象曰:晋如摧如,独行正也;裕无咎,未受命也。

无进无抑,唯独行正道也。宽裕则无咎者,始欲进而未当位故也。君子之于进退,或迟或速,唯义所当,未尝不裕也。圣人恐后之人不达宽裕之义,居位者废职失守以为裕,故特云初六裕则无咎者,始进未受命当职任故也,若有官守,不信于上而失其职,一日不可居也。然事非一概,久速唯时,亦容有为之兆者。

## 六二,晋如,愁如,贞吉;受兹介福,于其王母。

六二在下,上无应援,以中正柔和[一]之德,非强于进者也,故于进为可忧愁,谓其进之难也。然守其贞正,则当得吉,故云晋如愁如

---

〔一〕覆元本"和"下小注:"一作顺。"

贞吉。王母，祖母也，谓阴之至尊者，指六五也。二以中正之道自
守，虽上无应援，不能自进，然其中正之德，久而必彰，上之人自当
求之。盖六五大明之君，与之同德，必当求之，加之宠禄，受介福
于王母也。介，大也。

## 象曰：受兹介福，以中正也。

受兹介福，以中正之道也。人能守中正之道，久而必亨，况大明在
上而同德，必受大福也。

## 六三，众允，悔亡。

以六居三，不得中正，宜有悔咎[一]，而三在顺体之上，顺之极者
也。三阴皆顺上者也，是三之顺上，与众同志，众所允从，其悔所
以亡也。有顺上向明之志，而众允从之，何所不利？或曰：不由中
正，而与众同，得为善乎？曰：众所允者，必至当也，况顺上之大
明，岂有不善也？是以悔亡，盖亡其不中正之失矣。古人曰："谋
从众，则合天心。"

## 象曰：众允之志，上行也。

上行，上顺丽于大明也。上从大明之君，众志之所同也。

## 九四，晋如鼫鼠，贞厉。

以九居四，非其位也。非其位而居之，贪据其位者也。贪处高
位，既非所安，而又与上同德，顺丽于上。三阴皆在己下，势必
上进，故其心畏忌之。贪而畏人者，鼫鼠也，故云晋如鼫鼠。贪
于非据，而存畏忌之心，贞固守此，其危可知。言贞厉者，开有
改之道也。

---

〔一〕覆元本"咎"下小注："一作吝。"

象曰:鼫鼠贞厉,位不当也。

> 贤者以正德,宜在高位,不正而处高位,则为非据。贪而惧失则畏人,固处其地,危可知也。

六五,悔亡,失得勿恤,往吉,无不利。

> 六以柔居尊位,本当有悔,以大明而下皆顺附,故其悔得亡也。下既同德顺附,当推诚委任,尽众人之才,通天下之志,勿复自任其明,恤其失得,如此而往,则吉而无不利也。六五,大明之主,不患其不能明照,患其用明之过,至于察察,失委任之道,故戒以失得勿恤也。夫私意偏任不察则有蔽,尽天下之公,岂当复用私察也?

象曰:失得勿恤,往有庆也。

> 以大明之德,得下之附,推诚委任,则可以成天下之大功,是往而有福庆也。

上九,晋其角,维用伐邑,厉吉,无咎,贞吝。

> 角,刚而居上之物。上九以刚居卦之极,故取角为象,以阳居上刚之极也。在晋之上,进之极也。刚极则有强猛之过,进极则有躁急之失。以刚而极于进,失中之甚也。无所用而可,维独用于伐邑,则虽厉而吉,且无咎也。伐四方者,治外也;伐其居邑者,治内也。言伐邑,谓内自治也。人之自治,刚极则守道愈固,进极则迁善愈速。如上九者,以之自治,则虽伤于厉,而吉且无咎也。严厉非安和之道,而于自治则有功也。复云"贞吝"以尽其义,极于刚进,虽自治有功,然非中和之德,故于贞正之道为可吝也。不失中正为贞。

象曰:维用伐邑,道未光也。

维用伐邑,既得吉而无咎,复云"贞吝"者,贞[一]道未光大也,以正理言之,犹可吝也。夫道既光大,则无不中正,安有过也? 今以过刚,自治虽有功矣,然其道未光大,故亦可吝。圣人言尽善之道。

䷣离下坤上

明夷,序卦:"晋者进也,进必有所伤,故受之以明夷。夷者,伤也。"夫进之不已,必有所伤,理自然也,明夷所以次晋也。为卦,坤上离下,明入地中也。反晋成明夷,故义与晋正相反。晋者明盛之卦,明君在上,群贤并进之时也。明夷昏暗之卦,暗君在上,明者见伤之时也。日入于地中,明伤而昏暗也,故为明夷。

## 明夷:利艰贞。

君子当明夷之时,利在知艰难而不失其贞正也。在昏暗艰难之时,而能不失其正,所以为明君子也。

## 象曰:明入地中,明夷。

## 内文明而外柔顺,以蒙大难,文王以之。

明入于地,其明灭也,故为明夷。内卦离,离者文明之象;外卦坤,坤者柔顺之象。为人,内有文明之德,而外能柔顺也。昔者文王如是,故曰"文王以之"。当纣之昏暗,乃明夷之时,而文王内有文明之德,外柔顺以事纣,蒙犯大难,而内不失其明圣,而外足以远祸患[二],此文王所用之道也,故曰"文王以之"。

## 利艰贞,晦其明也。内难而能正其志,箕子以之。

---

〔一〕覆元本"贞"作"其"。
〔二〕覆元本"患"下小注:"一作害。"

明夷之时,利于处艰厄而不失其贞正,谓能晦藏其明也。不晦其明,则被祸患;不守其正,则非贤明。箕子当纣之时,身处其国内,切近其难,故云内难。然箕子能藏晦其明,而自守其正志,箕子所用之道也,故曰"箕子以之"。

## 象曰:明入地中,明夷,君子以莅众,用晦而明。

明所以照,君子无所不照,然用明之过,则伤于察,太察则尽事而无含弘之度。故君子观明入地中之象,于莅众也,不极其明察而用晦,然后能容物和众,众亲而安,是用晦乃所以为明也。若自任其明,无所不察,则己不胜其忿疾,而无宽厚含容[一]之德,人情睽疑而不安,失莅众之道,适所以为不明也。古之圣人,设前旒屏树者,不欲明之,尽乎隐也。

## 初九,明夷于飞,垂其翼;君子于行,三日不食,有攸往,主人有言。

初九,明体而居明夷之初,见伤之始也。九,阳明上升者也,故取飞象。昏暗在上,伤阳之明,使不得上进,是于飞而伤其翼也。翼见伤,故垂朵。凡小人之害君子,害其所以行者。君子于行,三日不食:君子明照,见事之微,虽始有见伤之端,未显也,君子则能见之矣,故行去避之。君子于行,谓去其禄位而退藏也;三日不食,言困穷之极也。事未显而处甚艰,非见几之明不能也。夫知几者,君子之独见,非众人所能识也。故明夷之始,其见伤未显而去之,则世俗孰不疑怪? 故有所往适,则主人有言也。然君子不以世俗之见怪,而迟疑其行也。若俟众人尽识,则伤已及而不能去

〔一〕覆元本"容"下小注:"一作弘。"

矣。此薛方所以为明,而杨雄所以不获其去也。或曰:伤至于垂翼,伤已明矣,何得众人犹未识也?曰:初伤之始也,云垂其翼,谓伤其所以飞尔,其事则未显也。君子见几,故亟去之。世俗之人未能见也,故异而非之。如穆生之去楚,申公、白公且非之,况世俗之人乎?但讥其责小礼,而不知穆生之去,避胥靡之祸也。当其言曰:"不去,楚人将钳我于市。"虽二儒者亦以为过甚之言也。又如袁闳于党事未起之前,名德之士方锋起,而独潜身土室,故人以为狂生,卒免党锢之祸。所往而人有言,胡足怪也?

## 象曰:君子于行,义不食也。

君子遁藏而困穷,义当然也。唯义之当然,故安处而无闷,虽不食可也。

## 六二,明夷,夷于左股,用拯马壮吉。

六二以至明之才,得中正而体顺,顺时自处,处之至善也。虽君子自处之善,然当阴暗小人伤明之时,亦不免为其所伤,但君子自处有道,故不能深相伤害,终能违避之尔。足者,所以行也,股在胫足之上,于行之用为不甚切,左又非便用者。手足之用,以右为便,唯蹶张用左,盖右立为本也。夷于左股,谓伤害其行而不甚切也。虽然,亦必自免有道。拯用[一]壮健之马,则获免之速而吉也。君子为阴暗所伤,其自处有道,故其伤不甚;自拯有道,故获免之疾。用拯之道不壮,则被伤深矣,故云马壮则吉也。二以明居阴暗之下,所谓吉者,得免伤害而已,非谓可以有为于斯时也。

## 象曰:六二之吉,顺之则也。

〔一〕覆元本"用"下小注:"一作其。"

六二之得吉者,以其顺处而有法则也。则,谓中正之道。能顺而得中正,所以处明伤之时而能保其吉也。

## 九三,明夷于南狩,得其大首,不可疾贞。

九三,离之上,明之极也,又处刚而进。上六,坤之上,暗之极也。至明居下而为下之上,至暗在上而处穷极之地,正相敌应,将以明去暗者也。斯义也,其汤、武之事乎! 南,在前而明方也;狩,畋而去害之事也。南狩谓前进而除害也。当克获其大首,大首谓暗之魁首上六也。三与上正相应,为至明克至暗之象。不可疾贞,谓诛其元恶。旧染污俗未能遽革,必有其渐,革之遽,则骇惧而不安。故酒诰云:"惟殷之迪诸臣(惟)〔百〕〔一〕工,乃湎于酒,勿庸杀之,姑惟教之。"至于既久,尚曰余风未殄,是渐渍之俗,不可以遽革也,故曰"不可疾贞",正之不可急也。上六虽非君位,以其居上而暗之极,故为暗之主,谓之大首。

## 象曰:南狩之志,乃大得也。

夫以下之明除上之暗,其志在去害而已。如商、周之汤、武,岂有意于利天下乎? 得其大首,是能去害,而大得其志矣。志苟不然,乃悖乱之事也。

## 六四,入于左腹,获明夷之心,于出门庭。

六四以阴居阴,而在阴柔之体,处近君之位,是阴邪小人居高位,以柔邪顺于君者也。六五,明夷之君位,伤明之主也,四以柔邪顺从之,以固其交。夫小人之事君,未有由显明以道合者也,必以隐僻之道,自结于上。右当用,故为明显之所;左不当用,故为隐僻

〔一〕"惟"当作"百"。

之所。人之手足,皆以右为用。世谓僻所为僻左,是左者隐僻之所也。四由隐僻之道,深入其君,故云“入于左腹”。入腹谓其交深也。其交之深,故得其心。凡奸邪之见信于其君,皆由夺其心也。不夺其心,能无悟乎? 于出门庭:既信之于心[一],而后行之于外也。邪臣之事暗君,必先蛊其心,而后能行于外。

**象曰:入于左腹,获心意也。**

入于左腹,谓以邪僻之道入于君而得其心意也。得其心,所以终不悟也。

**六五,箕子之明夷,利贞。**

五为君位,乃常也。然易之取义,变动随时。上六处坤之上而明夷之极,阴暗伤明之极者也。五切近之,圣人因以五为切近至暗之人,以见处之之义,故不专以君位言。上六阴暗伤明之极,故以为明夷之主。五切近伤明之主,若显其明,则见伤害必矣,故当如箕子之自晦藏,则可以免于难。箕子,商之旧臣,而同姓之亲,可谓切近于纣矣,若不自晦其明,被祸可必也,故佯狂为奴,以免于害。虽晦藏其明,而内守其正,所谓内难而能正其志,所以谓之仁与明也,若箕子,可谓贞矣。以五阴柔,故为之戒云“利贞”,谓宜如箕子之贞固也。若以君道言,义亦如是。人君有当含晦之时,亦外晦其明,而内正其志也。

**象曰:箕子之贞,明不可息也。**

箕子晦藏,不失其贞固,虽遭患难,其明自存,不可灭息也。若逼祸患,遂失其所守,则是亡其明,乃灭息也,古之人如杨雄者是也。

---

〔一〕覆元本“既信之于心”下小注:“一作既夺其心。”

## 上六,不明晦,初登于天,后入于地。

上居卦之终,为明夷之主,又为明夷之极。上,至高之地。明在至高,本当远照,明既夷伤,故不明而反昏晦也。本居于高明,当及远,初登于天也;乃夷伤其明而昏暗,后入于地也。上,明夷之终,又坤阴之终,明伤之极者也。

## 象曰:初登于天,照四国也;后入于地,失则也。

初登于天,居高而明,则当照及四方也;乃被伤而昏暗,是后入于地,失明之道也,失则失其道也。

☰ 离下巽上

家人,序卦:"夷者伤也,伤于外者必反其[一]家,故受之以家人。"夫伤困于外,则必反于内,家人所以次明夷也。家人者,家内之道;父子之亲,夫妇之义,尊卑长幼之序,正伦理,笃恩义,家人之道也。卦,外巽内离,为风自火出。火炽则风生,风生自火,自内而出也。自内而出,由家而及于外之象。二与五正男女之位于内外,为家人之道。明于内而巽于外,处家之道也。夫人有诸身者则能施于家,行于家者则能施于国,至于天下治。治天下之道,盖治家之道也,推而行之于外耳,故取自内而出之象,为家人之义也。文中子书以明内齐外为义,古今善之,非取象之意也。所谓齐乎巽,言万物洁齐于巽方,非巽有齐义也。如战乎乾,乾非有战义也。

## 家人:利女贞。

--------

〔一〕覆元本"其"作"于"。

家人之道,利在女正,女正则家道正矣。夫夫妇妇而家道正,独云"利女贞"者,夫正者身正也,女正者家正也,女正则男正可知矣。

## 彖曰:家人,女正位乎内,男正位乎外,男女正,天地之大义也。

彖以卦才而言。阳居五,在外也;阴居二,处内也。男女各得其正位也。尊卑内外之道,正合天地阴阳之大义也。

## 家人有严君焉,父母之谓也。

家人之道,必有所尊严而君长者,谓父母也。虽一家之小,无尊严则孝敬衰,无君长则法度废。有严君而后家道正,家者国之则也。

## 父父、子子、兄兄、弟弟、夫夫、妇妇而家道正,正家而天下定矣。

父子兄弟夫妇各得其道,则家道正矣。推一家之道,可以及天下,故家正则天下定矣。

## 象曰:风自火出,家人,君子以言有物而行有恒。

正家之本,在正其身。正身之道,一言一动,不可易也。君子观风自火出之象,知事之由内而出,故所言必有物,所行必有恒也。物谓事实,恒谓常度法则也。德业之著于外,由言行之谨于内也。言慎行修,则身正而家治矣。

## 初九,闲有家,悔亡。

初,家道之始也。闲谓防闲,法度也。治其有家之始,能以法度为之防闲,则不至于悔矣。治家者,治乎众人也,苟不闲之以法度,则人情流放,必至于有悔,失长幼之序,乱男女之别,伤恩义,害伦理,无所不至,能以法度闲之于始,则无是矣,故悔亡也。九,刚明之才,能闲其家者也。不云无悔者,群居必有悔,以能闲故亡耳。

## 象曰：闲有家，志未变也。

闲之于始，家人志意未变动之前也。正志未流散变动而闲之，则不伤恩，不失义，处家之善也，是以悔亡。志变而后治，则所伤多矣，乃有悔也。

## 六二，无攸遂，在中馈，贞吉。

人之处家，在骨肉父子之间，大率以情胜礼，以恩夺义，唯刚立之人，则能不以私爱失其正理。故家人卦，大要以刚为善，初三上是也。六二以阴柔之才而居柔，不能治于家者也，故无攸遂，无所为而可也。夫以英雄之才，尚有溺情爱而不能自守者，况柔弱之人，其能胜妻子之情乎？如二之才，若为妇人之道，则其正也。以柔顺处中正，妇人之道也，故在中馈则得其正而吉也。妇人，居中而主馈者也，故云中馈。

## 象曰：六二之吉，顺以巽也。

二以阴柔居中正，能顺从而卑巽者也，故为妇人之贞吉也。

## 九三，家人嗃嗃，悔厉吉；妇子嘻嘻，终吝。

嗃嗃，未详字义，然以文意及音义观之，与嗷嗷相类，又若急束之意。九三在内卦之上，主治乎内者也。以阳居刚而不中，虽得正而过乎刚者也。治内过刚，则伤于严急，故家人嗃嗃然。治家过严，不能无伤，故必悔于严厉，骨肉恩胜，严过故悔也。虽悔于严厉，未得宽猛之中，然而家道齐肃，人心祗畏，犹为家之吉也。若妇子嘻嘻，则终至羞吝矣。在卦，非有嘻嘻之象，盖对嗃嗃而言，谓与其失于放肆，宁过于严也。嘻嘻，笑乐无节也。自恣无节，则终致败家，可羞吝也。盖严谨之过，虽于人情不能无伤，然苟法度立，伦理正，乃恩义之所存也。若嘻嘻无度，乃法度之所由废，伦理之所由乱,安能保其家乎? 嘻嘻之甚,则致败家之凶,但云吝者,可吝之甚,则至于凶,故未遽言凶也。

## 象曰:家人嗃嗃,未失也;妇子嘻嘻,失家节也。

虽嗃嗃,于治家之道未为甚失,若妇子嘻嘻,是无礼法,失家之节,家必乱矣。

## 六四,富家大吉。

六以巽顺之体而居四,得其正位,居得其正,为安处之义。巽顺于事而由正道,能保有〔一〕其富者也。居家之道,能保有其富,则为大吉也。四高位,而独云富者,于家而言高位,家之尊也,能有其富,是能保其家也,吉孰大焉?

## 象曰:富家大吉,顺在位也。

以巽顺而居正位,正而巽顺,能保有其富者也。富,家之大吉也。

## 九五,王假有家,勿恤吉。

九五男而在外,刚而处阳,居尊而中正,又其应顺正于内,治家之至正至善者也。王假有家:五君位,故以王言;假,至也,极乎有家之道也。夫王者之道,修身以齐家,家正则天下治矣。自古圣王,未有不以恭己正家为本。故有家之道既至,则不忧劳而天下治矣,勿恤而吉。五恭己于外,二正家于内,内外同德,可谓至矣。

## 象曰:王假有家,交相爱也。

王假有家之道者,非止能使之顺从而已,必致其心化诚合,夫爱其内助,妇爱其刑家,交相爱也。能如是者,文王之妃乎? 若身修法立而家未化,未得为假有家之道也。

---

〔一〕覆元本"有"下小注:"一无有字。"下"保有"句同。

## 上九,有孚,威如,终吉。

上,卦之终,家道之成也,故极言治家之本。治家之道,非至诚不能也,故必中有孚信,则能常久,而众人自化为善。不由至诚,己且不能常守也,况欲使<sub>一有众字</sub>人乎？故治家以有孚为本。治家者,在妻孥情爱之间,慈过则无严,恩胜则掩义,故家之患,常在礼法不足而渎慢生也。长失尊严,少忘恭顺,而家不乱者,未之有也,故必有威严则能终吉。保家之终,在有孚威如二者而已,故于卦终言之。

## 象曰:威如之吉,反身之谓也。

治家之道,以正身为本,故云反身之谓。爻辞谓治家当有威严,而夫子又复戒云,当先严其身也。威严不先行于己,则人怨而不服,故云威如而吉者,能自反于身也。孟子所谓"身不行道,不行于妻子"也。

≡≡兑下离上

睽,序卦:"家道穷必乖,故受之以睽,睽者乖也。"家道穷则睽乖离散,理必然也,故家人之后,受之以睽也。为卦,上离下兑,离火炎上,兑泽润下,二体相违,睽之义也。又中少二女,虽同居而所归各异,是其志不同行也,亦为睽义。

## 睽:小事吉。

睽者,睽乖离散之时,非吉道也。以卦才之善,虽处睽时,而小事吉也。

## 彖曰:睽,火动而上,泽动而下。二女同居,其志不同行。

彖先释睽义,次言卦才,终言合睽之道,而赞其时用之大。火之性动而上,泽之性动而下,二物之性违异,故为睽义。中少二女虽同居,其志不同行,亦为睽义。女之少也同处,长则各适其归,其志异也。言睽者,本同也,本不同则非睽也。

## 说而丽乎明,柔进而上行,得中而应乎刚,是以小事吉。

卦才如此,所以小事吉也。兑,说也,离,丽也,又为明,故为说顺而附丽于明。凡离在上,而彖欲见柔居尊者,则曰柔进而上行,晋、鼎是也。方睽乖之时,六五以柔居尊位,有说顺丽明之善,又得中道而应刚,虽不能合天下之睽,成天下之大事,亦可以小济,是于小事吉也。五以明而应刚,不能致大吉,何也?曰:五,阴柔,虽应二,而睽之时,相与之道未能深固,故二必遇主于巷,五噬肤则无咎也。天下睽散之时,必君臣刚阳中正,至诚协力,而后能合也。

## 天地睽而其事同也,男女睽而其志通也,万物睽而其事类也。睽之时用大矣哉!

推物理之同,以明睽之时用,乃圣人合睽之道也。见同之为同者,世俗之知也。圣人则明物理之本同,所以能同天下而和合万类也。以天地男女万物明之:天高地下,其体睽也,然阳降阴升,相合而成化育之事则同也;男女异质,睽也,而相求之志则通也;生物万殊,睽也,然而得天地之和,禀阴阳之气,则相类也。物虽异而理本同,故天下之大,群生之众,睽散万殊,而圣人为能同之。处睽之时,合睽之用,其事至大,故云大矣哉!

## 象曰:上火下泽,睽,君子以同而异。

上火下泽,二物之性违异,所以为睽离之象。君子观睽异之象,于大同之中而知所当异也。夫圣贤之处世,在人理之常,莫不大同,于世俗所同者则有时而独异,盖于秉彝则同矣,于世俗之失则异也。不能大同者,乱常拂理之人也;不能独异者,随俗习非之人也:要在同而能异耳。中庸曰"和而不流"是也。

## 初九,悔亡,丧马,勿逐自复,见恶人无咎。

九居卦初,睽之始也。在睽乖之时,以刚动于下,有悔可知,所以得亡者,九四在上,亦以刚阳,睽离无与,自然同类相合:同是阳爻,同居下,又当相应之位;二阳本非相应者,以在睽故合也,上下相与,故能亡其悔也。在睽,诸爻皆有应。夫合则有睽,本异则何睽?唯初与四,虽非应而同德相与,故相遇。马者所以行也,阳,上行者也,睽独无与,则不能行,是丧其马也。四既与之合,则能行矣,是勿逐而马复得也。恶人,与己乖异者也。见者,与相通也。当睽之时,虽同德者相与,然小人乖异者至众,若弃绝之,不几尽天下以仇君子乎?如此则失含弘之义,致凶咎之道也,又安能化不善而使之合乎?故必见恶人则无咎也。古之圣王所以能化奸凶为善良,革仇敌为臣民者,由弗绝也。

## 象曰:见恶人,以辟咎也。

睽离之时,人情乖违,求和合之,且病其不[一]能得也,若以恶人而拒绝之,则将众仇于君子,而祸咎至矣。故必见之,所以免避怨咎也。无怨咎,则有可合之道。

## 九二,遇主于巷,无咎。

二与五正应,为[二]相与者也。然在睽乖之时,阴阳相应之道衰,而刚柔相戾之意胜,学易者识此,则知变通矣。故二五虽正应,当

---

〔一〕覆元本"不"下小注:"一作未。"
〔二〕覆元本"为"字在"正应"上。

委曲以相求也。二以刚中之德居下,上应六五之君,道合则志行,
成济睽之功矣。而居睽离之时,其交非固,二当委曲求于相遇,觊
其得合也,故曰遇主于巷。必能合而后无咎,君臣睽离,其咎大
矣。巷者,委曲之途也。遇者,会逢之谓也。当委曲相求,期于会
遇,与之合也。所谓委曲者,以善道宛转将就使合而已,非枉己屈
道也。

**象曰:遇主于巷,未失道也。**

当睽之时,君心未合,贤臣在下,竭力尽诚,期使之信合而已;至诚
以感动之,尽力以扶持之,明义理以致其知,杜蔽惑以诚其意,如
是宛转以求其合也。遇非枉道迎逢也,巷非邪僻曲径也,故夫子
特云:遇主于巷,未失道也。未非必也,非必谓失道也。

**六三,见舆曳,其牛掣,其人天且劓,无初有终。**

阴柔于平时,且不足以自立,况当睽离之际乎?三居二刚之间,处
不得其所安,其见侵陵可知矣。三以正应在上,欲进与上合志,而
四阻于前,二牵于后。车牛,所以行之具也。舆曳牵于后也,牛掣
阻于前也。在后者牵曳之而已,当前者进者之所力犯也,故重伤
于上,为四所伤也。其人天且劓:天,髡首也;劓,截鼻也。三从正
应而四隔止之,三虽阴柔处刚而志行,故力进以犯之,是以伤也。
天而又劓,言重伤也。三不合于二与四,睽之时自无合义,适合居
刚守正之道也。其于正应,则睽极有终合之理:始为二阳所厄,是
无初也;后必得合,是有终也。掣,从制从手,执止之义也。

**象曰:见舆曳,位不当也;无初有终,遇刚也。**

以六居三,非正也,非正则不安;又在二阳之间,所以有如是艰厄,
由位不当也。无初有终者,终必与上九相遇而合,乃遇刚也。不
正而合,未有久而不离者也。合以正道,自无终睽之理。故贤者

顺理而安行,智者知几而固守。

## 九四,睽孤,遇元夫,交孚,厉无咎。

九四当睽时,居非所安,无应而在二阴之间,是睽离孤处者也。以刚阳之德,当睽离之时,孤立无与,必以气类相求而合,是以遇元夫也。夫,阳称;元,善也。初九当睽之初,遂能与同德,而亡睽之悔,处睽之至善者也,故目之为元夫,犹云善士也。四则过中,为睽已甚,不若初之善也。四与初皆以阳处一卦之下,居相应之位,当睽乖之时,各无应援,自然同德相亲,故会遇也。同德相遇,必须至诚相与交孚,各有孚诚也。上下二阳以至诚相合,则何时之不能行,何危之不能济?故虽处危厉而无咎也。当睽离之时,孤居二阴之间,处不当位,危且有咎也。以遇元夫而交孚,故得无咎也。

## 象曰:交孚无咎,志行也。

初四皆阳刚。君子当睽乖之时,上下以至诚相交,协志同力,则其志可以行,不止无咎而已。卦辞但言无咎,夫子又从而明之,云可以行其志,救时之睽也。盖以君子阳刚之才,而至诚相辅,何所不能济也?唯有君子,则能行其志矣。

## 六五,悔亡。厥宗噬肤,往何咎?

六以阴柔当睽离之时,而居尊位,有悔可知,然而下有九二刚阳之贤,与之为应以辅翼之,故得悔亡。厥宗,其党也,谓九二正应也。噬肤,噬啮其肌肤而深入之也。当睽之时,非入之者深,岂能合也?五虽阴柔之才,二辅以阳刚之道而深入之,则可往而有庆,复何过咎之有?以周成之幼稚,而兴盛王之治;以刘禅之昏弱,而有中兴之势,盖由任贤圣之辅,而姬公、孔明所以入之者深也。

象曰:厥宗噬肤,往有庆也。

爻辞但言厥宗噬肤则可以往而无咎,象复推明其义,言人君虽己才不足,若能信任贤辅,使以其道深入于己,则可以有为,是往而有福庆也。

## 上九,睽孤,见豕负涂,载鬼一车,先张之弧,后说之弧,匪寇婚媾,往遇雨则吉。

上居卦之终,睽之极也。阳刚居上,刚之极也。在离之上,用明之极也。睽极则咈戾而难合,刚极则躁暴而不详,明极则过察而多疑。上九有六三之正应,实不孤,而其才性如此,自睽孤也。如人虽有亲党,而多自疑猜,妄生乖离,虽处骨肉亲党之间,而常孤独也。上之与三,虽为正应,然居睽极,无所不疑,其见三如豕之污秽,而又背负泥涂,见其可恶之甚也。既恶之甚,则猜成其罪恶,如见载鬼满一车也。鬼本无形,而见载之一车,言其以无为有,妄之极也。物理极而必反,以近明之:如人适东,东极矣,动则西也;如升高,高极矣,动则下也;既极则动而必反也。上之睽乖既极,三之所处者正理。大凡失道既极,则必反正理,故上于三,始疑而终必合也。先张之弧,始疑恶而欲射之也。疑之者妄也,妄安能常?故终必复于正。三实无恶,故后说弧而弗射,睽极而反,故与三非复为寇仇,乃婚媾也。此匪寇婚媾之语,与他〔一〕卦同,而义则殊也。阴阳交而和畅则为雨。上于三,始疑而睽,睽极则不疑而合。阴阳合而益和则为雨,故云往遇雨则吉。往者,自此以往也,谓既合而益和则吉也。

---

〔一〕覆元本“他”下小注:“一作屯。”

## 象曰:遇雨之吉,群疑亡也。

雨者,阴阳和也。始睽而能终和,故吉也。所以能和者,以群疑尽亡也。其始睽也,无所不疑,故云群疑;睽极而合,则皆亡矣〔一〕。

䷤艮下坎上

蹇,**序卦**:"睽者乖也,乖必有难,故受之以蹇,蹇者难也。"睽乖之时,必有蹇难,蹇所以次睽也。蹇,险阻之义,故为蹇难。为卦,坎上艮下。坎,险也;艮,止也。险在前而止不能进也。前有险陷,后有峻阻,故为蹇也。

## 蹇:利西南,不利东北,利见大人,贞吉。

西南,坤方。坤,地也,体顺而易。东北,艮方。艮,山也,体止而险。在蹇难之时,利于顺处平易之地,不利止于危险也。处顺易,则难可纾;止于险,则难益甚矣。蹇难之时,必有圣贤之人,则能济天下之难,故利见大人也。济难者必以大正之道,而坚固其守,故贞则吉也。凡处难者,必在乎守贞正。设使难不解,不失正德,是以吉也。若遇难而不能固其守,入于邪滥,虽使苟免,亦恶德也,知义命者不为也。

## 彖曰:蹇,难也,险在前也。

蹇,难也。蹇之为难,如乾之为健,若易之为难,则义有未足〔二〕。蹇有险阻之义。屯亦难也,困亦难也,同为难而义则异:屯者始难而未得通,困者力之穷,蹇乃险阻艰难之义,各不同也。险在前也:坎险在前,下止而不得进,故为蹇。

---

〔一〕覆元本句末有小注:"一作则疑皆亡也。"
〔二〕覆元本"足"下小注:"一作尽。"

## 见险而能止,知矣哉!

以卦才言处蹇之道也。上险而下止,见险而能止也。犯险而进,则有悔咎〔一〕,故美其能止为知也。方蹇难之时,唯能止为善,故诸爻除五与二外,皆以往为失,来为得也。

## 蹇利西南,往得中也;不利东北,其道穷也。

蹇之时,利于处平易。西南坤方为顺易,东北艮方为险阻。九上居五而得中正之位,是往而得平易之地,故为利也。五居坎险之中而谓之平易者,盖卦本坤,由五往而成坎,故但取往而得中,不取成坎之义也。方蹇而又止危险之地,则蹇益甚矣,故不利东北。其道穷也,谓蹇之极也。

## 利见大人,往有功也;当位贞吉,以正邦也。

蹇难之时,非圣贤〔二〕不能济天下之蹇,故利于见大人也。大人当位,则成济蹇之功矣,往而有功也。能济天下之蹇者,唯大正之道。夫子又取卦才而言,蹇之诸爻,除初外,余皆当正位,故为贞正而吉也。初六虽以阴居阳而处下,亦阴之正也。以如〔三〕此正道正其邦,可以济于蹇矣。

## 蹇之时用大矣哉!

处蹇之时,济蹇之道,其用至大,故云大矣哉! 天下之难,岂易平也? 非圣贤不能,其用可谓大矣。顺时而处,量险而行,从平易之道,由至正之理,乃蹇之时用也。

## 象曰:山上有水,蹇,君子以反身修德。

---

〔一〕覆元本"咎"下小注:"一作吝。"
〔二〕覆元本"圣贤"下小注:"一有大人字。"
〔三〕覆元本"以如"下小注:"一作如以。"

山之峻阻,上复有水,坎水为险陷之象,上下险阻,故为蹇也。君子观蹇难之象,而以反身修德。君子之遇艰阻,必反求诸己而益自修。孟子曰:"行有不得者,皆反求诸己。"故遇艰蹇,必自省于身:有失而致之乎? 是反身也。有所未善则改之,无歉于心则加勉,乃自修其德也。君子修德以俟时而已。

## 初六,往蹇,来誉。

六居蹇之初,往进则益入于蹇,往蹇也。当蹇之时,以阴柔无援而进,其蹇可知。来者,对往之辞。上进则为往,不进则为来。止而不进,是有见几知时之美,来则有誉也。

## 象曰:往蹇来誉,宜待也。

方蹇之初,进则益蹇,时之未可进也,故宜见几而止以待时,可行而后行也。诸爻皆蹇往而善来,然则无出蹇之义乎? 曰:在蹇而往,则蹇也;蹇终则变矣,故上已[一]有硕义。

## 六二,王臣蹇蹇,匪躬之故。

二以中正之德,居艮体,止于中正者也;与五相应,是中正之人为中正之君所信任,故谓之王臣。虽上下同德,而五方在大蹇之中,致力于蹇难之时,其艰蹇至甚,故为蹇于蹇也。二虽中正,以阴柔之才,岂易胜其任? 所以蹇于蹇也。志在济君于蹇难之中,其蹇蹇者非为身之故也。虽使不胜,志义可嘉,故称其忠荩不为己也。然其才不足以济蹇也,小可济,则圣人当盛称以为劝矣。

## 象曰:王臣蹇蹇,终无尤也。

---

〔一〕覆元本"已"下小注:"一作六。"

虽艰厄于蹇时,然其志在济君难,虽未成功,然[一]终无过尤也。圣人取其志义,而谓其无尤,所以劝忠荩也。

## 九三,往蹇来反。

九三以刚居正,处下体之上,当蹇之时,在下者皆柔,必依于三,是为下所附者也。三与上为正应,上阴柔而无位,不足以为援,故上往则蹇也。来,下来也。反,还归也。三为下二阴所喜,故来为反其所也,稍安之地也。

## 象曰:往蹇来反,内喜之也。

内,在下之阴也。方蹇之时,阴柔不能自立,故皆附于九三之阳而喜爱之。九之处三,在蹇为得其所也。处蹇而得下之心,可以求安,故以来为反,犹春秋之言归也。

## 六四,往蹇,来连。

往则益入于坎险之深,往蹇也。居蹇难之时,同处艰厄者,其志不谋而同也。又四居上位,而与在下者同有得位之正,又与三相比相亲者也,二与初同类相与者也,是与下同志,众所从附也,故曰来连。来则与在下之众相连合也,能与众合,得处蹇之道也。

## 象曰:往蹇来连,当位实也。

四当蹇之时,居上位,不往而来,与下同志,固足以得众矣;又以阴居阴,为得其实,以诚实与下,故能连合而下之。二三亦各得其实,初以阴居下,亦其实也。当同患之时,相交以实,其合可知,故来而连者,当位以实也。处蹇难,非诚实何以济?当位不曰正而曰实,上下之交,主于诚实,用各有其所也。

---

〔一〕覆元本“然”下小注:“一无然字。”

## 九五,大蹇,朋来。

五居君位,而在蹇难之中,是天下之大蹇也。当蹇而又在险中,亦为大蹇。大蹇之时,而二在下,以中正相应,是其朋助之来也。方天下之蹇,而得中正之臣相辅,其助岂小也? 得朋来而无吉,何也? 曰:未足以济蹇也。以刚阳中正之君,而方在大蹇之中,非得刚阳中正之臣相辅之,不能济天下之蹇也。二之中正,固有助矣,欲以阴柔之助,济天下之难,非所能也。自古圣王济天下之蹇,未有不由贤圣之臣为之助者,汤、武得伊、吕是也。中常之君,得刚明之臣而能济大难者则有矣,刘禅之孔明,唐肃宗之郭子仪,德宗之李晟是也。虽贤明之君,苟无其臣,则不能济于难。故凡六居五、九居二者,则多由助而有功,蒙、泰之类是也;九居五、六居二,则其功〔一〕多不足,屯、否之类是也。盖臣贤于君,则辅君以君所不能;臣不及君,则赞助之而已,故不能成大功也。

## 象曰:大蹇朋来,以中节也。

朋者,其朋类也。五有中正之德,而二亦中正,虽大蹇之时,不失其守,蹇于蹇以相应助,是以其中正之节也。上下中正而弗济者,臣之才不足也。自古守节秉义,而才不足以济者,岂少乎? 汉李固、王允、晋周颛、王导之徒是也。

## 上六,往蹇,来硕,吉,利见大人。

六以阴柔居蹇之极,冒极险而往,所以蹇也。不往而来,从五求三,得刚阳之助,是以硕也。蹇之道,厄塞穷蹙。硕,大也,宽裕之称。来则宽大,其蹇纾矣。蹇之极,有出蹇之道。上六以阴柔,故

---

〔一〕覆元本“功”下小注:“一作助。”

不得出,得刚阳之助,可以纾蹇而已,在蹇极之时,得纾则为吉矣。非刚阳中正,岂能出乎蹇也? 利见大人:蹇极之时,见大德之人则能有济于蹇也。大人谓五,以相比发此义。五,刚阳中正,而居君位,大人也。在五不言其济蹇之功,而上六利见之,何也? 曰:在五不言,以其居坎险之中,无刚阳之助,故无能济蹇之义;在上六,蹇极而见大德之人,则能济于蹇,故为利也。各爻取义不同,如屯初九之志正,而于六二则目之为寇也。诸爻皆不言吉,上独言吉者,诸爻皆得正,各有所善,然皆未能出于蹇,故未足为吉,唯上处蹇极而得宽裕,乃为吉也。

**象曰:往蹇来硕,志在内也;利见大人,以从贵也。**

上六应三而从五,志在内也。蹇既极而有助,是以硕而吉也。六以阴柔当蹇之极,密近刚阳中正之君,自然其志从附,以求自济,故利见大人,谓从九五之贵也。所以云从贵,恐人不知大人为指五也。

坎下震上

解,序卦:"蹇者难也,物不可以终难,故受之以解。"物无终难之理,难极则必散,解者散也,所以次蹇也。为卦,震上坎下。震,动也,坎,险也,动于险外,出乎险也,故为患难解散之象。又震为雷,坎为雨,雷雨之作,盖阴阳交感,和畅而缓散,故为解。解者,天下患难解散之时也。

**解:利西南,无所往,其来复吉,有攸往,夙吉。**

西南,坤方。坤之体,广大平易。当天下之难方解,人始离艰苦,不可复以烦苛严急治之,当济以宽大简易,乃其宜也。如是,则人心怀而安之,故利于西南也。汤除桀之虐,而以宽治;武王诛纣之暴,而反商政,皆从宽易也。无所往,其来复吉,有攸往,夙吉:无所往,谓天下之难已解散,无所为也;有攸往,谓尚有所当解之事也。夫天下国家,必纪纲法度废乱,而后祸患生。圣人既解其难而安平无事矣,是无所往也;则当修复治道,正纪纲,明法度,进复先代明王之治,是来复也,谓反正理也,天下之吉也。其,发语辞。自古圣王救难定乱,其始未暇遽为也;既安定,则为可久可继之治。自汉以下,乱既除,则不复有为,姑随时维持而已,故不能成善治,盖不知来复之义也。有攸往,夙吉,谓尚有当解之事,则早为之乃吉也。当解而未尽者,不早去,则将复盛;事之复生者,不早为,则将渐大,故夙则吉也。

## 彖曰:解,险以动。动而免乎险,解。

坎险,震动,险以动也。不险则非难,不动则不能出难。动而出于险外,是免乎险难也,故为解。

## 解利西南,往得众也。

解难之道,利在广大平易,以宽易而往济解,则得众心之归也。

## 其来复吉,乃得中也。

不云无所往,省文尔。救乱除难,一时之事,未能成治道也,必待难解,无所往,然后来复先王之治,乃得中道,谓合宜也。

## 有攸往,夙吉,往有功也。

有所为则夙吉也。早则往而有功,缓则恶滋而害深矣。

## 天地解而雷雨作,雷雨作而百果草木皆甲坼。解之时大矣哉!

既明处解之道,复言天地之解,以见解时之大。天地之气开散,交感而和畅,则成雷雨;雷雨作而[一]万物皆生发甲坼。天地之功,由解而成,故赞解之时大矣哉!王者法天道,行宽宥,施恩惠,养育兆民,至于昆虫草木,乃顺解之时,与天地合德也。

## 象曰:雷雨作,解,君子以赦过宥罪。

天地解散而成雷雨,故雷雨作而为解也。与明两而作离,语不同。赦,释之。宥,宽之。过失则赦之可也,罪恶而赦之,则非义也,故宽之而已。君子观"雷雨作,解"之象,体其发育,则施恩仁;体其解散,则行宽释也。

## 初六,无咎。

六居解初,患难既解之时,以柔居刚,以阴应阳,柔而能刚之义。既无患难,而自处得刚柔之宜。患难既解,安宁无事,唯自处得宜,则为无咎矣。方解之初,宜安静以休息之。爻之辞寡,所以示意。

## 象曰:刚柔之际,义无咎也。

初四相应,是刚柔相际接也。刚柔相际,为得其宜。难既解而处之刚柔得宜,其义无咎也。

## 九二,田获三狐,得黄矢,贞吉。

九二以阳刚得中之才,上应六五之君,用于时者也。天下小人常众,刚明之君在上,则明足以照之,威足以惧之,刚足以断之,故小人不敢用其情,然犹常存警戒,虑其有间而害正也。六五以阴柔居尊位,其明易蔽,其威易犯,其断不果而易惑,小人一近之,则移其心矣。况难方解而治之初,其变尚易。二既当用,必须能去小

---

〔一〕覆元本"而"作"则"。

人,则可以正君心而行其刚中之道。田者,去害之事。狐者,邪媚之兽。三狐指卦之三阴,时之小人也。获谓能变化除去之,如田之获狐也,获之则得中直之道,乃贞正而吉也。黄,中色。矢,直物。黄矢谓中直也。群邪不去,君心一人,则中直之道无由行矣。桓敬之不去武三思是也。

## 象曰:九二贞吉,得中道也。

所谓贞吉者,得其中道也。除去邪恶,使其[一]中直之道得行,乃正而吉也。

## 六三,负且乘,致寇至,贞吝。

六三阴柔,居下之上,处非其位,犹小人宜在下以负荷,而且乘车,非其据也,必致寇夺之至,虽使所为得正,亦可鄙吝也。小人而窃盛位,虽勉为正事,而气质卑下,本非在上之物,终可吝也。若能大正则如何?曰:大正非阴柔所能也,若能之,则是化为君子矣。三,阴柔小人,宜在下而反处下之上,犹小人宜负而反乘,当致寇夺也。难解之时,而小人窃位,复致寇矣。

## 象曰:负且乘,亦可丑也。自我致戎,又谁咎也?

负荷之人,而且乘载,为可丑恶也。处非其据,德不称其器,则寇戎之致,乃己招取,将谁咎乎? 圣人又于系辞明其致寇之道,谓:"作易者,其知盗乎!"盗者乘衅而至,苟无衅隙,则盗安能犯?负者小人之事,乘者君子之器。以小人而乘君子之器,非其所能安也,故盗乘衅而夺之。小人而居君子之位,非其所能堪也,故满假而陵慢其上,侵暴其下,盗则乘其过恶而伐之矣。伐者,声其罪

---

〔一〕覆元本"其"下小注:"一无其字。"

也。盗，横暴而至者也。货财而轻慢其藏，是教诲乎盗，使取之也。女子而夭冶其容，是教诲淫者，使暴之也。小人而乘君子之器，是招盗使夺之也，皆自取之之谓也。

## 九四，解而拇，朋至斯孚。

九四以阳刚之才，居上位，承六五之君，大臣也，而下与初六之阴为应。拇，在下而微者，谓初也。居上位而亲小人，则贤人正士远退矣。斥去小人，则君子之党进，而诚相得也。四能解去初六之阴柔，则阳刚君子之朋来至而诚合矣。不解去小人，则己之诚未至，安能得人之孚也？初六其应，故谓远之为解。

## 象曰：解而拇，未当位也。

四虽阳刚，然居阴，于正疑不足，若复亲比小人，则其失正必矣，故戒必解其拇，然后能来君子，以其处未当位也。解者，本合而离之也，必解拇而后朋孚。盖君子之交，而小人容于其间，是与君子之诚未至也。

## 六五，君子维有解吉，有孚于小人。

六五居尊位，为解之主，人君之解也，以君子通言之。君子所亲比者，必君子也；所解去者，必小人也，故君子维有解则吉也。小人去，则君子进矣，吉孰大焉？有孚者，世云见验也。可验之于小人。小人之党去，则是君子能有解也。小人去，则君子自进，正道自行，天下不足治也。

## 象曰：君子有解，小人退也。

君子之所解者，谓退去小人也。小人去，则君子之道行，是以吉也。

## 上六，公用射隼于高墉之上，获之无不利。

上六尊高之地,而非君位,故曰公,但据解终而言也。隼,鸷害之物,象为害之小人。墉,墙内外之限也。害若在内,则是未解之时也;若出墉外,则是无害矣,复何所解? 故在墉上,离乎内而未去也。云高,见防限之严;而未去者,上解之极也。解极之时,而独有未解者,乃害之坚强者也。上居解极,解道已至,器已成也,故能射而获之。既获之,则天下之患,解已尽矣,何所不利? 夫子于系辞复伸其义曰:"隼者禽也,弓矢者器也,射之者人也。君子藏器于身,待时而动,何不利之有? 动而不括,是以出而有获,语成器而动者也。"鸷害之物在墉上,苟无其器,与不待时而发,则安能获之? 所以解之之道,器也;事之当解与已解之之道至者,时也。如是而动,故无括结,发而无不利矣。括结谓阻碍。圣人于此发明藏器待时之义。夫行一身至于天下之事,苟无其器,与不以时而动,小则括塞,大则丧败。自古喜有为而无成功,或颠覆者,皆由是也。

## 象曰:公用射隼,以解悖也。

至解终而未解者,悖乱之大者也。射之,所以解之也,解则天下平矣。

䷨兑下艮上

损,序卦:"解者缓也,缓必有所失,故受之以损。"纵缓则必有所失,失则损也,损所以继解也。为卦,艮上兑下。山体高,泽体深,下深则上益高,为损下益上之义;又泽在山下,其气上通,润及草木百物,是损下而益上也;又下为兑说,三爻皆上应,是说以奉上,亦损下益上之义;又下兑之成兑,由六三之变也,上艮之成艮,自上九之变也,三本刚而成柔,上本柔而居刚,亦损下益上之义。损上而益于下则为益,取下而益于上则为损。在人,上者施其泽以及下则益也,取其下以自厚则损也。譬诸垒土,损于上以培厚其基本,则上下安固矣,岂非益乎? 取于下以增上之高,则危坠至矣,岂非损乎? 故损者损下益上之义,益则反是。

## 损:有孚,元吉,无咎,可贞,利有攸往。

损,减损也。凡损抑其过,以就义理,皆损之道也。损之道,必有孚诚,谓至诚顺于理也。损而顺理,则大善而吉;所损无过差,可贞固常行,而利有所往也。人之所损,或过,或不及,或〔一〕不常〔二〕,皆不合正理,非有孚也。非有孚,则无吉而有咎,非可贞之道,不可行也。

## 曷之用? 二簋可用享。

损者,损过而就中,损浮末而就本实也。圣人以宁俭为礼之本,故为〔三〕损发明其义,以享祀言之。享祀之礼,其文最繁,然以诚敬为本,多仪备物,所以将饰其诚敬之心,饰过其诚,则为伪矣。损饰所以存诚也,故云“曷之用? 二簋可用享”。二簋之约,可用享祭,言在乎诚而已,诚为本也。天下之害,无不由末之胜也。峻宇雕墙,本于宫室;酒池肉林,本于饮食;淫酷残忍,本于刑罚;穷兵黩武,本于征讨。凡人欲之过者,皆本于奉养,其流之远,则为害矣。先王制其本者,天理也;后人流于末者,人欲也。损之义,损人欲以复天理而已。

## 彖曰:损,损下益上,其道上行。

---

〔一〕覆元本“或”上小注:“一有或常字。”
〔二〕覆元本“常”下小注:“一作当。”
〔三〕覆元本“为”作“于”,义较长。

损之所以为损者,以损于下而益于上也。取下以益上,故云其道上行。夫损上而益下则为益,损下而益上则为损,损基本以为高者,岂可谓之益乎?

## 损而有孚,元吉,无咎,可贞,利有攸往。

谓损而以至诚,则有此元吉以下四者,损道之尽善也。

## 曷之用?二簋可用享。二簋应有时,损刚益柔有时。

夫子特释"曷之用?二簋可用享",卦辞简直,谓当损去浮饰。曰何所用哉?二簋可以享也。厚本损末之谓也。夫子恐后人不达,遂以为文饰当尽去,故详言之。有本必有末,有实必有文,天下万事,无不然者。无本不立,无文不行。父子主恩,必有严顺之体;君臣主敬,必有承接之仪;礼让存乎内,待威仪而后行;尊卑有其序,非物采则无别。文之与实,相须而不可缺也。及夫文之胜,末之流,远本丧实,乃当损之时也。故云曷所用哉?二簋足以荐其诚矣。谓当务实而损饰也。夫子恐人之泥言也,故复明之曰,二簋之质,用之当有时,非其所用而用之,不可也。谓文饰未过而损之,与损之至于过甚,则非也。损刚益柔,有时刚为过,柔为不足,损益皆损刚益柔也,必顺时而行,不当时而损益之,则非也。

## 损益盈虚,与时偕行。

或损或益,或盈或虚,唯随时而已。过者损之,不足一作及。者益之,亏者盈之,实者虚之,与时偕行也。

## 象曰:山下有泽,损,君子以惩忿窒欲。

山下有泽,气通上润,与深下以增高,皆损下之象。君子观损之象,以损于己:在修己之道所当损者唯忿与欲,故以惩戒其忿怒,窒塞其意欲也。

## 初九,已事遄往,无咎,酌损之。

损之义,损刚益柔,损下益上也。初以阳刚应于四,四以阴柔居上
位,赖初之益者也。下之益上,当损己而不自以为功,所益于上
者,事既已,则速去之,不居其功,乃无咎也。若享其成功之美,非
损己益上也,于为下之道为有咎矣。四之阴柔,赖初者也,故听于
初;初当酌度其宜,而损己以益之,过与不及,皆不可也。

## 象曰:已事遄往,尚合志也。

尚,上也,时之所崇用为尚。初之所尚者,与上合志也。四赖于
初,初益于四,与上合志也。

## 九二,利贞,征凶,弗损益之。

二以刚中,当损刚之时,居柔而说体,上应六五阴柔之君,以柔说
应上则失其刚中之德,故戒所利在贞正也。征,行也。离乎中,则
失其贞正而凶矣,守其中乃贞也。弗损益之:不自损其刚贞,则能
益其上,乃益之也;若失其刚贞,而用柔说,适足以损之而已,非损
己而益上也。世之愚者,有虽无邪心,而唯知竭力顺上为忠者,盖
不知弗损益之之义也。

## 象曰:九二,利贞,中以为志也。

九居二非正也,处说非刚也,而得中为善。若守其中德,何有不
善? 岂有中而不正者? 岂有中而有过者? 二所谓利贞,谓以中为
志也。志存乎中,则自正矣。大率中重于正,中则正矣,正不必中
也。能守中,则有益于上矣。

## 六三,三人行则损一人,一人行则得其友。

损者,损有余也;益者,益不足也。三人,谓下三阳,上三阴。三阳
同行,则损九三以益上;三阴同行,则损上六以为三。三人行则损

一人也。上以柔易刚而谓之损,但言其减一耳。上与三虽本相应,由二爻升降而一卦皆成,两相与也。初二二阳,四五二阴,同德相比,三与上应,皆两相与,则其志专,皆为得其友也。三虽与四相比,然异体而应上,非同行者也。三人则损一人,一人则得其友;盖天下无不二者,一与二相对待,生生之本也,三则余而当损矣,此损益之大义也。夫子又于系辞尽其义曰:"天地缦缊,万物化醇,男女构精,万物化生。易曰:'三人行则损一人,一人行则得其友。'言致一也。"缦缊,交密之状。天地之气,相交而密,则生万物之化醇。醇谓酝厚,酝厚犹精一也。男女精气交构,则化生万物,唯精醇专一,所以能生也。一阴一阳,岂可三也?故三则当损,言专致乎一也。天地之间,当损益之,明且大者莫过此也。

**象曰:一人行,三则疑也。**

一人行而得一人,乃得友也。若三人行,则疑所与矣,理当损去其一人,损其余也。

**六四,损其疾,使遄有喜,无咎。**

四以阴柔居上,与初之刚阳相应。在损时而应刚,能自损以从刚阳也,损不善以从善也。初之益四,损其柔而益之以刚,损其不善也,故曰损其疾,疾谓疾病不善也。损于不善,唯使之遄速,则有喜而无咎。人之损过,唯患不速,速则不至于深过,为可喜也。

**象曰:损其疾,亦可喜也。**

损其所疾,固可喜也。云亦,发语辞。

**六五,或益之十朋之龟,弗克违,元吉。**

六五于损时,以中顺居尊位,虚其中以应乎二之刚阳,是人君能虚中自损,以顺从在下之贤也。能如是,天下孰不损己自尽以益之?故或有益之之事,则十朋助之矣。十,众辞。龟者,决是非吉凶之物。众人之公论,必合正理,虽龟策不能违也。如此,可谓大善之吉矣。古人曰:"谋从众,则合天心。"

## 象曰:六五元吉,自上祐也。

所以得元吉者,以其能尽众人之见,合天地之理,故自上天降之福祐也。

## 上九,弗损益之,无咎,贞吉,利有攸往,得臣无家。

凡损之义有三:损己从人也,自损以益于人也,行损道以损于人也。损己从人,徙于义也;自损益人,及于物也;行损道以损于人,行其义也:各因其时,取大者言之。四五二爻,取损己从人;下体三爻,取自损以益人。损时之用,行损道以损天下之当损者也。上九则取不行其损为义。九居损之终,损极而当变者也。以刚阳居上,若用[一]刚以损削于下,非为上之道,其咎大矣。若不行其损,变而以刚阳之道益于下,则无咎而得其正,且吉也。如是,则宜有所往,往则有益矣。在上能不损其下而益之,天下孰不服从?从服之众,无有内外也,故曰得臣无家。得臣,谓得人心归服;无家,谓无有远近内外之限也。

## 象曰:弗损益之,大得志也。

居上,不损下而反益之,是君子大得行其志也。君子之志,唯在益于人而已。

---

〔一〕覆元本"用"下小注:"一有其字。"

䷭震下巽上

益,序卦:"损而不已必益,故受之以益。"盛衰损益如循环,损极必
益,理之自然,益所以继损也。为卦,巽上震下。雷风二物,相益
者也;风烈则雷迅,雷激则风怒,两相助益,所以为益,此以象言
也。巽震二卦,皆由下变而成。阳变而为阴者,损也;阴变而为阳
者,益也。上卦损而下卦益,损上益下,所以为益,此以义言也。
下厚则上安,故益下为益。

## 益:利有攸往,利涉大川。

益者,益于天下之道也,故利有攸往。益之道,可以济险难,利涉
大川也。

## 彖曰:益,损上益下,民说无疆,自上下下,其道大光。

以卦义与卦才言也。卦之为益,以其损上益下也。损于上而益
下,则民说之无疆,谓无穷极也。自上而降己以下下,其道之大光
显也。阳下居初,阴上居四,为自上下下之义。

## 利有攸往,中正有庆。

五以刚阳中正居尊位,二复以中正应之,是以中正之道益天下,天
下受其福庆也。

## 利涉大川,木道乃行。

益之为[一]道,于平常无事之际,其益犹小,当艰危险难,则所益至
大,故利涉大川也。于济艰险,乃益道大行之时也。益误作木。
或以为上巽下震,故云木道,非也。

## 益,动而巽,日进无疆。

---

〔一〕覆元本"为"下小注:"一无为字,一作于。"

又以二体言卦才。下动而上巽,动而巽也。为益之道,其动巽顺
于理,则其益日进,广大无有疆限也。动而不顺于理,岂能成大
益也?

## 天施地生,其益无方。

以天地之功,言益道之大,圣人体之以益天下也。天道资始,地道
生物,天施地生,化育万物,各正性命,其益可谓无方矣。方,所
也。有方所,则有限量。无方,谓广大无穷极也。天地之益万物,
岂有穷际乎?

## 凡益之道,与时偕行。

天地之益无穷者,理而已矣。圣人利益天下之道,应时顺理,与天
地合,与时偕行也。

## 象曰:风雷,益,君子以见善则迁,有过则改。

风烈则雷迅,雷激则风怒,二物相益者也。君子观风雷相益之象,
而求益于己:为益之道,无若见善则迁,有过则改也。见善能迁,
则可以尽天下之善;有过能改,则无过矣。益于人者,无大于是。

## 初九,利用为大作,元吉,无咎。

初九,震动之主,刚阳之盛也。居益之时,其才足以益物,虽居至
下,而上有六四之大臣应于己。四,巽顺之主,上能巽于君,下能
顺于贤才也。在下者不能有为也,得在上者应从之,则宜以其道
辅于上,作大益天下之事,利用为大作也。居下而得上之用,以行
其志,必须所为大善而吉,则无过咎。不能元吉,则不唯在己有
咎,乃累乎上,为上之咎也。在至下而当大任,小善不足以称也,
故必元吉,然后得无咎。

## 象曰:元吉无咎,下不厚事也。

在下者本不当处厚事,厚事,重大之事也,以为在上所任,所以当大事,必能济大事而致元吉,乃为无咎。能致元吉,则在上者任之为知人,己当之为胜任,不然,则上下皆有咎也。

## 六二,或益之十朋之龟,弗克违,永贞吉,王用享于帝,吉。

六二处中正而体柔顺,有虚中之象。人处中正之道,虚其中以求益,而能顺从天下,孰不愿告而益之?孟子曰:“夫苟好善,则四海之内,皆将轻千里而来,告之以善。”夫满则不受,虚则来物,理自然也。故或有可益之事,则众朋助而益之。十者,众辞。众人所是,理之至当也。龟者,占吉凶、辨是非之物,言其至是,龟不能违也。永贞吉,就六二之才而言。二,中正虚中,能得众人之益者也;然而质本阴柔,故戒在常永贞固,则吉也。求益之道,非永贞则安能守也?损之六五,十朋之龟元吉者,盖居尊自损,应下之刚,以柔而居刚,柔为虚受,刚为固守,求益之至善,故元吉也。六二虚中求益,亦有刚阳之应,而以柔居柔,疑益[一]之未固也,故戒能常永贞固则吉也。王用享于帝吉:如二之虚中而能永贞,用以享上帝,犹当获吉,况与人接物,其意有不通乎?求益于人,有不应乎?祭天,天子之事,故云王用也。

## 象曰:或益之,自外来也。

既中正虚中,能受天下之善而固守,则有有益之事,众人自外来益之矣。或曰:自外来,岂非谓五乎?曰:如二之中正虚中,天下孰不愿益之?五为正应,固在其中矣。

---

〔一〕覆元本“疑益”作“疑从益”。

## 六三,益之,用凶事无咎,有孚,中行,告公用圭。

三居下体之上,在民上者也,乃守令也。居阳应刚,处动之极,居民上而刚决,果于为益者也。果于为益,用之凶事则无咎。凶事谓患难非常之事。三居下之上,在下当承禀于上,安得自任,擅为益乎? 唯于患难非常之事,则可量宜应卒,奋不顾身,力庇其民,故无咎也。下专自任,上必忌疾,虽当凶难,以〔一〕义在可为,然必有其孚诚,而所为合于中道,则诚意通于上,而上信与之矣。专为而无为上爱民之至诚,固不可也;虽有诚意,而所为不合中行,亦不可也。圭者,通信之物。礼云:大夫执圭而使,所以申信也。凡祭祀朝聘用圭玉,所以通达诚信也。有诚孚而得中道,则能使上信之,是犹告公上用圭玉也,其孚能通达于上矣。在下而有为之道,固当有孚中行。又三阴爻而不中,故发此义。或曰:三乃阴柔,何得反以刚果任事为义? 曰:三,质虽本阴,然其居阳,乃自处以刚。应刚乃志在乎刚也。居动之极,刚果于行也。以此行益,非刚果而何? 易以所胜为义,故不论其本质也。

## 象曰:益用凶事,固有之也。

六三益之独可用于凶事者,以其固有之也,谓专固自任其事也。居下当禀承于上,乃专任其事,唯救民之凶灾,拯时之艰急,则可也。乃处急难变故之权宜,故得无咎,若平时,则不可也。

## 六四,中行告公从,利用为依,迁国。

四当益时,处近君之位,居得其正,以柔巽辅上,而下顺应于初之刚阳,如是可以益于上也。唯处不得其中,而所应又不中,是不足

---

〔一〕覆元本"以"下小注:"一无以字。"

于中也。故云：若行得中道，则可以益于君上，告于上而获信从矣。以柔巽之体，非有刚特之操，故利用为依。迁国为依，依附于上也。迁国，顺下而动也。上依刚中之君而致其益，下顺刚阳之才以行其事，利用如是也。自古国邑，民不安其居则迁，迁国者，顺下而动也。

**象曰：告公从，以益志也。**

爻辞但云，得中行则告公而获从，象复明之曰：告公而获从者，告之以益天下之志也。志苟在于益天下，上必信而从之。事君者，不患上之不从，患其志之不诚也。

**九五，有孚，惠心，勿问元吉，有孚惠我德。**

五，刚阳中正，居尊位，又得六二之[一]中正相应，以行其益，何所不利？以阳实在中，有孚之象也。以九五之德、之才、之位，而中心至诚，在惠益于物，其至善大吉，不问可知，故云勿问元吉。人君居得致之位，操可致之权，苟至诚益于[二]天下，天下受其大福，其元吉不假言也。有孚惠我德：人君至诚，益于天下，天下之人，无不至诚爱戴，以君之德泽为恩惠也。

**象曰：有孚惠心，勿问之矣；惠我德，大得志也。**

人君有至诚惠益天下之心，其元吉不假言也，故云勿问之矣。天下至诚怀吾德以为惠，是其道大行，人君之志得矣。

**上九，莫益之，或击之，立心勿恒，凶。**

上居无位之地，非行益于人者也；以刚处益之极，求益之甚者也；所应者阴，非取善自益者也。利者，众人所同欲也。专欲益己，其

---

〔一〕覆元本"之"下小注："一无之字。"
〔二〕覆元本"益于"下小注："一作于益。"下"益于天下"句同。

害大矣。欲之甚，则昏蔽而忘义理；求之极，则侵夺而致仇怨。故夫子曰："放于利而行，多怨。"孟子谓先利则不夺不餍，圣贤之深戒也。九以刚而求益之极，众人所共恶，故无益之者，而或攻击之矣。立心勿恒，凶：圣人戒人存心不可专利，云勿恒如是，凶之道也，所当速改也。

## 象曰：莫益之，偏辞也；或击之，自外来也。

理者天下之至公，利者众人所同欲。苟公其心，不失其正理，则与众同利，无侵于人，人亦欲与之。若切于好利，蔽于自私，求自益以损于人，则人亦与之力争，故莫肯益之，而有击夺之者矣。云莫益之者，非其偏己之辞也。苟不偏己，合于公道，则人亦益之，何为击之乎？既求益于人，至于甚极，则人皆恶而欲攻之，故击之者自外来。人为善，则千里之外应之。六二中正虚己，益之者自外而至，是也。苟为不善，则千里之外违之。上九求益之极，击之者自外而至，是也。系辞曰："君子安其身而后动，易其心而后语，定其交而后求，君子修此三者故全也。危以动，则民不与也；惧以语，则民不应也；无交而求，则民不与也；莫之与，则伤之者至矣。易曰：'莫益之，或击之，立心勿恒，凶。'"君子言动与求，皆以其道，乃完善也；不然，则取伤而凶矣。

☰ 乾下兑上

夬，序卦："益而不已必决，故受之以夬。夬者，决也。"益之极，必决而后止，理无常益，益而不已，已乃决也，夬所以次益也。为卦，兑上乾下。以二体言之：泽，水之聚也，乃上于至高之处，有溃决之象。以爻言之：五阳在下，长而将极；一阴在上，消而将尽；众阳上进，决去一阴，所以为夬也。夬者，刚决之义。众阳进而决去一阴,君子道长,小人消衰将尽之时也。

## 夬:扬于王庭,孚号有厉。

小人方盛之时,君子之道未胜,安能显然以正道决去之?故含晦俟时,渐图消之之道。今既小人衰微,君子道盛,当显行之于公朝,使人明知善恶,故云扬于王庭。孚,信之在中,诚意也。号者,命众之辞。君子之道虽长盛,而不敢忘戒备,故至诚以命众,使知尚有危道,虽以此之甚盛,决彼之甚衰,若易而无备,则有不虞之悔,是尚有危理,必有戒惧之心,则无患也。圣人设戒之意深矣。

## 告自邑,不利即戎,利有攸往。

君子之治小人,以其不善也,必以己之善道胜革之,故圣人诛乱,必先修己,舜之敷文德是也。邑,私邑。告自邑,先自治也。以众阳之盛,决于一阴,力固有余,然不可极其刚至于太过,太过乃如蒙上九之为寇也。戎兵者,强武之事。不利即戎,谓不宜尚壮武也。即,从也。从戎,尚武也。利有攸往:阳虽盛,未极乎上;阴虽微,犹有未去,是小人尚有存者,君子之道有未至也,故宜进而往也。不尚刚武,而其道益进,乃夬之善也。

## 彖曰:夬,决也,刚决柔也。健而说,决而和。

夬为决义,五阳决上之一阴也。健而说,决而和,以二体言卦才也。下健而上说,是健而能说,决而能和,决之至善也。兑说为和。

## 扬于王庭,柔乘五刚也。

柔虽消矣,然居五刚之上,犹为乘陵之象。阴而乘阳,非理之甚。君子势既足以去之,当显扬其罪于王朝大庭,使众知善恶也。

## 孚号有厉,其危乃光也。

尽诚信以命其众,而知有危惧,则君子之道,乃无虞而光大也。

## 告自邑,不利即戎,所尚乃穷也。

当先自治,不宜专尚刚武。即戎,则所尚乃至穷极矣。夬之时所尚,谓刚武也。

## 利有攸往,刚长乃终也。

阳刚虽盛,长犹未终,尚有一阴,更当决去,则君子之道纯一而无害之者矣,乃刚长之终也。

## 象曰:泽上于天,夬,君子以施禄及下,居德则忌。

泽,水之聚也,而上于天至高之处,故为夬象。君子观泽决于上而注溉于下之象,则以施禄及下,谓施其禄泽以及于下也。观其决溃之象,则以居德则忌。居德,谓安处其德则约也;忌,防也,谓约立防禁,有防禁,则无溃散也。王弼作明忌,亦通。不云泽在天上,而云泽上于天,上于天,则意不安而有决溃之势;云在天上,乃安辞也。

## 初九,壮于前趾,往不胜,为咎。

九,阳爻而乾体,刚健在上之物,乃在下而居决时,壮于前进者也。前趾,谓进行。人之决于行也,行而宜,则其决为是,往而不宜,则决之过也,故往而不胜则为咎也。夬之时而往,往决也,故以胜负言。九,居初而壮于进,躁于动者也,故有不胜之戒。阴虽将尽,而己之躁动,自宜有不胜之咎,不计彼也。

## 象曰:不胜而往,咎也。

人之行,必度其事可为,然后决之,则无过矣。理不能胜,而且往,其咎可知。凡行而有咎者,皆决之过也。

## 九二,惕号,莫夜有戎,勿恤。

夬者,阳决阴,君子决小人之时,不可忘戒备也。阳长将极之时,
而二处中居柔,不为过刚,能知戒备,处夬之至善也。内怀兢惕,
而外严诫号,虽莫夜有兵戎,亦可勿恤矣。

## 象曰:有戎勿恤,得中道也。

莫夜有兵戎,可惧之甚也,然可勿恤者,以自处之善也。既得中
道,又知惕惧,且有戒备,何事之足恤也?九居二,虽得中,然非
正,其为至善,何也?曰:阳决阴,君子决小人,而得中,岂有不正
也?知时识势,学易之大方也。

## 九三,壮于頄,有凶。君子夬夬,独行遇雨,若濡有愠,无咎。

爻辞差错,安定胡公移其文曰:"壮于頄,有凶,独行遇雨,若濡有
愠,君子夬夬,无咎。"亦未安也。当云:"壮于頄,有凶,独行遇雨,
君子夬夬,若濡有愠,无咎。"夬决,尚刚健之时。三居下体之上,
又处健体之极,刚果于决者也。頄,颧骨也,在上而未极于上者
也。三居下体之上,虽在上而未为最上,上有君而自任其刚决,壮
于頄者也,有凶之道也。独行遇雨:三与上六为正应,方群阳共决
一阴之时,己若以私应之,故不与众同而独行,则与上六阴阳和
合,故云遇雨。易中言雨者,皆谓阴阳和也。君子道长,决去小人
之时,而己独与之和,其非可知。唯君子处斯时,则能夬夬,谓夬
其夬,果决其断也。虽其私与,当远绝之,若见濡污,有愠恶之色,
如此则无过咎也。三,健体而处正,非必有是失也,因此义以为教
耳。爻文所以交错者,由有遇雨字,又有濡字,故误以为连也[一]。

---

〔一〕覆元本末句下小注:"一作误而相连也。"

象曰：君子夬夬，终无咎也。

牵梏于私好，由无决也。君子义之与比，决于当决，故终不至于有
咎也。

九四，臀无肤，其行次且，牵羊悔亡，闻言不信。

臀无肤，居不安也。行次且，进不前也。次且，进难之状。九四以
阳居阴，刚决不足，欲止则众阳并进于下，势不得安，犹臀伤而居
不能安也；欲行则居柔失其刚壮，不能强进，故其行次且也。牵羊
悔亡：羊者群行之物，牵者挽拽之义，言若能自强，而牵挽以从
群行，则可以亡其悔。然既处柔，必不能也，虽使闻是言，亦必
不能信用也。夫过而能改，闻善而能用，克己以从义，唯刚明者
能之。在它卦，九居四，其失未至如此之甚，在夬而居柔，其害
大矣。

象曰：其行次且，位不当也；闻言不信，聪不明也。

九处阴位，不当也；以阳居柔，失其刚决，故不能强进，其行次且。
刚然后能明，处柔则迁失其正性，岂复有明也？故闻言而不能信
者，盖其聪听之不明也。

九五，苋陆夬夬，中行无咎。

五虽刚阳中正，居尊位，然切近于上六，上六说体，而卦独一阴，阳
之所比。五为决阴之主，而反比之，其咎大矣。故必决其决，如
苋陆然，则于其中行之德，为无咎也。中行，中道。苋陆，今所
谓马齿苋是也，曝之难干，感阴气之多者也，而脆易折。五若如苋
陆，虽感于阴而决断之易，则于中行无过咎矣，不然，则失其中正
也。感阴多之物，苋陆为易断，故取为象。

象曰：中行无咎，中未光也。

卦辞言夬夬,则于中行为无咎矣。象复尽其义云:中未光也。夫人心正意诚,乃能极中正之道,而充实光辉。五心有所比,以义之不可而决之,虽行于外,不失中正之义,可以无咎,然于中道,未得为光大也。盖人心一有所欲,则离道矣,夫子于此,示人之意深矣。

## 上六,无号,终有凶。

阳长将极,阴消将尽,独一阴处穷极之地,是众君子得时,决去危极之小人也,其势必须消尽,故云无用号咷畏惧,终必有凶也。

## 象曰:无号之凶,终不可长也。

阳刚君子之道,进而益盛,小人之道,既已穷极,自然消亡,岂复能长久乎? 虽号咷,无以为也,故云终不可长也。先儒以卦中有孚号惕号,欲以无号为无号,作去声,谓无用更加号令,非也。一卦中适有两去声字,一平声字,何害? 而读易者率皆疑之。或曰:圣人之于天下,虽大恶,未尝必绝之也,今直使之无号,谓必有凶,可乎? 曰:夬者,小人之道消亡之时也。决去小人之道,岂必尽诛之乎? 使之变革,乃小人之道亡也,道亡乃其凶也。

▤巽下乾上

姤,序卦:"夬决也,决必有所遇,故受之以姤。姤,遇也。"决,判也,物之决判,则有遇合,本合则何遇? 姤所以次夬也。为卦,乾上巽下。以二体言之:风行天下,天之下者万物也;风之行,无不经触,乃遇之象。又一阴始生于下,阴与阳遇也,故为姤。

## 姤:女壮,勿用取女。

一阴始生,自是而长,渐以盛矣〔一〕,是女之将长壮也。阴长则阳
消,女壮则男弱,故戒勿用取如是之女。取女者,欲其柔和顺从,
以成家道。姤乃方进之阴,渐壮而敌阳者,是以不可取也。女渐
壮,则失男女之正,家道败矣。姤虽一阴甚微,然有渐壮之道,所
以戒也。

## 象曰:姤,遇也,柔遇刚也。

姤之义,遇也。卦之为姤,以柔遇刚也。一阴方生,始与阳相
遇也。

## 勿用取女,不可与长也。

一阴既生,渐长而盛,阴盛则阳衰矣。取女者,欲长久而成家也,
此渐盛之阴,将消胜于阳,不可与之长久也。凡女子、小人、夷狄,
势苟渐盛,何可与久也? 故戒勿用取如是之女。

## 天地相遇,品物咸章也。

阴始生于下,与阳相遇,天地相遇也。阴阳不相交遇,则万物不
生。天地相遇,则化育庶类,品物咸章,万物章明也。

## 刚遇中正,天下大行也。

以卦才言也。五与二皆以阳刚居中与正,以中正相遇也。君得刚
中之臣,臣遇中正之君,君臣以刚阳遇中正,其道可以大行于天
下矣。

## 姤之时义大矣哉!

赞姤之时,与姤之义至大也。天地不相遇,则万物不生;君臣不相
遇,则政治不兴;圣贤不相遇,则道德不亨;事物不相遇,则功用不

---

〔一〕徐本"矣"作"大"。

成。姤之时与义,皆甚大也。

## 象曰:天下有风,姤,后以施命诰四方。

风行天下,无所不周,为君后者,观其周遍之象,以施其命令,周诰四方也。风行地上,与天下有风,皆为周遍庶物之象,而行于地上,遍触万物,则为观,经历观省之象也;行于天下,周遍四方,则为姤,施发命令之象也。诸象或称先王,或称后,或称君子大人。称先王者,先王所以立法制建国,作乐省方,敕法闭关,育物享帝皆是也。称后者,后王之所为也,财成天地之道,施命诰四方是也。君子则上下之通称,大人者王公之通称。

## 初六,系于金柅,贞吉;有攸往,见凶,羸豕孚蹢躅。

姤,阴始生而将长之卦。一阴生,则长而渐盛,阴长则阳消,小人道长也,制之当于其微而未盛之时。柅,止车之物,金为之,坚强之至也。止之以金柅,而又系之,止之固也。固止使不得进,则阳刚贞正之道吉也。使之进往,则渐盛而害于阳,是见凶也。羸豕孚蹢躅:圣人重为之戒,言阴虽甚微,不可忽也。豕,阴躁之物,故以为况。羸弱之豕,虽未能强猛,然其中心在乎蹢躅。蹢躅,跳踯也。阴微而在下,可谓羸矣,然其中心常在乎消阳也。君子小人异道,小人虽微弱之时,未尝无害君子之心,防于微则无能为矣。

## 象曰:系于金柅,柔道牵也。

牵者,引而进也。阴始生而渐进,柔道方牵也。系之于金柅,所以止其进也。不使进,则不能消正道,乃贞吉也。

## 九二,包有鱼,无咎,不利宾。

姤,遇也。二与初密比,相遇者也。在他卦则初正应于四,在姤则以遇为重。相遇之道,主于专一。二之刚中,遇固以诚,然初之阴柔,群阳在上,而又有所〔一〕应者,其志所求也,阴柔之质,鲜克贞固,二之于初,难得其诚心矣。所遇不得其诚心,遇道之乖也。包者,苴裹也。鱼,阴物之美者。阳之于阴,其所悦美,故取鱼象。二于初,若能固畜之,如包苴之有鱼,则于遇为无咎矣。宾,外来者也。不利宾:包苴之鱼,岂能及宾?谓不可更及外人也。遇道当专一,二则杂矣。

**象曰:包有鱼,义不及宾也。**

二之遇初,不可使有二于外,当如包苴之有鱼,包苴之鱼,义不及于宾客也。

## 九三,臀无肤,其行次且,厉无大咎。

二与初既相遇,三说初而密比于二,非所安也,又为二所忌恶,其居不安,若臀之无肤也。处既不安,则当去之,而居姤之时,志求乎遇,一阴在下,是所欲也,故处虽不安,而其行则又次且也。次且,进难之状,谓不能遽舍也。然三刚正而处巽,有不终迷之义。若知其不正,而怀危惧,不敢妄动,则可以无大咎也。非义求遇,固已有咎矣;知危而止,则不至于大一有咎字。也。

**象曰:其行次且,行未牵也。**

其始志在求遇于初,故其行迟迟未牵,不促其行也;既知危而改之,故未至于大咎也。

## 九四,包无鱼,起凶。

包者,所裹畜也。鱼,所美也。四与初为正应,当相遇者也,而初

---

〔一〕覆元本"所"作"相"。

已遇于二矣,失其所遇,犹包之无鱼,亡其所有也。四当姤遇之时,居上位而失其下,下之离,由己之失德也。四之失者,不中正也。以不中正而失其民,所以凶也。曰:初之从二,以比近也,岂四之罪乎?曰:在四而言,义当有咎,不能保其下,由失道也。岂有上不失道而下离者乎?遇之道,君臣、民主、夫妇、朋友皆在焉。四以下睽,故主民而言。为上而下离,必有凶变。起者,将生之谓。民心既离,难将作矣。

**象曰:无鱼之凶,远民也。**

下之离,由己致之。远民者,己远之也,为上者有以使之离也。

**九五,以杞包瓜,含章,有陨自天。**

九五,下亦无应,非有遇也,然得遇之[一]道,故终必有遇。夫上下之遇,由相求也。杞,高木而叶大。处高体大,而可以包物者,杞也。美实之在下者,瓜也。美而居下者,侧微之贤之象也。九五尊居君位,而下求贤才,以至高而求至下,犹以杞叶而包瓜,能自降屈如此;又其内蕴中正之德,充实章美,人君如是,则无有不遇所求者也。虽屈己求贤,若其德不正,贤者不屑也,故必含蓄章美,内积至诚,则有陨自天矣,犹云自天而降,言必得之也。自古人君至诚降屈,以中正之道,求天下之贤,未有不遇者也。高宗感于梦寐,文王遇于渔钓,皆由是道也。

**象曰:九五含章,中正也。**

所谓含章,谓其含蕴一无蕴字。中正之德也。德充实,则成章而有辉光。

---

〔一〕覆元本“之”下小注:“一有之字。”

### 有陨自天,志不舍命也。

命,天理也。舍,违也。至诚中正,屈己求贤,存志合于天理,所以有陨自天,必得之矣。

### 上九,姤其角,吝,无咎。

至刚而在最上者,角也。九以刚居上,故以角为象。人之相遇,由降屈以相从,和顺以相接,故能合也。上九高亢而刚极,人谁与之?以此求遇,固可吝也。己则如是,人之远之,非他人之罪也。由己致之,故无所归咎。

### 象曰:姤其角,上穷吝也。

既处穷上,刚亦极矣,是上穷而致吝也。以刚极居高而求遇,不亦难乎?

䷬坤下兑上

萃,序卦:"姤者遇也,物相遇而后聚,故受之以萃,萃者聚也。"物相会遇则成群[一],萃所以次姤也。为卦,兑上坤下,泽上于地,水之聚也,故为萃。不言泽在地上,而云泽上于地,言上于地,则为方聚之义也。

### 萃:亨,王假有庙。

王者萃聚天下之道,至于有庙,极也。群生至众也,而可一其归仰;人心莫知其向也,而能致其诚敬;鬼神之不可度也,而能致其来格。天下萃合人心,总摄众志之道非一,其至大莫过于宗庙,故王者萃天下之道,至于有庙,则萃道之至也。祭祀之报,本于人

---

〔一〕覆元本"群"下有"聚"字。

心,圣人制礼以成其德耳。故豺獭能祭,其性然也。萃下有亨字,羡文也。亨字自在下,与涣不同。涣则先言卦才,萃乃先言卦义,彖辞甚明。

## 利见大人,亨,利贞。

天下之聚,必得大人以治之。人聚则乱,物聚则争,事聚则紊,非大人治之,则萃所以致争乱也。萃以不正,则人聚为苟合,财聚为悖入,安得亨乎? 故利贞。

## 用大牲吉,利有攸往。

萃者,丰厚之时也,其用宜称,故用大牲吉。事莫重于祭,故以祭享而言。上交鬼神,下接民物,百用莫不皆然。当萃之时,而交物以厚,则是享丰富之吉也,天下莫不同其富乐矣。若时之[一]厚,而交物以薄,乃不享其丰美,天下莫之与,而悔吝生矣。盖随时之宜,顺理而行,故彖云顺天命也。夫不能有为者,力之不足也。当萃之时,故利有攸往。大凡兴工[二]立事,贵得可为之时,萃而后用,是以动而有裕,天理然也。

## 彖曰:萃,聚也。顺以说,刚中而应,故聚也。

萃之义,聚也。顺以说,以卦才言也。上说而下顺,为上以说道使民,而顺于人心;下说上之政令,而顺从于上。既上下顺说,又阳刚处中正之位,而下有应助,如此故能聚也。欲天下之萃,才非如是不能也。

## 王假有庙,致孝享也。

王者萃人心之道,至于建立宗庙,所以致其孝享之诚也。祭祀,人

---

〔一〕覆元本"之"下小注:"一无之字。"
〔二〕覆元本"工"作"功"。

心之所自尽也,故萃天下之心者,无如孝享。王者萃天下之道,至
于有庙,则其极也。

## 利见大人亨,聚以正也。

萃之时,见大人则能亨,盖聚以正道也。见大人,则其聚以正道,
得其正则亨矣。萃不以正,其能亨乎?

## 用大牲吉,利有攸往,顺天命也。

用大牲,承上有庙之文,以享祀而言。凡事莫不如是。丰聚之时,
交于物者当厚,称其宜也。物聚而力赡,乃可以有为,故利有攸
往。皆天理然也,故云顺天命也。

## 观其所聚,而天地万物之情可见矣。

观萃之理,可以见天地万物之情也。天地之化育,万物之生成,凡
有者皆聚也。有无动静终始之理,聚散而已。故观其所以聚,则
天地万物之情可见矣。

## 象曰:泽上于地,萃,君子以除戎器,戒不虞。

泽上于地,为萃聚之象。君子观萃象,以除治戎器,用戒备于不
虞。凡物之萃,则有不虞度之事,故众聚则有争,物聚则有夺。大
率既聚则多故矣,故观萃象而戒也。除谓简治也,去弊恶也。除
而聚之,所以戒不虞也。

## 初六,有孚不终,乃乱乃萃,若号,一握为笑,勿恤往,无咎。

初与四为正应,本有孚以相从者也。然当萃时,三阴聚处,柔无守
正之节,若舍正应而从其类,乃有孚而不终也。乃乱,惑乱其心
也。乃萃,与其同类聚也。初若守正,不从号呼,以求正应,则一
握笑之矣。一握,俗语一团也,谓众〔一有聚字〕以为笑也。若能勿

恤,而往从刚阳之正应,则无过咎,不然,则入小人之群矣。

## 象曰:乃乱乃萃,其志乱也。

其心志为同类所惑乱,故乃萃于群阴也。不能固其守,则为小人所惑乱,而失其正矣。

## 六二,引吉无咎,孚乃利用禴。

初阴柔,又非中正,恐不能终其孚,故因其才而为之戒。二虽阴柔,而得中正,故虽戒而微辞[一]。凡爻之辞,关得失二端者,为法为戒,亦各随其才而设也。引吉无咎:引者相牵也。人之交,相求则合,相待[二]则离。二与五为正应,当萃者也,而相远,又在群阴之间,必相牵引,则得其萃矣。五居尊位,有中正之德,二亦以中正之道往与之萃,乃君臣和合也。其所共致,岂可量也?是以吉而无咎也。无咎者,善补过也。二与五不相引,则过矣。孚乃利用禴:孚,信之在中,诚之谓也。禴,祭之简薄者也。菲薄而祭,不尚备物,直以诚意交于神明也。孚乃者,谓有其孚则可不用文饰,专以至诚交于上[三]也。以禴言者,谓荐其诚而已,上下相聚而尚饰焉,是未诚也。盖其中实者,不假饰于外,用禴之义也。孚信者,萃之本也。不独君臣之聚,凡天下之聚,在诚而已。

## 象曰:引吉无咎,中未变也。

萃之时,以得聚为吉,故九四为得上下之萃。二与五虽正应,然异处有间,乃当萃而未合者也,故能相引而萃,则吉而无咎。以其有中正之德,未遽至改变也,变则不相引矣。或曰:二既有中正之

---

〔一〕覆元本"微辞"下小注:"一作其辞微。"
〔二〕覆元本"待"下小注:"一作恃。"
〔三〕覆元本"上"下小注:"一有下字。"

德,而象云未变,辞若不足,何也? 曰:群阴比处,乃其类聚。方萃
之时,居其间,能自守不变,远须正应,刚立者能之。二,阴柔之
才,以其有中正之德,可觊其未至于变耳,故象含其意以存戒也。

## 六三,萃如嗟如,无攸利,往无咎,小吝。

三,阴柔不中正之人也,求萃于人,而人莫与求。四则非其正应,
又非其类,是以不正为四所弃也。与二,则二自以中正应五,是以
不正为二所不与也。故欲〔一〕萃如,则为人弃绝而嗟如,不获萃而
嗟恨也。上下皆不与,无所利也。惟往而从上六,则得其萃,为无
咎也。三与上虽非阴阳正应,然萃之时,以类相从,皆以柔居一体
之上,又皆无与,居相应之地,上复处说顺之极,故得其萃而无咎也。
易道变动无常,在人识之。然而小吝,何也? 三始求萃于四与二,不
获而后往从上六,人之动为如此,虽得所求,亦可小羞吝也。

## 象曰:往无咎,上巽也。

上居柔说之极,三往而无咎者,上六巽顺而受之也。

## 九四,大吉,无咎。

四当萃之时,上比九五之君,得君臣之聚也;下比下体群阴,得下
民之聚也。得上下之聚,可谓善矣。然四以阳居阴,非正也,虽得
上下之聚,必得大吉然后为无咎也。大为周遍之义,无所不周,然
后为大,无所不正,则为大吉,大吉则无咎也。夫上下之聚,固有
不由正道而得者。非理枉道而得君者,自古多矣;非理枉道而得
民者,盖亦有焉,如齐之陈恒,鲁之季氏是也。然得为大吉乎? 得
为无咎乎? 故九四必能大吉然后为〔二〕无咎也。

---

〔一〕覆元本"欲"下小注:"一无欲字。"
〔二〕覆元本"为"下小注:"一作能。"下文"然后为无咎"句同。

## 象曰:大吉无咎,位不当也。

以其位之不当,疑其所为未能尽善,故云必得大吉然后为无咎也。
非尽善,安得为大吉乎?

## 九五,萃有位,无咎。匪孚,元永贞,悔亡。

九五居天下之尊,萃天下之众而君临之,当正其位,修其德。以阳
刚居尊位,称其位矣,为有其位矣,得中正之道,无过咎也。如是
而有不信而未归者,则当自反以修其元永贞之德,则无思不服,而
悔亡矣。元永贞者,君之德,民所归也,故比天下之道与萃天下之
道,皆在此三者。王者既有其位,又有其德,中正无过咎,而天下
尚有未信服归附者,盖其道未光大也,元永贞之道未至也,在修德
以来之。如苗民逆命,帝乃诞敷文德。舜德非不至也,盖有远近
昏明之异,故其归有先后,既有未归,则当修德也。所谓德,元永
贞之道也。元,首也,长也,为君德首出庶物,君长群生,有尊大之
义焉,有主统之义焉,而又恒永贞固,则通于神明,光于四海,无思
不服矣,乃无匪孚而其悔亡也。所谓悔,志之未光,心之未慊也。

## 象曰:萃有位,志未光也。

象举爻上句。王者之志,必欲诚信著于天下,有感必通,含生之
类,莫不怀归,若尚有匪孚,是其志之未光大也。

## 上六,赍咨涕洟,无咎。

六,说之主,阴柔小人,说高位而处之,天下孰肯与也?求萃而人
莫之与,其穷至于赍咨而涕洟也。赍咨,咨嗟也。人之绝之,由己
自取,又将谁咎?为人恶绝,不知所为,则陨获而至嗟涕,真小人
之情状也。

## 象曰:赍咨涕洟,未安上也。

小人所处,常失其宜:既贪而从欲,不能自择安地,至于困穷,则颠沛不知所为。六之涕洟,盖不安于处上也。君子慎其所处,非义不居,不幸而有危困,则泰然自安,不以累其心。小人居不择安,常履非据,及其穷迫,则陨获躁挠,甚至涕洟,为可羞也。未者,非遽之辞,犹俗云未便也。未便能安于上也。阴而居上,孤处无与,既非其据,岂能安乎?

**☷☴巽下坤上**

升,序卦:"萃者聚也,聚而上者谓之升,故受之以升。"物之积聚而益高大,聚而上也,故为升,所以次于萃也。为卦,坤上巽下,木在地下,为地中生木。木生地中,长而益高,为升之象也。

## 升:元亨,用见大人,勿恤,南征吉。

升者,进而上也。升进则有亨义,而以卦才之善,故元亨也。用此道以见大人,不假忧恤,前进则吉也。南征,前进也。

## 彖曰:柔以时升。

## 巽而顺,刚中而应,是以大亨。

以二体言,柔升谓坤上行也。巽既体卑而就下,坤乃顺时而上升以时也,谓时当升。柔既上而成升,则下巽而上顺,以巽顺之道升,可谓时矣。二以刚中之道应于五,五以中顺之德应于二,能巽而顺,其升以时,是以元亨也。彖文误作大亨,解在大有卦。

## 用见大人勿恤,有庆也。

凡升之道,必由大人。升于位则由王公,升于道则由圣贤。用巽顺刚中之道以见大人,必遂其升。勿恤,不忧其不遂也。遂其升,则己之[一]福庆,而福庆及物也。

## 南征吉,志行也。

南,人之所向。南征,谓前进也。前进则遂其升,而得行其志,是以吉也。

## 象曰:地中生木,升,君子以顺德,积小以高大。

木生地中,长而上升,为升之象。君子观升之象,以顺修其德,积累微小,以至高大也。顺则可进,逆乃退也。万物之进,皆以顺道也。善不积不足以成名。学业之充实,道德之崇高,皆由积累而至。积小所以成高大,升之义也。

## 初六,允升大吉。

初以柔居巽体之下,又巽之主,上承于九二之刚,巽之至者也。二以刚中之德,上应于君,当升之任者也。允者,信从也。初之柔巽,唯信从于二,信二而从之同升,乃大吉也。二以德言则刚中,以力言则当任。初之阴柔,又无应援,不能自升,从于刚中之贤以进,是由刚中之道也,吉孰大焉?

## 象曰:允升大吉,上合志也。

与在上者合志同升也。上谓九二。从二而升,乃与二同志也。能信从刚中之贤[二],所以大吉。

## 九二,孚乃利用禴,无咎。

二,阳刚而在下;五,阴柔而居上。夫以刚而事柔,以阳而从阴,虽有时而然,非顺道也。以暗而临明,以刚而事弱,若黾勉于事势,

---

〔一〕覆元本"之"下小注:"一作有。"
〔二〕覆元本"贤"下小注:"一作道。"

非诚服也。上下之交不以诚，其可以久乎？其可以有为乎？五虽阴柔，然居尊位。二虽刚阳，事上者也，当内存至诚，不假文饰于外，诚积于中，则自不事外饰，故曰利用禴，谓尚诚敬也。自古刚强之臣，事柔弱之君，未有不为矫饰者也。禴，祭之简质者也。云"孚乃"，谓既孚乃宜不用文饰，专以其诚感通于上也。如是则得无咎。以刚强之臣而事柔弱之君，又当升之时，非诚意相交，其能免于咎乎？

## 象曰：九二之孚，有喜也。

二能以孚诚事上，则不唯为臣之道无咎而已，可以行刚中之道，泽及天下，是有喜也。凡象言有庆者，如是则有福庆及于物也；言有喜者，事既善而又有可喜也，如大畜童牛之牿元吉，象云有喜，盖牿于童则易，又免强制之难，是有可喜也。

## 九三，升虚邑。

三以阳刚之才，正而且巽，上皆顺之，复有援应，以是而升，如入无人之邑，孰御哉？

## 象曰：升虚邑，无所疑也。

入无人之邑，其进无疑阻也。

## 六四，王用亨于岐山，吉，无咎。

四，柔顺之才，上顺君之升，下顺下之进，己则止其所焉，以阴居柔，阴而在下，止其所也。昔者文王之居岐山之下，上顺天子，而欲致之有道，下顺天下之贤，而使之升进，己则柔顺谦恭，不出其位，至德如此，周之王业，用是而亨也。四能如是，则亨而吉，且无咎矣。四之才固自善矣，复有无咎之辞，何也？曰：四之才虽善，而其位当戒也。居近君之位，在升之时，不可复升，升则凶咎可知,故云如文王则吉而无咎也。然处大臣之位,不得无事于升,当上升其君之道,下升天下之贤,己则止其分焉。分虽当止,而德则当升也,道则当亨也。尽斯道者,其唯文王乎!

## 象曰:王用亨于岐山,顺事也。

四居近君之位,而当升时,得吉而无咎者,以其有顺德也。以柔居坤,顺之至也。文王之亨于岐山,亦以顺时而已。上顺于上,下顺乎下,己顺处其义,故云顺事也。

## 六五,贞吉,升阶。

五以下有刚中之应,故能居尊位而吉,然质本阴柔,必守贞固,乃得其吉也。若不能贞固,则信贤不笃,任贤不终,安能吉也? 阶,所由而升也。任刚中之贤,辅之而升,犹登进自阶,言有由而易也。指言九二正应,然在下之贤,皆用升之阶也,能用贤则汇升矣。

## 象曰:贞吉升阶,大得志也。

倚任贤才,而能贞固,如是而升,可以致天下之大治,其志可大得也。君道之升〔一〕,患无贤才之助尔,有助则犹自阶而升也。

## 上六,冥升,利于不息之贞。

六以阴居升之极,昏冥于升,知进而不知止者也,其为不明甚矣。然求升不已之心,有时而用于贞正,而当不息之事,则为宜矣。君子于贞正之德,终日乾乾,自强不息。如〔二〕上六不已之心,用之于此则利也。以小人贪求无已之心,移于进德,则何善如之?

---

〔一〕覆元本"升"下小注:"一作兴。"
〔二〕覆元本"如"下小注:"一作以。"

象曰:冥升在上,消不富也。

　　昏冥于升,极上而不知已,唯有消亡,岂复有加益也? 不富,无复
增益也。升既极,则有退而无进也。

# 周易程氏传卷第四

## 周易下经下

坎下兑上

困,序卦:"升而不已必困,故受之以困。"升者自下而上,自下升上,以力进也,不已必困矣,故升之后受之以困也。困者惫乏之义。为卦,兑上而坎下。水居泽上,则泽中有水也;乃在泽下,枯涸无水之象,为困乏之义。又兑以阴在上,坎以阳居下,与上六在二阳之上,而九二陷于二阴之中,皆阴柔掩于阳刚,所以为困也。君子为小人所掩蔽,穷困之时也。

**困:亨,贞大人吉,无咎,有言不信。**

如卦之才,则困而能亨,且得贞正,乃大人处困之道也,故能吉而无咎。大人处困,不唯其道自吉,乐天安命〔一〕,乃不失其吉也。况随时善处,复有裕〔二〕乎? 有言不信:当困而言,人谁信之?

**彖曰:困,刚掩也。**

卦所以为困,以刚为柔所掩蔽也。陷于下而掩于上,所以困也。

---

〔一〕覆元本"安命"下小注:"一作知命。"

〔二〕覆元本"裕"作"咎",义似较长。但"有"字疑当作"何",语法方顺。

陷亦掩也。刚阳君子而为阴柔小人所掩蔽,君子之道困窒之
时也。

## 险以说,困而不失其所亨,其唯君子乎!

以卦才言处困之道也。下险而上说,为处险而能说,虽在困穷艰
险之中,乐天安义,自得其说乐也。时虽困也,处不失义,则其道
自亨,困而不失其所亨也。能如是者,其唯君子乎! 若时当困而
反亨,身虽亨,乃其道之困也。君子,大人通称。

## 贞大人吉,以刚中也。

困而能贞,大人所以吉也,盖其以刚中之道也。五与二是也。非
刚中,则遇困而失其正矣。

## 有言不信,尚口乃穷也。

当困而言,人所不信,欲以口免困,乃所以致穷也。以说处困,故
有尚口之戒。

## 象曰:泽无水,困,君子以致命遂志。

泽无水,困乏之象也。君子当困穷之时,即尽其防虑之道,而不得
免,则命也,当推致其命,以遂其志。知命之当然也,则穷塞祸患
不以动其心,行吾义而已。苟不知命,则恐惧于险难,陨获于穷
厄,所守亡矣,安能遂其为善之志乎?

## 初六,臀困于株木,入于幽谷,三岁不觌。

六以阴柔处于至卑,又居坎险之下,在困不能自济者也。必得在
上刚明之人为援助,则可以济其困矣。初与四为正应,九四以阳
而居阴为不正,失[一]刚而不中,又方困于阴掩,是恶能济人之困?

---

〔一〕覆元本"失"下小注:"一作夫。"义似较长。

犹株木之下〔一〕，一无下字。不能荫覆于物。株木，无枝叶之木也。
四近君之位，在他卦不为无助，以居困而不能庇物，故为株木。
臀，所以居也。臀困于株木，谓无所庇而不得安其居，居安则非困
也。入于幽谷：阴柔之人，非能安其所遇，既不能免于困，则益迷
暗妄动，入于深困。幽谷，深暗之所也。方益入于困，无自出之
势，故至于三岁不觌，终困者也。不觌，不遇其所亨也。

## 象曰：入于幽谷，幽不明也。

幽不明也，谓益入昏暗，自陷于深困也。明则不至于陷矣。

## 九二，困于酒食，朱绂方来，利用享祀，征凶，无咎。

酒食，人所欲而所以施惠也。二以刚中之才，而处困之时，君子安
其所遇，虽穷厄险难，无所动其心，不恤其为困也。所困者，唯困
于所欲耳。君子之所欲者，泽天下之民，济天下之困也。二未得
遂其欲、施其惠，故为困于酒食。大人君子怀其道而困于下，必
得有道之君求而用之，然后能施其所蕴。二以刚中之德困于下，
上有九五刚中之君，道同德合，必来相求，故云朱绂方来。方来，
方且来也。朱绂，王者之服，蔽膝也。以行来为义，故以蔽膝言
之。利用享祀：享祀，以至诚通神明也。在困之时，利用至诚，如
享祀然，其德既诚，自能感通于上。自昔贤哲困于幽远，而德卒升
闻，道卒为用者，惟自守至诚而已。征凶，无咎：方困之时，若不至
诚安处以俟命，征〔二〕而求之，则犯难得凶，乃自取也，将谁咎乎？
不度时而征，乃不安其所，为困所动也。失刚中之德，自取凶悔，
何所怨咎？诸卦二五以阴阳相应而吉，惟小畜与困，乃厄于阴，故

---

〔一〕覆元本此句无“下”字。
〔二〕覆元本、吕本“征”作“往”。

同道相求:<u>小畜</u>,阳为阴所畜;<u>困</u>,阳为阴所掩也。

## 象曰:困于酒食,中有庆也。

虽困于所欲,未能施惠于人,然守其刚中之德,必能致亨而有福庆也。虽使时未亨通,守其中德,亦君子之道,亨乃有庆也。

## 六三,困于石,据于蒺藜,入于其宫,不见其妻,凶。

六三以阴柔不中正之质,处险极而用刚。居阳,用刚也,不善处困之甚者也。石,坚重难胜之物。蒺藜,刺不可据之物。三以刚险而上进,则二阳在上,力不能胜,坚不可犯,益自困耳,困于石也。以不善之德,居九二刚中之上,其不安犹藉刺,据于蒺藜也。进退既皆益困,欲安其所,益不能矣。宫,其居所安也。妻,所安之主也。知进退之不可,而欲安其居,则失其所安矣。进退与处皆不可,唯死而已,其凶可知。系辞曰:"非所困而困焉,名必辱;非所据而据焉,身必危。既辱且危,死期将至,妻其可得见耶?"二阳不可犯也,而犯之以取困,是非所困而困也。名辱,其事恶也。三在二上,固为据之,然苟能谦柔以下之,则无害矣;乃用刚险以乘之,则不安而取困,如据蒺藜也。如是,死期将至,所安之主可得而—无而字。见乎?

## 象曰:据于蒺藜,乘刚也;入于其宫,不见其妻,不祥也。

据于蒺藜,谓乘九二之刚,不安犹藉刺也。不祥者,不善之征;失其所安者,不善之效,故云不见其妻不祥也。

## 九四,来徐徐,困于金车,吝,有终。

唯力不足故困,亨困之道,必由援助。当困之时,上下相求,理当然也。四与初为正应,然四以不中正处困,其才不足以济人之困。

初〔一〕比二,二有刚中之才,足以拯困,则宜为初所从矣。金,刚
也。车,载物者也。二以刚在下载己,故谓之金车。四欲从初而
阻于二,故其来迟疑而徐徐,是困于金车也。己之所应,疑其少己
而之他,将从之,则犹豫不敢遽前,岂不可羞吝乎?有终者,事之
所归者正也。初四正应,终必相从也。寒士之妻,弱国之臣,各安
其正而已,苟择势而从,则恶之大者,不容于世矣。二与四皆以阳
居阴,而二以刚中之才,所以能济困也。居阴者,尚柔也;得中者,
不失刚柔之宜也。

## 象曰:来徐徐,志在下也,虽不当位,有与也。

四应于初而隔于二,志在下求,故徐徐而来;虽居不当位为未善,
然其正应相与,故有终也。

## 九五,劓刖,困于赤绂,乃徐有说,利用祭祀。

截鼻曰劓,伤于上也。去足为刖,伤于下也。上下皆掩于阴,为其
伤害,劓刖之象也。五,君位也。人君之困,由上下无与也。赤
绂,臣下之服,取行来之义,故以绂言。人君之困,以天下不来也,
天下皆来,则非困也。五虽在困,而有刚中之德,下有九二刚中之
贤,道同德合,徐必相应而来,共济天下之困,是始困而徐有喜说
也。利用祭祀:祭祀之事,必致其诚敬,而后受福。人君在困时,
宜念天下之困,求天下之贤,若祭祀然,致其诚敬,则能致天下之
贤,济天下之困矣。五与二同德,而云上下无与,何也?曰:阴阳
相应者,自然相应也,如夫妇骨肉,分定也。五与二皆阳爻,以刚
中之德,同而相应,相求而后合者也。如君臣朋友,义合也。方其
始困,安有上下之与?有与,则非困,故徐合而后有说也。二云享

---

〔一〕覆元本"初"作"初六"。

祀,五云祭祀,大意则宜用至诚,乃受福也。祭与祀享,泛言之则可通,分而言之,祭天神,祀地祇,享人鬼。五君位言祭,二在下言享,各以其所当用也。

## 象曰:劓刖,志未得也;乃徐有说,以中直也;利用祭祀,受福也。

始为阴掩,无上下之与,方困未得志之时也。徐而有说,以中直之道,得在下之贤,共济于困也。不曰中正,与二合者云直乃宜也。直比正意差缓。尽其诚意,如祭祀然,以求天下之贤,则能亨天下之困,而享受其福庆也。

## 上六,困于葛藟,于臲卼,曰动悔有悔,征吉。

物极则反,事极则变。困既极矣,理当变矣。葛藟,缠束之物,臲卼,危动之状。六处困之极,为困所缠束,而居最高危之地,困于葛藟与臲卼也。动悔,动辄有悔,无所不困也。有悔,咎前之失也。曰,自谓也。若能曰,如是动皆得悔,当变前之所为,有悔也;能悔,则往而得吉也。困极而征,则出于困矣,故吉。三以阴在下卦之上而凶,上居一卦之上而无凶,何也? 曰:三居刚而处险,困而用刚,险故凶。上以柔居说,唯为困极耳,困极则有变困之道也。困与屯之上,皆以无应居卦终,屯则泣血涟如,困则有悔征吉,屯险极而困说体故也,以说顺进,可以离乎困也。

## 象曰:困于葛藟,未当也;动悔有悔,吉行也。

为困所缠,而不能变,未得其道也,是处之未当也。知动则得悔,遂有悔而去之,可出于困,是其行而吉也。

☴☵巽下坎上

井,序卦:"困乎上者必反下,故受之以井。"承上"升而不已必困"
为言,谓上升不已而困,则必反于下也。物之在下者莫如井,井所
以次困也。为卦,坎上巽下。坎水也,巽之象则木也,巽之义则入
也。木,器之象。木入于水下而上乎水,汲井之象也。

## 井:改邑不改井,无丧无得,往来井井。

井之为物,常而不可改也。邑可改而之他,井不可迁也,故曰改邑
不改井。汲之而不竭,存之而不盈,无丧无得也。至者皆得其用,
往来井井也。无丧无得,其德也常;往来井井,其用也周。常也,
周也,井之道也。

## 汔至,亦未繘井,羸其瓶,凶。

汔,几也。繘,绠也。井以济用为功,几至而未及用,亦与未下繘
于井同也。君子之道,贵乎有成,所以五谷不熟,不如荑稗;掘井
九仞而不及泉,犹为弃井。有济物之用,而未及物,犹无有也。羸
败其瓶而失之,其用丧矣,是以凶也。羸,毁败也。

## 彖曰:巽乎水而上水,井。井,养而不穷也。

## 改邑不改井,乃以刚中也。

巽入于水下而上其水者井也。井之养于物,不有穷已[一],取之而
不竭,德有常也。邑可改,井不可迁,亦其德之常也。二五之爻,
刚中之德,其常乃如是,卦之才与义合也。

## 汔至亦未繘井,未有功也;羸其瓶,是以凶也。

虽使几至,既未为用,亦与未繘井同。井以济用为功,水出乃为

---

〔一〕覆元本"不有穷已"下小注:"一作无有穷也。"

用,未出则何功也? 瓶所以上水而致用也,赢败其瓶,则不为用矣,是以凶也。

## 象曰:木上有水,井,君子以劳民劝相。

木承水而上之,乃器汲水而出井之象。君子观井之象,法井之德,以劳徕其民,而劝勉以相助之道也。劳徕其民,法井之用也;劝民使相助,法井之施也。

## 初六,井泥不食,旧井无禽。

井与鼎皆物也,就物以为义。六以阴柔居下,上无应援,无上水之象。不能济物,乃井之不可食也。井之不可食,以泥污也。在井之下,有泥之象。井之用,以其水之养人也,无水,则舍置不用矣。井水之上,人获其用,禽鸟亦就而求焉。旧废之井,人既不食,水不复上,则禽鸟亦不复往矣,盖无以济物也。井本济人之物,六以阴居下,无上水之象,故为不食。井之不食,以泥也,犹人当济物之时,而才弱无援,不能及物,为时所舍也。

## 象曰:井泥不食,下也;旧井无禽,时舍也。

以阴而居井之下,泥之象也。无水而泥,人所不食也。人不食,则水不上,无以及禽鸟,禽鸟亦不至矣。见其不能济物,为时所舍置不用也。若能及禽鸟,是亦有所济也。舍,上声,与乾之时舍音不同。

## 九二,井谷射鲋,瓮敝漏。

二虽刚阳之才而居下,上无应而比于初,不上而下之象也。井之道,上行者也;涧谷之水,则旁出而就下。二居井而就下,失井之道,乃井而如谷也。井上出,则养人而济物,今乃下就污泥,注于鲋而已。鲋,或以为虾,或以为蟆,井泥中微物耳。射,注也,如谷

之下流,注于鲋也。瓮敝漏,如瓮之破漏也。阳刚之才,本可以养
人济物,而上无应援,故不能上而就下,是以无济用之功。如水之
在瓮,本可为用,乃破敝而漏之,不为用也。井之初二无功,而不
言悔咎,何也? 曰:失则有悔,过则为咎。无应援而不能成用,非
悔咎也。居二比初,岂非过乎? 曰:处中非过也。不能上,由无
援,非以比初也。

## 象曰:井谷射鲋,无与也。

井以上出为功。二,阳刚之才,本可济用,以在下而上无应援,是
以下比而射鲋。若上有与之者,则当汲引而上,成井之功矣。

## 九三,井渫不食,为我心恻,可用汲,王明并受其福。

三以阳刚居得其正,是有济用之才者也;在井下之上,水之清洁可
食者也。井以上为用,居下,未得其用也。阳之性上,又志应上
六,处刚而过中,汲汲于上进,乃有才用而切于施为;未得其用,则
如井之渫治清洁,而不见食,为一有其字。心之恻怛也[一]。三居井
之时,刚而不中,故切于施为,异乎用之则行、舍之则藏者也。
然明王用人,岂求备也? 故王明则受福矣。三之才足以济用,
如井之清洁,可用汲而食也。若上有明王,则当用之而得其效。
贤才见用,则己得行其道,君得享其功,下得被其泽,上下并受
其福也。

## 象曰:井渫不食,行恻也;求王明,受福也。

井渫治而不见食,乃人有才知而不见用,以不得行为忧恻也。既
以不得行为恻,则岂免有求也? 故求王明而受福,志切于行也。

---

〔一〕覆元本此句即作"为其心之恻怛也"。

## 六四,井甃无咎。

四虽阴柔而处正,上承九五之君,才不足以广施利物,亦可自守者也,故能修治,则得无咎。甃,砌累也,谓修治也。四虽才弱,不能广济物之功,修治其事,不至于废可也。若不能修治,废其养人之功,则失井之道,其咎大矣。居高位而得刚阳中正之君,但能处正承上,不废其事,亦可以免咎也。

## 象曰:井甃无咎,修井也。

甃者,修治于井也。虽不能大其济物之功,亦能修治不废也,故无咎,仅能免咎而已。若在刚阳,自不至如是,如是则可咎矣。

## 九五,井洌寒泉食。

五以阳刚中正,居尊位,其才其德,尽善尽美,井洌寒泉食也。洌,谓甘洁也。井泉以寒为美。甘洁之寒泉,可为人食也。于井道为至善也,然而不言吉者,井以上出为成功,未至于上,未及用也,故至上而后言元吉。

## 象曰:寒泉之食,中正也。

寒泉而可食,井道之至善者也。九五中正之德,为至善之义。

## 上六,井收勿幕,有孚元吉。

井以上出为用。居井之上,井道之成也。收,汲取也。幕,蔽覆也。取而不蔽,其利无穷,井之施广矣,大矣。有孚,有常而不变也。博施而有常,大善之吉。夫体井之用,博施而有常,非大人孰能? 他卦之终,为极为变,唯井与鼎终乃为成功,是以吉也。

## 象曰:元吉在上,大成也。

以大善之吉,在卦之上,井道之大成也。井以上为成功。

☲☱ 离下兑上

革,**序卦**:"井道不可不革,故受之以革。"井之为物,存之则秽败,易之则清洁,不可不革者也,故井之后,受之以革也。为卦,兑上离下,泽中有火也。革,变革也。水火,相息之物,水灭火,火涸水,相变革者也。火之性上,水之性下,若相违行,则睽而已。乃火在下,水在上,相就而相克,相灭息者也,所以为革也。又二女同居,而其归各异,其志不同,为不相得也,故为革也。

## 革:巳日乃孚,元亨,利贞,悔亡。

革者,变其故也。变其故,则人未能遽信,故必巳日,然后人心信从。元亨,利贞,悔亡:弊坏而后革之,革之所以致其通也,故革之而可以大亨;革之而利于正,道则可久而得去故之义;无变动之悔,乃悔亡也。革而无甚益,犹一有有字。可悔也,况反害乎?古人所以重改作也。

## 彖曰:革,水火相息,二女同居,其志不相得,曰革。

泽火相灭息,又二女志不相得,故为革。息为止息,又为生息。物止而后有生,故为生义。革之相息,谓止息也。

## 巳日乃孚,革而信之。

事之变革,人心岂能便信?必终日而后孚。在上者于改为之际,当详告申令,至于巳日,使人信之。人心不信,虽强之行,不能成也。先王政令,人心始以为疑者有矣,然其久也必信。终不孚而成善治者,未之有也。

## 文明以说,大亨以正,革而当,其悔乃亡。

以卦才言革之道也。离为文明,兑为说。文明则理无不尽,事无不察;说则人心和顺。革而能照察事理,和顺人心,可致大亨,而

得贞正。如是,变革得其至当,故悔亡也。天下之事,革之不得其
道,则反致弊害,故革有悔之道。惟革之至当,则新旧之悔皆
亡也。

## 天地革而四时成,汤、武革命,顺乎天而应乎人。革之时大矣哉!

推革之道,极乎天地变易,时运终始也。天地阴阳推迁改易而成
四时,万物于是生长成终,各得其宜,革而后四时成也。时运既
终,必有革而新之者。王者之兴,受命于天,故易世谓之革命。
汤、武之王,上顺天命,下应人心,顺乎天而应乎人也。天道变改,
世故迁易,革之至大也,故赞之曰"革之时大矣哉"。

## 象曰:泽中有火,革,君子以治历明时。

水火相息为革,革,变也。君子观变革之象,推日月星辰之迁易,
以治历数,明四时之序也。夫变易之道,事之至大,理之至明,迹
之至著,莫如四时;观四时而顺变革,则与天地合其序矣。

## 初九,巩用黄牛之革。

变革,事之大也,必有其时,有其位,有其才,审虑而慎动,而后可
以无悔。九,以时则初也,动于事初,则无审慎之意,而有躁易之
象;以位则下也,无时无援而动于下,则有僭妄之咎,而无体势之
重;以才则离体而阳也,离性上而刚体健,皆速于动也。其才如
此,有为则凶咎至矣,盖刚不中而体躁,所不足者中与顺也,当以
中顺自固而无妄动则可也。巩,局束也。革,所以包束。黄,中
色。牛,顺物。巩用黄牛之革,谓以中顺之道自固,不妄动也。不
云吉凶,何也?曰:妄动则有凶咎,以中顺自固,则不革而已,安得
便有吉凶乎?

## 象曰:巩用黄牛,不可以有为也。

以初九时,位才皆不可以有为,故当以中顺自固也。

## 六二,已日乃革之,征吉,无咎。

以六居二,柔顺而得中正,又文明之主,上有刚阳之君,同德相应。中正则无偏蔽,文明则尽事理,应上则得权势,体顺则无违悖。时可矣,位得矣,才足矣,处革之至善者也。然臣道不当为革之先,又必待上下之信,故已日乃革之也。如二之才德,所居之地,所逢之时,足以革天下之弊,新天下之治,当进而上辅于君,以行其道,则吉而无咎也。不进则失可为之时,为有咎也。以二体柔而处当位,体柔则其进缓,当位则其处固。变革者,事之大,故有此戒。二得中而应刚,未至失于柔也。圣人因其有可戒之疑,而明其义耳,使贤才不失可为之时也。

## 象曰:已日革之,行有嘉也。

已日而革之,征则吉而无咎者,行则有嘉庆也。谓可以革天下之弊,新天下之事,处而不行,是无救弊济世之心,失时而有咎也。

## 九三,征凶,贞厉,革言三就,有孚。

九三以刚阳为下之上,又居离之上而不得中,躁动于革者也。在下而躁于变革,以是而行,则有凶也。然居下之上,事苟当革,岂可不为也? 在乎守贞正而怀危惧,顺从公论,则可行之不疑。革言,谓当革之论。就,成也,合也。审察当革之言,至于三而皆合,则可信也。言重慎之至能如是,则必得至当,乃有孚也。己可信而众所信也如此,则可以革矣。在革之时,居下之上,事之〔一〕当

---

〔一〕覆元本"之"下小注:"一作有。"

革,若畏惧而不为,则失时为害;唯当慎重之至,不自任其刚明,审稽公论,至于三就而后革之,则无过矣。

## 象曰:革言三就,又何之矣?

稽之众论,至于三就,事至当也。又何之矣,乃俗语更何往也。如是而行,乃顺理时行,非己之私意所欲为也,必得其宜矣。

## 九四,悔亡,有孚,改命吉。

九四,革之盛也。阳刚,革之才也。离下体而进上体,革之时也。居水火之际,革之势也。得近君之位,革之任也。下无系应,革之志也。以九居四,刚柔相际,革之用也。四既具此,可谓当革之时也。事之可悔而后革之,革之而当,其悔乃亡也。革之既当,唯在处之以至诚,故有孚则改命吉。改命,改为也,谓革之也。既事当而弊革,行之以诚,上信而下顺,其吉可知。四非中正,而至善,何也?曰:唯其处柔也,故刚而不过,近而不逼,顺承中正之君,乃中正之人也。易之取义无常也,随时而已。

## 象曰:改命之吉,信志也。

改命而吉,以上下信其志也。诚既至,则上下信矣。革之道,以上下之信为本。不当不孚则不信。当而不信,犹不可行也,况不当乎?

## 九五,大人虎变,未占有孚。

九五以阳刚之才,中正之德,居尊位,大人也。以大人之道,革天下之事,无不当也,无不时也;所过变化,事理炳著,如虎之文采,故云虎变。龙虎,大人之象也。变者,事物之变。曰虎,何也?曰:大人变之,乃大人之变也。以大人中正之道一作德。变革之,炳然昭著,不待占决,知其至当而天下必信也。天下蒙大人之革,不待占决,知其至当而信之也。

象曰:大人虎变,其文炳也。

事理明著,若虎文之炳焕明盛也,天下有不孚乎?

## 上六,君子豹变,小人革面,征凶,居贞吉。

革之终,革道之成也。君子谓善人,良善则已从革而变,其著见若豹之彬蔚也。小人,昏愚难迁者,虽未能心化,亦革其面以从上之教令也。龙虎,大人之象,故大人云虎,君子云豹也。人性本善,皆可以变化,然有下愚,虽圣人不能移者。以尧、舜为君,以圣继圣百有余年,天下被化,可谓深且久矣,而有苗、有象,其来格烝乂,盖亦革面而已。小人既革其外,革道可以为成也。苟更从而深治之,则为已甚,已甚非道也。故至革之终而又征,则凶也,当贞固以自守。革至于极,而不守以贞,则所革随复变矣。天下之事,始则患乎难革,已革则患乎不能守也,故革之终戒以居贞则吉也。居贞非为六戒乎?曰:为革终言也,莫不在其中矣。人性本善,有不可革者,何也?曰:语其性则皆善也,语其才则有下愚之不移。所谓下愚有二焉:自暴也,一无也字。自弃也。人苟以善自治,则无不可移者,虽昏愚之至,皆可渐磨而进也。唯自暴者,拒之以不信;自弃者,绝之以不为。虽圣人与居,不能化而入也,仲尼之所谓下愚。然天下自弃自暴者,非必皆昏愚也,往往强戾而才力有过人者,商辛是也。圣人以其自绝于善,谓之下愚,然考其归,则诚愚也。既曰下愚,其能革面,何也?曰:心虽绝于善道,其畏威而寡罪,则与人同也。唯其有与人同,所以知其非性之罪也。

象曰:君子豹变,其文蔚也;小人革面,顺以从君也。

君子从化迁善,成文彬蔚,章见于外也。中人以上,莫不变革,虽不移之小人,则亦不敢肆其恶,革易其外,以顺从君上之教令,是革面也。至此,革道成矣。小人勉而假善,君子所容也,更往而治之,则凶矣。

☰☴巽下离上

鼎,序卦:"革物者莫若鼎,故受之以鼎。"鼎之为用,所以革物也,变腥而为熟,易坚而为柔,水火不可同处也,能使相合为用而不相害,是能革物也,鼎所以次革也。为卦,上离下巽。所以为鼎,则取其象焉,取其义焉。取其象者有二:以全体言之,则下植为足,中实为腹,受物在中之象,对峙于上者耳也,横亘乎上者铉也,鼎之象也;以上下二体言之,则中虚在上,下有足以承之,亦鼎之象也。取其义,则木从火也,巽入也,顺从之义,以木从火,为然之象。火之用惟燔与烹,燔不假器,故取烹象而为鼎,以木巽火,烹饪之象也。制器取其一作诸。象也,乃象器以为卦乎?曰:制器取于象也,象存乎卦,而卦不必先器。圣人制器,不待见卦而后知象,以众人之不能知象也,故设卦以示之。卦器之先后,不害于义也。或疑鼎非自然之象,乃人为也。曰:固人为也,然烹饪可以成物,形制如是则可用,此非人为,自然也。在井亦然。器虽在卦先,而所取者乃卦之象,卦复用器以为义也。

鼎:元吉亨。

以卦才言也。如卦之才,可以致元亨也。止当云元亨,文羡吉字。卦才可以致元亨,未便有元吉也。彖复止云元亨,其羡明矣。

彖曰:鼎,象也。

卦之为鼎,取鼎之象也。鼎之为器,法卦之象也[一]。有象而后有器,卦复用器而为义也。鼎,大器也,重宝也,故其制作形模,法象尤严。鼎之名正也,古人训方,方实正也。以形言,则耳对植于上,足分峙于下,周圆内外,高卑厚薄,莫不有法而至正,至正然后成安重之象。故鼎者法象之器,卦之为鼎,以其象也。

## 以木巽火,亨饪也;圣人亨以享上帝,而大亨以养圣贤。

以二体言鼎之用也。以木巽火,以木从火,所以亨饪也。鼎之为器,生人所赖至切者也。极其用之大,则圣人亨以享上帝,大亨以养圣贤。圣人,古之圣王。大,言其广。

## 巽而耳目聪明,柔进而上行,得中而应乎刚,是以元亨。

上既言鼎之用矣,复以卦才言。人能如卦之才,可以致元亨也。下体巽,为巽顺于理;离明而中虚于上,为耳目聪明之象。凡离在上者,皆云柔进而上行。柔,在下之物,乃居尊位,进而上行也。以明居尊,而得中道,应乎刚,能用刚阳之道也。五居中,而又以柔而应刚,为得中道。其才如是,所以能元亨也。

## 象曰:木上有火,鼎,君子以正位凝命。

木上有火,以木巽火也,烹饪之象,故为鼎。君子观鼎之象,以正位凝命。鼎者法象之器,其形端正,其体安重。取其端正之象,则以正其位,谓正其所居之位。君子所处必正,其小至于席不正不坐,毋跛毋倚。取其安重之象,则凝其命令,安重其命令也。凝,聚止之义,谓安重也。今世俗有凝然之语,以命令而言耳,凡动为皆当安重也。

---

〔一〕覆元本"法卦之象也"下小注:"一作法象之器也。"

### 初六,鼎颠趾,利出否,得妾以其子,无咎。

六在鼎下,趾之象也,上应于四,趾而向上,颠之象也。鼎覆则趾颠,趾颠则覆其实矣,非顺道也。然有当颠之时,谓倾出败恶以致洁取新,则可也。故颠趾利在于出否。否,恶也。四近君,大臣之位,初在下之人,而相应;乃上求于下,下从其上也。上能用下之善,下能辅上之为,可以成事功,乃善道,如鼎之颠趾,有当颠之时,未为悖理也。得妾以其子无咎:六阴而卑,故为妾,得妾谓得其人也;若得良妾,则能辅助其主使无过咎;子,主也,以其子,致其主于无咎也。六阴居下,而卑巽从阳,妾之象也。以六上应四为颠趾,而发此义。初六本无才德可取,故云得妾,言得其人则如是也。

### 象曰:鼎颠趾,未悖也。

鼎覆而趾颠,悖道也。然非必为悖者,盖有倾出否恶之时也。

### 利出否,以从贵也。

去故而纳新,泻恶而受美,从贵之义也。应于四,上从于贵者也。

### 九二,鼎有实,我仇有疾,不我能即,吉。

二以刚实居中,鼎中有实之象。鼎之有实,上出则为用。二,阳刚有济用之才,与五相应,上从六五之君,则得正而其道可亨。然与初密比,阴从阳者也。九二居中而应中,不至失正,己虽自守,彼必相求,故戒能远之,使不来即我,则吉也。仇,对也。阴阳相对之物,谓初也。相从则非正而害义,是有疾也。二当以正自守,使之不能来就己。人能自守以正,则不正不能就之矣,所以吉也。

### 象曰:鼎有实,慎所之也。

鼎之有实,乃人之有才业也,当慎所趋向,不慎所往,则亦陷于非义。二能不昵于初,而上从六五之正应,乃是慎所之也。

## 我仇有疾,终无尤也。

我仇有疾,举上文也。我仇,对己者,谓初也。初比己而非正,是有疾也。既自守以正,则彼不能即我,所以终无过尤也。

## 九三,鼎耳革,其行塞,雉膏不食,方雨,亏悔终吉。

鼎耳,六五也,为鼎之主。三以阳居巽之上,刚而能巽,其才足以济务,然与五非应而不同。五,中而非正。三,正而非中,不同也,未得于君者也。不得于君,则其道何由而行? 革,变革为异也,三与五异而不合也。其行塞,不能亨也。不合于君,则不得其任,无以施其用。膏,甘美之物,象禄位。雉指五也,有文明之德,故谓之雉。三有才用而不得六五之禄位,是不得雉膏食之也。君子蕴其德,久而必彰,守其道,其终必亨。五有聪明之象,而三终上进之物,阴阳交畅则雨。方雨,且将雨也,言五与三方将和合。亏悔终吉,谓不足之悔,终当获吉也。三怀才而不偶,故有不足之悔,然其有阳刚之德,上聪明而下巽正,终必相得,故吉也。三虽不中,以巽体,故无过刚之失。若过刚,则岂能终吉?

## 象曰:鼎耳革,失其义也。

始与鼎耳革异者,失其相求之义也。与五非应,求合之道也;不中,非同志之象也。是以其行塞而不通。然上明而下才,终必和合,故方雨而吉也。

## 九四,鼎折足,覆公𬇙,其形渥,凶。

四,大臣之位,任天下之事者也。天下之事,岂一人所能独任? 必当求天下之贤智,与之协力。得其人,则天下之治,可不劳而致也;用非其人,则败国家之事,贻天下之患。四下应于初,初,阴柔小人,不可用者也,而四用之,其不胜任而败事,犹鼎之折足也。鼎折足,则倾覆公上之𫗦。𫗦,鼎实也。居大臣之位,当天下之任,而所用非人,至于覆败,乃不胜其任,可羞愧之甚也。其形渥,谓赧汗也,其凶可知。系辞曰:"德薄而位尊,知小而谋大,力小而任重,鲜不及矣。"言不胜其任也。蔽于所私,德薄知小也。

## 象曰:覆公𫗦,信如何也?

大臣当天下之任,必能成天下之治安,则不误君上之所倚,下民之所望,与己致身任道之志,不失所期,乃所谓信也。不然,则失其职,误上之委任,得为信乎? 故曰信如何也?

## 六五,鼎黄耳,金铉,利贞。

五在鼎上,耳之象也。鼎之举措在耳,为鼎之主也。五有中德,故云黄耳。铉,加耳者也。二应于五,来从于耳一作五。者,铉也。二有刚中之德,阳体刚而色黄,故为金铉。五文明得中而应刚,二刚中巽体而上应,才无不足也,相应至善矣,所利在贞固而已。六五居中应中,不至于失正,而质本阴柔,故戒以贞固于中也。

## 象曰:鼎黄耳,中以为实也。

六五以得中为善,是以中为实德也。五之所以聪明应刚,为鼎之主,得鼎之道,皆由得中也。

## 上九,鼎玉铉,大吉,无不利。

井与鼎以上出为用。处终,鼎功之成也。在上,铉之象。刚而温者玉也。九虽刚阳,而居阴履柔,不极刚而能温者也。居成功之道,唯善处而已。刚柔适宜,动静不过,则为大吉,无所不利矣。在上为铉,虽居无位之地,实当用也,与他卦异矣。井亦然。

## 象曰:玉铉在上,刚柔节也。

刚而温,乃有节也。上居成功致—作无。用之地,而刚柔中节,所以
大吉无不利也。井、鼎皆以终为成功,而鼎不云元吉,何也? 曰:
井之功用,皆在上出,又有博施有常之德,是以元吉。鼎以烹饪为
功,居上为成德,与井异,以刚柔节,故得大吉也。

### ䷲震下震上

震,序卦:"主器者莫若长子,故受之以震。"鼎者器也,震为长男,
故取主器之义,而继鼎之后。长子,传国家,继位号者也,故为主
器之主。序卦取其一义之大者,为相继之义。震之为卦,一阳生
于二阴之下,动而上者也,故为震。震,动也。不曰动者,震有动
而奋发震惊之义。乾坤之交,一索而成震,生物之长也,故为长
男。其象则为雷,其义则为动。雷有震奋之象,动为惊惧之义。

## 震:亨。

阳生于下而上进,有亨之义。又震为动,为恐惧,为有主。震而奋
发,动而进,惧而修,有主而保大,皆可以致亨,故震则有亨。

## 震来虩虩,笑言哑哑;

当震动之来,则恐惧不敢自宁,周旋顾虑,虩虩然也。虩虩,顾虑
不安之貌。蝇虎谓之虩者,以其周环顾虑,不自宁也。处震如是,
则能保其安裕,故笑言哑哑。哑哑,笑言和适之貌。

## 震惊百里,不丧匕鬯。

言震动之大,而处之之道。动之大者,莫若雷。震为雷,故以雷
言。雷之震动,惊及百里之远,人无不惧而自失,雷声所及百里
也。唯宗庙祭祀,执匕鬯者,则不至于丧失。人之致其诚敬,莫如
祭祀。匕以载鼎实,升之于俎;鬯以灌地而降神。方其酌裸以求

神,荐牲而祈享,尽其诚敬之心,则虽雷震之威,不能使之惧而失守。故临大震惧,能安而不自失者,唯诚敬而已,此处震之道也。卦才无取,故但言处震之道。

## 彖曰:震,亨。

## 震来虩虩,恐致福也;笑言哑哑,后有则也。

震自有亨之[一]义,非由卦才。震来而能恐惧,自修自慎,则可反致福吉也。笑言哑哑,言自若也,由能恐惧而后自处有法则也。有则则安而不惧矣,处震之道也。

## 震惊百里,惊远而惧迩也。

雷之震及于百里,远者惊,迩者惧,言其威远大也。

## 出可以守宗庙社稷,以为祭主也。

彖文脱"不丧匕鬯"一句。卦辞云"不丧匕鬯",本为[二]诚敬之至,威惧不能使之自失。彖以长子宜如是,因承上文用长子之义通解之。谓其诚敬能不丧匕鬯,则君出而可以守宗庙社稷为祭主也。长子如是,而后可以守世祀,承国家也。

## 象曰:洊雷震,君子以恐惧修省。

洊,重袭也。上下皆震,故为洊雷。雷重仍则威益盛。君子观洊雷威震之象,以恐惧自修饬循省也。君子畏天之威,则修正其身,思省其过,咎而改之。不唯雷震,凡遇惊惧之事,皆当如是。

## 初九,震来虩虩,后笑言哑哑,吉。

初九,成震之主,致震者也;在卦之下,处震之初也。知震之来,当

〔一〕覆元本"之"下小注:"一无之字。"
〔二〕覆元本"为"作"谓",义较长。

震之始,若能以为恐惧而周旋顾虑,虩虩然不敢宁止,则终必保其安吉,故〔一〕后笑言哑哑也。

## 象曰:震来虩虩,恐致福也;笑言哑哑,后有则也。

震来而能恐惧周顾,则无患矣,是能因恐惧而反致福也。因恐惧而自修省,不敢违于法度,是由震而后有法则,故能保其安吉,而笑言哑哑也。

## 六二,震来厉,亿丧贝,跻于九陵,勿逐,七日得。

六二居中得正,善处震者也,而乘初九之刚,九震之主。震刚动而上奋,孰能御之?厉,猛也,危也。彼来既猛,则己处危矣。亿,度也。贝,所有之资也。跻,升也。九陵,陵之高也。逐,往追也。以震来之厉,度不能当,而必丧其所有,则升至高以避之也。九言其重。冈陵之重,高之至也。九,重之多也,如九天九地也。勿逐,七日得:二之所贵者中正也,遇震惧之来,虽量势巽避,当守其中正,无自失也。亿之必丧也,故远避以自守,过则复其常矣,是勿逐而自得也。逐,即物也。以己即物,失其守矣,故戒勿逐。避远自守,处震之大方也。如二者,当危惧而善处者也。卦位有六,七乃更始,事既终,时既易也。不失其守,虽一时不能御其来,然时过事已,则复其常,故云七日得。

## 象曰:震来厉,乘刚也。

当震而乘刚,是以彼厉而己危。震刚之来,其可御乎?

## 六三,震苏苏,震行无眚。

苏苏,神气缓散自失之状。三以阴居阳,不正。处不正于平时,且

---

〔一〕覆元本"故"下小注:"一作然。"

不能安,况处震乎? 故其震惧而苏苏然。若因震惧而能行,去不
正而就正,则可以无过。眚,过也。三行则至四,正也。动以就正
为善,故二勿逐则自得,三能行则无眚。以不[一]正而处震惧,有
眚可知。

## 象曰:震苏苏,位不当也。

其恐惧自失苏苏然,由其所处不当故也。不中不正,其能安乎?

## 九四,震遂泥。

九四,居震动之时,不中不正,处柔失刚健之道,居四无中正之德,
陷溺于重阴之间,不能自震奋者也,故云遂泥。泥,滞溺也。以不
正之阳,而上下重阴,安能免于泥乎? 遂,无反之意。处震惧,则
莫能守也;欲震动,则莫能奋也。震道亡矣,岂复能光亨也?

## 象曰:震遂泥,未光也。

阳者刚物,震者动义。以刚处动,本有光亨之道,乃失其刚正,而
陷于重阴,以致遂泥,岂能光也? 云未光,见阳刚本能震也,以失
德故泥耳。

## 六五,震往来厉,亿无丧有事。

六五虽以阴居阳,不当位为不正,然以柔居刚,又得中,乃有中德
者也。不失中,则不违于正矣,所以中为贵也。诸卦二五虽不当
位,多以中为美;三四虽当位,或以不中为过,中常重于正也。盖
中则不违于正,正不必中也。天下之理,莫善于中,于六二、六五
可见。五之动,上往则柔不可居动之极,下来则犯刚,是往来皆危
也。当君位,为动之主,随宜应变,在中而已,故当亿度,无丧失其

---

〔一〕覆元本"不"下小注:"一有中字。"

所有之事而已。所有之事,谓中德。苟不失中,虽有危,不〔一〕至于凶也。亿度,谓图虑求不失中也。五所以危,由非刚阳而无助。若以刚阳有助为动之主,则能亨矣。往来皆危,时则甚难〔二〕,但期于不失中,则可自守。以柔主动,固不能致亨济也。

## 象曰:震往来厉,危行也。其事在中,大无丧也。

往来皆厉,行则有危也。动皆有危,唯在无丧其事而已。其事谓中也。能不失其中,则可自守也。大无丧,以无丧为大也。

## 上六,震索索,视矍矍,征凶。震不于其躬,于其邻,无咎,婚媾有言。

索索,消索不存之状,谓其志气如是。六以阴柔居震动之极,其惊惧之甚,志气殚索也。矍矍,不安定貌。志气索索,则视瞻徊徨。以阴柔不中正之质,而处震动之极,故征则凶也。震之及身,乃于其躬也。不于其躬,谓未及身也。邻者,近于身者也。能震惧于未及身之前,则不至于极矣,故得无咎。苟未至于极,尚有可改之道。震终当变,柔不固守,故有畏邻戒而能变之义。圣人于震,终示人知惧能改之义,为劝深矣。婚媾,所亲也,谓同动者。有言,有怨咎之言也。六居震之上,始为众动之首,今乃畏邻戒而不敢进,与诸处震者异矣,故婚媾有言也。

## 象曰:震索索,中未得也。虽凶无咎,畏邻戒也。

所以恐惧自失如此,以未得于中道也,谓过中也。使之得中,则不至于索索矣。极而复征,则凶也。若能见邻戒而知惧变于未极之前,则无咎也。上六动之极,震极则有变义也。

---

〔一〕覆元本"不"上小注:"一有终字。"
〔二〕覆元本"难"下小注:"一作艰。"

☶艮下艮上

艮，序卦："震者动也，物不可以终动，止之，故受之以艮。艮者，止也。"动静相因，动则有静，静则有动。物无常动之理，艮所以次震也。艮者止也。不曰止者，艮，山之象，有安重坚实之意，非止义可尽也。乾坤之交，三索而成艮，一阳居二阴之上。阳动而上进之物，既至于上则止矣。阴者静也，上止而下静，故为艮也。然则与畜止之义何异？曰：畜止者，制畜之义，力止之也；艮止者，安止之义，止其所也。

## 艮其背，不获其身；行其庭，不见其人，无咎。

人之所以不能安其止者，动于欲也。欲牵于前而求其止，不可得也。故艮之道，当艮其背。所见者在前，而背乃背之，是所不见也。止于所不见，则无欲以乱其心，而止乃安。不获其身，不见其身也，谓忘我也。无我则止矣。不能无我，无可止之道。行其庭不见其人：庭除之间，至近也。在背，则虽至近不见，谓不交于物也。外物不接，内欲不萌，如是而止，乃得止之道，于止为无咎也。

## 彖曰：艮，止也。时止则止，时行则行，动静不失其时，其道光明。

艮为止。止之道，唯其时；行止动静不以时则妄也。不失其时，则顺理而合义。在物为理，处物为义。动静合理义，不失其时也，乃其道之光明也。君子所贵乎时，仲尼行止久速是也。艮体笃实，有光明之义。

## 艮其止，止其所也。

艮其止，谓止之而止也。止之而能止者，由止得其所也。止而不得其所，则无可止之理。夫子曰："于止知其所止。"谓当止之所也。夫有物必有则,父止于慈,子止于孝,君止于仁,臣止于敬,万物庶事莫不各有其所,得其所则安,失其所则悖。圣人所以能使天下顺治,非能为物作则也,唯止之各于其所而已。

## 上下敌应,不相与也。

以卦才言也。上下二体,以敌相应,无相与之义。阴阳相应则情通而相与,乃以其敌,故不相与也。不相与,则相背,为〔一〕艮其背,止之义〔二〕也。

## 是以不获其身,行其庭不见其人,无咎也。

相背故不获其身,不见其人,是以能止,能止则无咎也。

## 象曰:兼山艮,君子以思不出其位。

上下皆山,故为兼山。此而并彼为兼,谓重复也,重艮之象也。君子观艮止之象,而思安所止,不出其位也。位者,所处之分也。万事各有其所,得其所则止而安。若当行而止,当速而久,或过或不及,皆出其位也,况踰分非据乎?

## 初六,艮其趾,无咎,利永贞。

六在最下,趾之象。趾,动之先也。艮其趾,止于动之初也。事止于初,未至失正,故无咎也。以柔处下,当止之时也。行则失其正矣,故止乃无咎,阴柔患其不能常也,不能固也,故方止之初,戒以利在常永贞固,则不失止之道也。

## 象曰:艮其趾,未失正也。

当止而行,非正也。止之于初,故未至失正。事止于始则易,而未

〔一〕覆元本“为”下小注:“一作兴。”
〔二〕覆元本“义”下小注:“一有同字。”

至于失也。

## 六二,艮其腓,不拯其随,其心不快。

六二居中得正,得止之道者也。上无应援,不获其君矣。三居下之上,成止之主,主乎止者也,乃刚而失中,不得止之宜,刚止于上,非能降而下求,二虽有中正之德,不能从也。二之行止,系乎所主,非得自由,故为腓之象。股动则腓随,动止在股而不在腓也。二既不得以中正之道拯救三之不中,则必勉而随之。不能拯而唯随也,虽咎不在己,然岂其所欲哉? 言不听,道不行也,故其心不快,不能〔一〕行其志也。士之处高位,则有拯而无随;在下位,则有当拯,有当随,有拯之不得而后随。

## 象曰:不拯其随,未退听也。

所以不拯之而唯随者,在上者未能下从也。退听,下从也。

## 九三,艮其限,列其夤,厉薰心。

限,分隔也,谓上下之际。三以刚居刚而不中,为成艮之主,决止之极也。己在下体之上,而隔上下之限,皆为止义,故为艮其限,是确乎止而不复能进退者也。在人身,如列其夤。夤,膂也,上下之际也。列绝其夤,则上下不相从属,言止于下之坚也。止道贵乎得宜,行止不能以时,而定于一,其坚强如此,则处世乖戾,与物睽绝,其危甚矣。人之固止一隅,而举世莫与宜者,则艰蹇忿畏,焚挠其中,岂有安裕之理? 厉薰心,谓不安之势薰烁其中〔二〕也。

## 象曰:艮其限,危薰心也。

谓其固止不能进退,危惧之虑常薰烁其中心也。

---

〔一〕覆元本“能”作“得”。
〔二〕覆元本“中”下小注:“一有心字。”

## 六四,艮其身,无咎。

四,大臣之位,止天下之当止者也。以阴柔而不遇刚阳之君,故不能止物,唯自止其身,则可无咎。所以能无咎者,以止于正也。言止其身无咎,则见其不能止物,施于政则有咎矣。在上位而仅能善其身,无取之甚也。

## 象曰:艮其身,止诸躬也。

不能为天下之止,能止于其身而已,岂足称大臣之位也?

## 六五,艮其辅,言有序,悔亡。

五,君位,艮之主也,主天下之止者也,而阴柔之才,不足以当此义,故止以在上取辅义[一]言之。人之所当慎而止者,惟言行也。五在上,故以辅言。辅,言之所由出也。艮于[二]辅,则不妄出而有序也。言轻发而无序,则有悔。止之于辅,则悔亡也。有序,中节有次序也。辅与颊舌,皆言所由出,而辅在中。艮其辅,谓止于中也。

## 象曰:艮其辅,以中正也。

五之所善者中也。艮其辅,谓止于中也。言以得中为正,止之于辅,使不失中,乃得正也。

## 上九,敦艮吉。

九以刚实居上,而又成艮之主,在艮之终,止之至坚笃者也。敦,笃实也。居止之极,故不过而为敦。人之止,难于久终,故节或移于晚,守或失于终,事或废于久,人之所同患也。上九能敦厚于

〔一〕覆元本“辅”下小注:“一有之字。”
〔二〕覆元本“于”下小注:“一作其。”义较长。

终,止道之至善,所以吉也。六爻之德,唯此为吉。

## 象曰:敦艮之吉,以厚终也。

天下之事,唯终守之为难。能敦于止,有终者也。上之吉,以其能厚于终也。

艮下巽上

渐,序卦:"艮者止也,物不可以终止,故受之以渐。渐者,进也。"止必有进,屈伸消息之理也。止之所生亦进也,所反亦进也,渐所以次艮也。进以序为渐。今人以缓进为渐进,以序不越次,所以缓也。为卦,上巽下艮。山上有木,木之高而因山,其高有因也。其高有因,乃其进有序也,所以为渐也。

## 渐:女归吉,利贞。

以卦才兼渐义而言也。乾坤之变为巽艮,巽艮重而为渐。在渐体而言,中二爻交也。由二爻之交,然后男女各得正位。初终二爻,虽不当位,亦阳上阴下,得尊卑之正。男女各得其正,亦得位也。与归妹正相对。女之归,能如是之正,则吉也。天下之事,进必以渐者,莫如女归。臣之进于朝,人之进于事,固当有序,不以其序,则陵节犯义,凶咎随之。然以义之轻重,廉耻之道,女之从人,最为大也,故以女归为义。且男女,万事之先也[一]。诸卦多有利贞,而所施或不同,有涉不正之疑而为之戒者,有其事必贞乃得其宜者,有言所以利者以其有贞也。所谓涉不正之疑而为之戒者,损之九二是也,处阴居说,故戒以宜贞也。有其事必贞乃得宜者,

---

〔一〕覆元本"也"下小注:"一有利贞字。"

大畜是也,言所畜利于贞也。有言所以利者以其有贞者,渐是也,言女归之所以吉,利于如此贞正也,盖其固有,非设戒也。渐之义宜能亨,而不云亨者,盖亨者通达之义,非渐进之义也。

## 象曰:渐之进也,女归吉也。

如渐之义而进,乃女归之吉也,谓正而有渐也。女归为大耳,他进亦然。

## 进得位,往有功也。

渐进之时,而阴阳各得正位,进而有功也。四复由上进而得正位,三离下而为上,遂得正位,亦为进得位之义。

## 进以正,可以正邦也。

以正道而进,可以正邦国,至于天下也。凡进于事、进于德、进于位,莫不皆当以正也。

## 其位,刚得中也。

上云"进得位,往有功也",统言阴阳得位,是以进而有功。复云"其位刚得中也",所谓位者,五以刚阳中正得尊位也。诸爻之得正,亦可谓之得位矣,然未若五之得尊位,故特言之。

## 止而巽,动不穷也。

内艮止,外巽顺。止为安静之象,巽为和顺之义。人之进也,若以欲心之动,则躁而不得其渐,故有困穷。在渐之义,内止静而外巽顺,故其进动不有一作至。困穷也。

## 象曰:山上有木,渐,君子以居贤德善俗。

山上有木,其高有因,渐之义也。君子观渐之象,以居贤善之德,化美于风俗。人之进于贤德,必有其渐,习而后能安,非可陵节而遽至也。在己且然,教化之于人,不以渐,其能入乎?移风易俗,非一朝一夕所能成,故善俗必以渐也。

## 初六,鸿渐于干,小子厉,有言无咎。

渐诸爻皆取鸿象。鸿之为物,至有时而群有序,不失其时序,乃为渐也。干,水湄。水鸟止于水之湄,水至近也,其进可谓渐矣。行而以时,乃所谓渐。渐进不失,渐得其宜矣。六居初,至下也;阴之才,至弱也;而上无应援,以此而进,常情之所忧也。君子则深识远照,知义理之所安,时事之所宜,处之不疑。小人幼子唯能见已然之事,从众人之一有所字。知,非能烛理也,故危惧而有言。盖不知在下所以有进也,用柔所以不躁也,无应所以能渐也,于义自无咎也。若渐之初而用刚急进,则失渐之义,不能进,而有咎必矣。

## 象曰:小子之厉,义无咎也。

虽小子以为危厉,在义理实无咎也。

## 六二,鸿渐于磐,饮食衎衎,吉。

二居中得正,上应于五,进之安裕者也;但居渐,故进不速。磐,石之安平者,江河之滨所有,象进之安。自干之磐,又渐进也。二与九五之君,以中正之道相应,其进之安固平易莫加焉,故其饮食和乐衎衎然,吉可知也。

## 象曰:饮食衎衎,不素饱也。

爻辞以其进之安平,故取饮食和乐为言。夫子恐后人之未喻,又释之云:中正君子,遇中正之主,渐进于上,将行其道以及天下。所谓饮食衎衎,谓其得志和乐,不谓空饱饮一无饮字。食而已。素,空也。

## 九三,鸿渐于陆,夫征不复,妇孕不育,凶,利御寇。

平高曰陆,平原也。三在下卦之上,进至于陆也。阳,上进者也。居渐之时,志将渐进,而上无应援,当守正以俟时,安处平地,则得渐之道。若或不能自守,欲有所牵,志有所就,则失渐之道。四,阴在上而密比,阳所说也。三,阳在下而相亲,阴所从也。二爻相比而无应。相比则相亲而易合,无应则无适而相求,故为之戒。夫,阳也。夫谓三。三若不守正,而与四合,是知征而不知复。征,行也。复,反也。不复谓不反顾义理。妇谓四。若以不正而合,则虽孕而不育,盖非其道也,如是则凶也。三之所利,在于御寇。非理一作礼。而至者,寇也。守正以闲邪,所谓御寇也。不能御寇,则自失而凶矣。

**象曰:夫征不复,离群丑也。妇孕不育,失其道也。利用御寇,顺相保也。**

夫征不复,则失渐之正。从欲而失正,离叛其群类,为可丑也。卦之诸爻,皆无不善。若独失正,是离其群类。妇孕不由其道,所以不育也。所利在御寇,谓以顺道相保。君子之与小人比也,自守以正。岂唯君子自完其己而已乎?亦使小人得不陷于非义。是以顺道相保,御止其恶,故曰御寇。

**六四,鸿渐于木,或得其桷,无咎。**

当渐之时,四以阴柔进据刚阳之上,阳刚而上进,岂能安处阴柔之下?故四之处非安地,如鸿之进一作渐。于木也。木渐高矣,而有不安之象。鸿趾连,不能握枝,故不木栖。桷,横平之柯。唯平柯之上,乃能安处。谓四之处本危,或能自得安宁之道,则无咎也。如鸿之于木,本不安,或得平柯而处之,则安也。四居正而巽顺,宜无咎者也。必以得失言者,因得失以明其义也。

象曰:或得其桷,顺以巽也。

> 桷者,平安之处。求安之道,唯顺与巽。若其义顺正,其处卑巽,
> 何处而不安? 如四之顺正而巽,乃得桷也。

九五,鸿渐于陵,妇三岁不孕,终莫之胜,吉。

> 陵,高阜也。鸿之所止,最高处也,象君之位。虽得尊位,然渐之
> 时,其道之行,固亦非遽。与二为正应,而中正之德同,乃隔于三
> 四。三比二,四比五,皆隔其交者也。未能即合,故三岁不孕。然
> 中正之道,有必亨之理,不正岂能隔害之? 故终莫之能胜,但其合
> 有渐耳,终得其吉也。以不正而敌中正,一时之为耳,久其能
> 胜乎?

象曰:终莫之胜吉,得所愿也。

> 君臣以中正相交,其道当行,虽有间其间者,终岂能胜哉? 徐必得
> 其所愿,乃渐之吉也。

上九,鸿渐于陆,其羽可用为仪,吉。

> 安定胡公以陆为逵,逵,云路也,谓虚空之中。尔雅:九达谓之逵。
> 逵,通达无阻蔽之义也。上九在至高之位,又益上进,是出乎位之
> 外。在他时则为过矣,于渐之时,居巽之极,必有其序,如鸿之离
> 所止而飞于云空,在人则超逸乎常事之外者也。进至于是,而不
> 失其渐,贤达之高致也,故可用为仪法而吉也。羽,鸿之所用进
> 也。以其进之用,况上九进之道也。

象曰:其羽可用为仪,吉,不可乱也。

> 君子之进,自下而上,由微而著,跬步造次,莫不有序。不失其序,
> 则无所不得其吉,故九虽穷高而不失其吉。可用为仪法者,以其
> 有序而不可乱也。

☳☱兑下震上

归妹,序卦:"渐者进也,进必有所归,故受之以归妹。"进则必有所至,故渐有归义,归妹所以继渐也。归妹者,女之归也。妹,少女之称。为卦,震上兑下,以少女从长男也。男动而女说,又以说而动,皆男说女、女从男之义。卦有男女配合之义者四:咸、恒、渐、归妹也。咸,男女之相感也,男下女,二气感应,止而说,男女之情相感之象。恒,常也,男上女下,巽顺而动,阴阳皆相[一]应,是男女居室夫妇倡随之常道。渐,女归之得其正也,男下女而各得正位,止静而巽顺,其进有渐,男女配合得其道也。归妹,女之嫁,归也,男上女下,女从男也,而有说少之义。以说而动,动以说则不得其正矣,故位皆不当。初与上虽当阴阳之位,而阳在下,阴在上,亦不当位也,与渐正相对。咸、恒夫妇之道,渐、归妹女归之义。咸与归妹,男女之情也,咸止而说,归妹动于说,皆以说也。恒与渐,夫妇之义也,恒巽而动,渐止而巽,皆以巽顺也。男女之道,夫妇之义,备于是矣。归妹为卦,泽上有雷,雷震而泽动,从之象也。物之随动,莫如水。男动于上而女从之,嫁归从男之象。震长男,兑少女。少女从长男,以说而动,动而相说也。人之所说者少女,故云妹为女归之象。又有长男说少女之义,故为归妹也。

## 归妹:征凶,无攸利。

以说而动,动而不当,故凶。不当,位不当也。征凶,动则凶也。如卦之义,不独女归,无所往而利也。

## 彖曰:归妹,天地之大义也。

一阴一阳之谓道。阴阳交感,男女配合,天地之常理也。归妹,女

---

〔一〕覆元本"相"作"得"。

归于男也,故云天地之大义也。男在女上,阴从阳动,故为女归之象。

## 天地不交而万物不兴,归妹,人之终始也。

天地不交,则万物何从而生?女之归男,乃生生相续之道。男女交而后有生息,有生息而后其终不穷。前者有终,而后者有始,相续不穷,是人之终始也。

## 说以动,所归妹也。

## 征凶,位不当也。

以二体释归妹之义。男女相感,说而动者,少女之事,故以说而动,所归者妹也。所以征则凶者,以诸爻皆不当位也。所处皆不正,何动而不凶?大率以说而动,安有不失正者?

## 无攸利,柔乘刚也。

不唯位不当也,又有乘刚之过。三五皆乘刚。男女有尊卑之序,夫妇有倡随之礼,此常理也,如恒是也。苟不由常正之道,徇情肆欲,惟说是动,则夫妇渎乱,男牵欲而失其刚,妇狃说而忘其顺,如归妹之乘刚是也。所以凶,无所往而利也。夫阴阳之配合,男女之交媾,理之常也。然从欲而流放,不由义理,则淫邪无所不至,伤身败德,岂人理哉?归妹之所以一有征字。凶也。

## 象曰:泽上有雷,归妹,君子以永终知敝。

雷震于上,泽随而动,阳动于上,阴说而从,女从男之象也,故为归妹。君子观男女配合,生息相续之象,而以永其终,知有敝也。永终谓生息嗣续,永久其传也。知敝谓知物有敝坏,而为相继之道也。女归则有生息,故有永终之义。又夫妇之道,当常永有终,必知其有敝坏之理而戒慎之。敝坏谓离隙。归妹,说以动者也,异乎恒之巽而动,渐之止而巽也。少女之说,情之感动,动则失正,非夫妇正而可常之道,久必敝坏。知其必敝,则当思永其终也。天下之反目者,皆不能永终者也。不独夫妇之道,天下之事,莫不有终有敝,莫不有可继可久之道。观归妹,则当思永终之戒也。

### 初九,归妹以娣,跛能履,征吉。

女之归,居下而无正应,娣之象也。刚阳在妇人为贤—作坚。贞之德,而处卑顺,娣之贤正者也。处说居下为顺义。娣之卑下,虽贤,何所能为?不过自善其身,以承助其君而已。如跛之能履,言不能及远也。然在其分为善,故以是而行则吉也。

### 象曰:归妹以娣,以恒也;跛能履吉,相承也。

归妹之义,以说而动,非夫妇能常之道。九乃刚阳,有贤—作坚。贞之德,虽娣之微,乃能以常者也。虽在下,不能有所为,如跛者之能履,然征而吉者,以其能相承助也。能助其君,娣之吉也。

### 九二,眇能视,利幽人之贞。

九二阳刚而得中,女之贤正—作贞。者也。上有正应,而反阴柔之质,动于说者也。乃女贤而配不良,故二虽贤,不能自遂以成其内助之功,适可以善其身而小施之,如眇者之能视而已,言不能及远也。男女之际,当以正礼。五虽不正,二自守其幽静贞正,乃所利也。二有刚正之德,幽静之人也。二之才如是,而言利贞者,利,言宜于如是之贞,非不足而为之戒也。

### 象曰:利幽人之贞,未变常也。

守其幽贞,未失夫妇常正之道也。世人以媟狎为常,故以贞静为变常,不知乃常久之道也。

### 六三,归妹以须,反归以娣。

三居下之上,本非贱者,以失德而无正应,故为欲有归而未得其
归。须,待也。待者,未有所适也。六居三,不当位,德不正也。
柔而尚刚,行不顺也。为说之主,以说求归,动非礼也。上无应,
无受之者也。无所适故须也。女子之处如是,人谁取之？不可以
为人配矣。当反归而求为娣媵则可也,以不正而失其所也。

### 象曰:归妹以须,未当也。

未当者,其处、其德、其求归之道皆不当,故无取之者,所以须也。

### 九四,归妹愆期,迟归有时。

九以阳居四,四上体,地之高也。阳刚在女子为正德,贤明者也。
无正应,未得其归也。过时未归,故云愆期。女子居贵高之地,有
贤明之资,人情所愿娶,故其愆期乃为有时,盖自有待,非不售也,
待得佳配而后行也。九居四,虽不当位,而处柔乃妇人之道。一有
也字。以无应故为愆期之义,而圣人推理,以女贤而愆期,盖有
待也。

### 象曰:愆期之志,有待而行也。

所以愆期者,由己而不由彼。贤女,人所愿娶,所以愆期,乃其志
欲有所待,待得佳配而后行也。

### 六五,帝乙归妹,其君之袂,不如其娣之袂良。月几望吉。

六五居尊位,妹之贵高者也。下应于二,为下嫁之象。王姬下嫁,
自古而然。至帝乙而后正婚姻之礼,明男女之分,虽至贵之女,不
得失柔巽之道,有贵骄之志。故易中阴尊而谦降者,则曰"帝乙归
妹",泰六五是也。贵女之归,唯谦降以从礼,乃尊高之德也,不事
容饰以说于人也。娣媵者,以容饰为事者也。衣袂所以为容饰

也。六五尊贵之女,尚礼而不尚饰,故其袂不及其娣之袂良也。良,美好也。月望,阴之盈也,盈则敌阳矣。几望,未至于盈也。五之贵高,常不至于盈极,则不亢其夫,乃为吉也。女之处尊贵之道也。

## 象曰:帝乙归妹,不知其娣之袂良也;其位在中,以贵行也。

以帝乙归妹之道言。其袂不如其娣之袂良,尚礼而不尚饰也。五以柔中,在尊高之位,以尊贵而行中道也。柔顺降屈,尚礼而不尚饰,乃中道也。

## 上六,女承筐无实,士刲羊无血,无攸利。

上六,女归之终而无应,女归之无终者也。归者,所以承先祖,奉祭祀。不能奉祭祀,则不可以为妇矣。筐篚之实,妇职所供也。古者房中之俎菹歝[一]之类,后夫人职之。诸侯之祭,亲割牲,卿大夫皆然,割取血以祭。礼云血祭,盛气也。女当承事筐篚而无实,无实则无以祭,谓不能奉祭祀也。夫妇共承宗庙,妇不能奉祭祀,乃夫不能承祭祀也,故刲羊而无血,亦无以祭也,谓不可以承祭祀也。妇不能奉祭祀,则当离绝矣,一无矣字。是夫妇之无终者也,何所往而利哉?

## 象曰:上六无实,承虚筐也。

筐无实,是空筐也。空筐可以祭乎?言不可以奉祭祀也。女不可以承祭祀,则离绝而已,是女归之无终者也。

---

〔一〕覆元本"歝"下小注:"一作醯。"

☰ 离下震上

丰，序卦："得其所归者必大，故受之以丰。"物所归聚，必成其大，故归妹之后，受之以丰也。丰，盛大之义。为卦，震上离下。震，动也。离，明也。以明而动，动而能明，皆致丰之道；明足以照，动足以亨，然后能致丰大也。

**丰：亨，王假之，勿忧，宜日中。**

丰为盛大，其义自亨。极天下之光大者，唯王者能至之。假，至也。天位之尊，四海之富，群生之众，王道之大，极丰之道，其唯王者乎！丰之时，人民之繁庶，事物之殷盛，治之岂易周？为可忧虑。宜如日中之盛明广照，无所不及，然后无忧也。

**彖曰：丰，大也，明以动故丰。**

丰者盛大之义。离明而震动，明动相资，而成丰大也。

**王假之，尚大也。**

王者有四海之广，兆民之众，极天下之大也，故丰大之道，唯王者能致之。所有既大，其保之治之之道亦当大也，故王者之所尚至大也。

**勿忧，宜日中，宜照天下也。**

所有既广，所治既众，当忧虑其不能周及，宜如日中之盛明，普照天下，无所不至，则可勿忧矣。如是，然后能保其丰大。保有丰大，岂小才小知之所能也？

**日中则昃，月盈则食，天地盈虚，与时消息，而况于人乎？况于鬼神乎？**

既言丰盛之至，复言其难常，以为诫也。日中盛极，则当昃昳；月既盈满，则有亏缺。天地之盈虚，尚与时消息，况人与鬼神乎？盈虚谓盛衰,消息谓进退。天地之运,亦随时进退也。鬼神谓造化之迹,于万物盛衰,可见其消息也。于丰盛之时而为此诚,欲其守中,不至过盛。处丰之道,岂易也哉?

## 象曰:雷电皆至,丰,君子以折狱致刑。

雷电皆至,明震并行也。二体相合,故云皆至。明动相资,成丰之象。离,明也,照察之象。震,动也,威断之象。折狱者必照其情实,唯明克允;致刑者以威于奸恶,唯断乃成。故君子观雷电明动之象,以折狱致刑也。噬嗑言先王饬法,丰言君子折狱。以明在上而丽于威震,王者之事,故为制刑立法。以明在下而丽于威震,君子之用,故为折狱致刑。旅,明在上,而云君子者,旅取慎用刑与不留狱,君子皆当然也。

## 初九,遇其配主,虽旬无咎,往有尚。

雷电皆至,成丰之象;明动相资,致丰之道。非明无以照,非动无以行,相须犹形影,相资犹表里。初九明之初,九四动之初,宜相须以成其用,故虽旬而相应。位则相应,用则相资,故初谓四为配主,己所配也。配虽匹称,然就之者也。如配天以配君子,故初于四云配,四于初云夷也。虽旬无咎:旬,均也。天下之相应者,常非均敌。如阴之应阳,柔之从刚,下之附上,敌则安肯相从?唯丰之初四,其用则相资,其应则相成,故虽均是阳刚,相从而无过咎也。盖非明则动无所之,非动则明无所用,相资而成用。同舟则胡、越一心,共难则仇怨协力,事势使然也。往而相从,则能成其丰,故云有尚,有可嘉尚也。在他卦,则不相下而离隙矣。

## 象曰:虽旬无咎,过旬灾也。

圣人因时而处宜,随事而顺理。夫势均则不相下者,常理也。然有虽敌而相资者,则相求也,初四是也,所以虽旬而无咎也。与人

同而力均者,在乎降己以相求,协力〔一〕以从事。若怀先己之私,
有加上之意,则患当至矣,故曰过旬灾也。均而先己,是过旬也。
一求胜,则不能同矣。

## 六二,丰其蔀,日中见斗,往得疑疾,有孚发若,吉。

明动相资,乃能成丰。二为明之主,又得中正,可谓明者也,而五
在正应之地,阴柔不正,非能动者。二五虽皆阴,而在明动相资之
时,居相应之地,五才不足,既其应之才不足资,则独明不能成丰,
既不能成丰,则丧其明功,故为丰其蔀。日中见斗:二,至明之才,
以所应不足与而不能成其丰,丧其明功,无明功则为昏暗,故云见
斗。斗,昏见者也。蔀,周匝之义,用障蔽之物掩晦于明者也。斗
属阴而主运,平〔二〕象。五以阴柔而当君位,日中盛明之时,乃见
斗,犹丰大之时,乃—作而。遇柔弱之主。斗以昏见,言见斗,则是
明丧而暗矣。二虽至明中正之才,所遇乃柔暗不正之君,既不能
下求于己,若往求之,则反得疑猜忌疾,暗主如是也。然则如之何
而可?夫君子之事上也,不得其心,则尽其至诚,以感发其志意而
已。苟诚意能动,则虽昏蒙可开也,虽柔弱可辅也,虽不正可正
也。古人之事庸君常主,而克行其道者,己之诚意—无意字。上达,
而君见信之笃耳。管仲之相桓公,孔明之辅后主是也。若能以诚
信发其志意,则得行其道,乃为吉也。

## 象曰:有孚发若,信以发志也。

有孚发若,谓以己之孚信,感发上之心志也。苟能发,则其吉可
知,虽柔暗,有可发之道也。

---

〔一〕覆元本"力"下小注:"一作心。"义似较长。
〔二〕覆元本、吕本、徐本"平"作"乎",属上为句,义似较长。

## 九三,丰其沛,日中见沫,折其右肱,无咎。

沛字,古本有作旆字者。王弼以为幡幔,则是旆也。幡幔,围蔽于内者。丰其沛,其暗更甚于蔀也。三,明体,而反暗于四者,所应阴暗故也。三居明体之上,阳刚得正,本能明者也。丰之道,必明动相资而成。三应于上,上阴柔,又无位而处震之终,既终则止矣,不能动者也。他卦至终则极,震至终则止矣。三无上之应,则不能成丰。沫,星之微小无名数者。见沫,暗之甚也。丰之时而遇上六,日中而见沫者也。右肱,人之所用,乃折矣,其无能为可知。贤智之才,遇明君则能有为于天下。上无可赖之主,则不能有为,如人之折其右肱也。人之为有所失,则有所归咎,曰由是故致是。若欲动而无右肱,欲为而上无所赖,则不能而已,更复何言?无所归咎也。

## 象曰:丰其沛,不可大事也;折其右肱,终不可用也。

三应于上,上阴而无位,阴柔无势力,而处既终,其可共济大事乎?既无所赖,如右肱之折,终不可用矣。

## 九四,丰其蔀,日中见斗,遇其夷主,吉。

四虽阳刚,为动之主,又得大臣之位,然以不中正,遇阴暗柔弱之主,岂能致丰大也?故为丰其蔀。蔀,周围掩蔽之物。周围则不大,掩蔽则不明。日中见斗,当盛明之时,反昏暗也。夷主,其等夷也,相应故谓之主。初四皆阳而居初,是其德同,又居相应之地,故为夷主。居大臣之位,而得在下之贤,同德相辅,其助岂小也哉?故吉也。如四之才,得在下之贤为之助,则能致丰大乎?曰:在下者上有当位为之与,在上者下有贤才为之助,岂无益乎?故吉也。然而致天下之丰,有君而后能也。五阴柔居尊,而震体,无虚中巽顺下贤之象,下虽多贤,亦将何为?盖非阳刚中正,不能致天下之丰也。

## 象曰：丰其蔀，位不当也。

位不当，谓以不中正居高位，所一作非。以暗而不能致丰。一有乎字。

## 日中见斗，幽不明也。

谓幽暗不能光明，君阴柔而臣不中正故也。

## 遇其夷主，吉行也。

阳刚相遇，吉之行也。下就于初，故云行；下求则为吉也。

## 六五，来章有庆誉，吉。

五以阴柔之才，为丰之主，固不能成其丰大，若能来致在下章美之才而用之，则有福庆，复得美誉，所谓吉也。六二，文明中正，章美之才也。为五者，诚能致之在位而委任之，可以致丰大之庆、名誉之美，故吉也。章美之才，主二而言。然初与三四，皆阳刚之才，五能用贤，则汇征矣。二虽阴，有文明中正之德，大贤之在下者也。五与二虽非阴阳正应，在明动相资之时，有相为用之义。五若能来章，则有庆誉而吉也。然六五无虚己下贤之义，圣人设此义以为教耳。

## 象曰：六五之吉，有庆也。

其所谓吉者，可以有庆福及于天下也。人君虽柔暗，若能用贤才，则可以为天下之福，唯患不能耳。

## 上六，丰其屋，蔀其家，窥其户，阒其无人，三岁不觌，凶。

六以阴柔之质，而居丰之极，处动之终，其满假躁动甚矣。处丰大之时，宜乎谦屈，而处极高；致丰大之功，在乎刚健，而体阴柔；当丰大之任，在乎得时，而不当位。如上六者，处无一当，其凶可知。丰其屋，处太高也。蔀其家，居不明也。以阴柔居丰大，而在无位之地,乃高亢昏暗,自绝于人,人谁与之? 故窥其户,阒其无人也。至于三岁之久而不知变,其凶宜矣。不觌,谓尚不见人,盖不变也。六居卦终,有变之义,而不能迁,是其才不能也。

**象曰:丰其屋,天际翔也。窥其户,阒其无人,自藏也。**

六处丰大之极,在上而自高,若飞翔于天际,谓其高大之甚。窥其户而无人者,虽居丰大之极,而实无位之地,人以其昏暗自高大,故皆弃绝之,自藏避而弗与亲也。

䷷艮下离上

旅,序卦:"丰大也,穷大者必失其居,故受之以旅。"丰盛至于穷极,则必失其所安,旅所以次丰也。为卦,离上艮下。山止而不迁,火行而不居,违去而不处之象,故为旅也。又丽乎外,亦旅之象。

**旅:小亨,旅贞吉。**

以卦才言也。如卦之才,可以小亨,得旅之贞正而吉也。

**彖曰:旅,小亨,柔得中乎外,而顺乎刚,止而丽乎明,是以"小亨,旅贞吉"也。**

六上居五,柔得中乎外也。丽乎上下之刚,顺乎刚也。下艮止,上离丽,止而丽于明也。柔顺而得在外之中,所止能丽于明,是以小亨,得旅之贞正而吉也。旅困之时,非阳刚中正,有助于下,不能致大亨也。所谓得在外之中,中非一揆,旅有旅之中也。止丽于明,则不失时宜,然后得处旅之道。

**旅之时义大矣哉!**

天下之事,当随时各适其宜,而旅为难处,故称其时义之大。

## 象曰：山上有火，旅，君子以明慎用刑，而不留狱。

火之在高，明无不照。君子观明照之象，则以明慎用刑，明不可恃，故戒于慎明，而止亦慎象。观火行不处之象，则不留狱。狱者不得已而设，民有罪而入，岂可留滞淹久也？

## 初六，旅琐琐，斯其所取灾。

六以阴柔在旅之时，处于卑下，是柔弱之人，处旅困而在卑贱，所存污下者也。志卑之人，既处旅困，鄙猥琐细，无所不至，乃其所以致悔辱，取灾咎也。琐琐，猥细之状。当旅困之时，才质如是，上虽有援，无能为也。四，阳性而离体，亦非就下者也，又在旅，与他卦为大臣之位者异矣。

## 象曰：旅琐琐，志穷灾也。

志意穷迫，益自取灾也。灾眚，对言则有分，独言则谓灾患耳。

## 六二，旅即次，怀其资，得童仆贞。

二有柔顺中正之德，柔顺则众与之，中正则处不失当，故能保其所有，童仆亦尽其忠信。虽不若五有文明之德，上下之助，亦处旅之善者也。次舍，旅所安也。财货，旅所资也。童仆，旅所赖也。得就次舍，怀畜其资财，又得童仆之贞良，旅之善也。柔弱在下者童也，强壮处外者仆也。二，柔顺中正，故得内外之心。在旅所亲比者，童仆也。不云吉者，旅寓之际，得免于灾厉，则已善矣。

## 象曰：得童仆贞，终无尤也。

羁旅之人所赖者童仆也，既得童仆之忠贞，终无尤悔矣。

## 九三，旅焚其次，丧其童仆贞，厉。

处旅之道，以柔顺谦下为先。三，刚而不中，又居下体之上，与艮之上，有自高之象。在旅而过刚自高，致困灾之道也。自高则不顺于上,故上不与而焚其次,失所安也。上离为焚象,过刚则暴下,故下离而丧其童仆之贞信,谓失其心也。如此,则[一]危厉之道也。

## 象曰:旅焚其次,亦以伤矣;以旅与下,其义丧也。

旅焚失其次舍,亦以困伤矣。以旅之时,而与下之道如此,义当丧也。在旅而以过刚自高待下,必丧其忠贞,谓失其心也。在旅而失其童仆之心,为可危也。

## 九四,旅于处,得其资斧,我心不快。

四,阳刚,虽不居中,而处柔在上体之下,有用柔能下之象,得旅之宜也。以刚明之才,为五所与,为初所应,在旅之善者也。然四非正位,故虽得其处止,不若二之就次舍也。有刚明之才,为上下所与,乃旅而得货财之资,器用之利也。虽在旅为善,然上无刚阳之与,下唯阴柔之应,故不能伸其才,行其志,其心不快也。云我者,据四而言。

## 象曰:旅于处,未得位也;得其资斧,心未快也。

四以近君为当位,在旅,五不取君义,故四为未得位也。曰:然则以九居四不正为有咎矣?曰:以刚居柔,旅之宜也。九以刚明之才,欲得时而行其志,故虽得资斧,于旅为善,其心志未快也。

## 六五,射雉,一矢亡,终以誉命。

六五有文明柔顺之德,处得中道,而上下与之,处旅之至善者也。人之处旅,能合文明之道,可谓善矣。羁旅之人,动而或失,则困辱随之;动而无失,然后为善。离为雉,文明之物。射雉,谓取则

---

〔一〕覆元本"则"下小注:"一作者。"

于文明之道而必合。如射雉，一矢而亡之，发无不中，则终能致誉命也。誉，令闻也。命，福禄也。五居文明之位，有文明之德，故动必中文明之道也。五，君位，人君无旅，旅则失位，故不取君义。

## 象曰：终以誉命，上逮也。

有文明柔顺之德，则上下与之。逮，与也。能顺承于上而上与之，为上所逮也。言〔一〕一作在。上而得乎下，为下所上〔二〕逮也。在旅而上下与之，所以致誉命也。旅者，困而未得所安之时也。终以誉命，终当致誉命也。已誉命，则非旅也。困而亲寡则为旅，不必在外也。

## 上九，鸟焚其巢，旅人先笑，后号咷，丧牛于易，凶。

鸟，飞腾处高者也。上九，刚不中而处最高，又离体，其亢可知，故取鸟象。在旅之时，谦降柔和，乃可自保，而过刚自高，失其所宜安矣。巢，鸟所安止。焚其巢，失其所安，无所止也。在离上为焚象。阳刚自处于至高，始快其意，故先笑；既而失安莫与，故号咷。轻易以丧其顺德，所以凶也。牛，顺物。丧牛于易，谓忽易以失其顺也。离火性上，为躁易之象。上承鸟焚其巢，故更加旅人字。不云旅人，则是鸟笑哭也。

## 象曰：以旅在上，其义焚也；丧牛于易，终莫之闻也。

以旅在上，而以尊高自处，岂能保其居？其义当有焚巢之事。方以极刚自高，为得志而笑，不知丧其顺德于躁易，是终莫之闻，谓终不自闻知也。使自觉知，则不至于极而号咷矣。阳刚不中而处极，固有高亢躁动之象，而火复炎上，则又甚焉。

---

〔一〕覆元本"言"即作"在"。
〔二〕覆元本"上"下小注："一无上字。"

☴ 巽下巽上

巽,序卦:"旅而无所容,故受之以巽。巽者,入也。"羁旅亲寡,非巽顺何所取容?苟能巽顺,虽旅困之中,何往而不能入?巽所以次旅也。为卦,一阴在二阳之下,巽顺于阳,所以为巽也。

## 巽:小亨,利有攸往,利见大人。

卦之才可以小亨,利有攸往,利见大人也。巽与兑皆刚,中正巽说,一作兑。义亦相类,而兑则亨,巽乃小亨者,兑阳之为也,巽阴之为也,兑柔在外用柔也,巽柔在内性柔也,巽之亨所以小也。

## 彖曰:重巽以申命。

重巽者,上下皆巽也。上顺道以出命,下奉命而顺从,上下皆顺,重巽之象也。又重为重复之义。君子体重巽之义,以申复其命令。申,重复也,丁宁之谓也。

## 刚巽乎中正而志行,柔皆顺乎刚,是以小亨。

以卦才言也。阳刚居巽,而得中正,巽顺于中正之道也。阳性上,其志在以中正之道上行也。又上下之柔,皆巽顺于刚,其才如是,虽内柔,可以小亨也。

## 利有攸往,利见大人。

巽顺之道,无往不能入,故利有攸往。巽顺虽善道,必知所从,能巽顺于阳刚中正之大人,则为利,故利见大人也。如五二之阳刚中正,大人也。巽顺不于大人,未必不为过也。

## 象曰:随风巽,君子以申命行事。

两风相重,一作从。随风也。随,相继之义。君子观重巽相继以顺之象,而以申命令,行政事。随与重,上下皆顺也。上顺下而出之,下顺上而从之,上下皆顺,重巽之义也。命令政事,顺理则合民心,而民顺从矣。

## 初六,进退,利武人之贞。

六以阴柔居卑,巽而不中,处最下而承刚,过于卑巽者也。阴柔之人,卑巽太过,则志意恐畏而不安,或进或退,不知所从,其所利在武人之贞。若能用武人刚贞之志,则为宜也。勉为刚贞,则无过卑恐畏之失矣。

## 象曰:进退,志疑也。利武人之贞,志治也。

进退不知所安者,其志疑惧也。利用武人之刚贞以立其志,则其志治也。治谓修立也。

## 九二,巽在床下,用史巫纷若,吉无咎。

二居巽时,以阳处阴而在下,过于巽者也。床,人之所安。巽在床下,是过于巽,过所安矣。人之过于卑巽,非恐怯,则谄说,皆非正也。二实刚中,虽巽体而居柔,为过于巽,非有邪心也。恭巽之过,虽非正礼,可以远耻辱、绝怨咎,亦吉道也。史巫者,通诚意于神明者也。纷若,多也。苟至诚安于谦巽,能使通其诚意者多,则吉而无咎,谓其诚足以动人也。人不察其诚意,则以过巽为谄矣。

## 象曰:纷若之吉,得中也。

二以居柔在下,为过巽之象,而能使通其诚意者众多纷然,由得中也。阳居中,为中实之象。中既诚实,则一无则字。人自当信之。以诚意,则非谄畏也,所以吉而无咎。

## 九三,频巽,吝。

三以阳处刚,不得其中,又在下体之上,以刚亢之质而居巽顺之时,非能巽者,勉而为之,故屡失也。居巽之时,处下而上临之以巽,又四以柔巽相亲,所乘者刚,而上复有重刚,虽欲不巽,得乎?

故频失而频巽,是可吝也。

## 象曰:频巽之吝,志穷也。

三之才质,本非能巽,而上临之以巽,承重刚而履刚势,不得行其志,故频失而频巽,是其志穷困,可吝之甚也。

## 六四,悔亡,田获三品。

阴柔无援,而承乘皆刚,宜有悔也。而四以阴居阴,得巽之正,在上体之下,居上而能下也。居上之下,巽于上也。以巽临下,巽于下也。善处如此,故得悔亡。所以得悔亡,以如田之获三品也。田获三品,及于上下也。田猎之获分三品,一为干豆,一供宾客与充庖,一颁徒御。四能巽于上下之阳,如田之获三品,谓遍及上下也。四之地本有悔,以处之至善,故悔亡而复有功。天下之事,苟善处,则悔或可以为功也。

## 象曰:田获三品,有功也。

巽于上下,如田之获三品而遍及上下,成巽之功也。

## 九五,贞吉悔亡,无不利,无初有终,先庚三日,后庚三日,吉。

五居尊位,为巽之主,命令之所出也。处得中正,尽巽之善,然巽者柔顺之道,所利在贞,非五之不足,在巽当戒也。既贞则吉而悔亡,无所不利。贞,中正也。处巽出令,皆以中正为吉。柔巽而不贞,则有悔,安能无所不利也?命令之出,有所变更也。无初,始未善也。有终,更之使善。若已善,则何用命也?何用更也?先庚三日,后庚三日,吉:出命更改之道当如是也。甲者,事之端也。庚者,变更之始也。十干戊己为中,过中则变,故谓之庚。事之改更,当原始要终,如先甲后甲之义,如是则吉也。解在蛊卦。

## 象曰：九五之吉，位正中也。

九五之吉，以处正中也。得正中之道则吉，而其悔亡也。正中，谓不过无不及〔一〕，正得其中也。处柔巽与出命令，唯得中为善，失中则悔也。

## 上九，巽在床下，丧其资斧，贞凶。

床，人所安也。在床下，过所安之义也。九居巽之极，过于巽者一无者字。也。资，所有也。斧，以断也。阳刚本有断，以过巽而失其刚断，失其所有，丧资斧也。居上而过巽，至于自失，在正道为凶也。

## 象曰：巽在床下，上穷也；丧其资斧，正乎？凶也。

巽在床下，过于巽也。处卦之上，巽至于穷极也。居上而过极于巽，至于自失，得为正乎？乃凶道也。巽本善行，故疑之曰得为正乎？复断之曰乃凶也。

## ䷹兑下兑上

兑，序卦："巽者入也，入而后说之，故受之以兑。兑者，说也。"物相入则相说，相说则相入，兑所以次巽也。

## 兑：亨，利贞。

兑，说也。说，致亨之道也。能说于物，物莫不说而与之，足以致亨。然为说之道，利于贞正。非道求说，则为邪谄而有悔咎〔二〕，故戒利贞也。

---

〔一〕覆元本"不过无不及"下小注："一作无过不及。"义较长。
〔二〕覆元本"咎"下小注："一作吝。"

彖曰:兑,说也。

刚中而柔外,说以利贞,是以顺乎天而应乎人。说以先民,民忘其劳;说以犯难,民忘其死。说之大,民劝矣哉!

> 兑之义,说也。一阴居二阳之上,阴说于阳,而为阳所说也。阳刚居中,中心诚实之象;柔爻在外,接物和柔之象。故为说而能贞也。利贞,说之道宜正也。卦有刚中之德,能贞者也。说而能贞,是以上顺天理,下应人心,说道之至正至善者也。若夫违道以干百姓之誉者,苟说之道,违道不顺天,干誉非应人,苟取一时之说耳,非君子之正道。君子之道,其说于民,如天地之施,感于其心而说服无斁。故以之先民,则民心说随而忘其劳;率之以犯难,则民心说服于义而不恤其死。说道之大,民莫不知劝。劝谓信之,而勉力顺从。人君—作君人。之道,以人心说服为本,故圣人赞其大。

象曰:丽泽兑,君子以朋友讲习。

> 丽泽,二泽相附丽也。两泽相丽,交相浸润,互有滋益之象。故君子观其象,而以朋友讲习。朋友讲习,互相益也。先儒谓天下之可说,莫若朋友讲习。朋友讲习,固可说之大者,然当明相益之象。

初九,和兑吉。

> 初虽阳爻,居说体而在最下,无所系应,是能卑下和顺以为说,而无所偏私者也。以和为说而无所偏私,说之正也。阳刚则不卑,居下则能巽,处说则能和,无应则不偏,处说如是,所以吉也。

象曰:和兑之吉,行未疑也。

> 有求而和,则涉于邪谄。初随时顺处,一作处顺。心无所系,无所为也,以和而已,是以吉也。象又以其处说在下而非中正,故云行未

疑也。其行未有可疑,谓未见其有失也,若得中正,则无是言也。说以中正为本,爻直陈其义,象则推而尽之。

## 九二,孚兑吉,悔亡。

二承比阴柔,阴柔,小人也,说之则当有悔。二,刚中之德孚信内充,虽比小人,自守不失。君子和而不同,说而不失刚中,故吉而悔亡。非二之刚中,则有悔矣,以自守而亡也。

## 象曰:孚兑之吉,信志也。

心之所存为志。二,刚实居中,孚信存于中也。志存诚信,岂至说小人而自失乎? 是以吉也。

## 六三,来兑,凶。

六三阴柔不中正之人,说不以道者也。来兑,就之以求说也。比于在下之阳,枉己非道,就以求说,所以凶也。之内为来。上下俱阳,而独之内者,以同体而阴性下也,失道下行也。

## 象曰:来兑之凶,位不当也。

自处不中正,无与而妄求说,所以凶也。

## 九四,商兑未宁,介疾有喜。

四上承中正之五,而下比柔邪之三,虽刚阳而处非正。三,阴柔,阳所说也,故不能决而商度。未宁,谓拟议所从而未决,未能有定也。两间谓之介,分限也。地之界则加田,义乃同也。故人有节守谓之介。若介然守正,而疾远邪恶,则有喜也。从五正也,说三邪也。四,近君之位,若刚介守正,疾远邪恶,将得君以行道,福庆及物为有喜也。若四者,得失未有定,系所从耳。

## 象曰:九四之喜,有庆也。

所谓喜者,若守正而君说之,则得行其刚阳之道,而福庆及物也。

## 九五,孚于剥,有厉。

九五得尊位而处中正,尽说道之善矣,而圣人复设有厉之戒,盖尧、舜之盛,未尝无戒也,戒所当戒而已。虽圣贤在上,天下未尝无小人,然不敢肆其恶也,圣人亦说其能勉而革面也。彼小人者,未尝不知圣贤之可说也。如四凶处尧朝,隐恶而顺命是也。圣人非不知其终恶也,取其畏罪而强仁耳。五若诚心信小人之假善为实善,而不知其包藏,则危道也。小人者,备之不至则害于善,圣人为戒之意深矣。剥者,消阳之名。阴,消阳者也,盖指上六,故孚于剥则危也。以五在说之时,而密比于上六,故为之戒。虽舜之圣,且畏巧言令色,安得不戒也? 说之惑人,易入而可惧也如此。

## 象曰:孚于剥,位正当也。

戒孚于剥者,以五所处之位正当戒也。密比阴柔,有相说之道,故戒在信之也。

## 上六,引兑。

他卦至极则变,兑为说极则愈说。上六成说之主,居说之极,说不知已者也。故说既极矣,又引而长之。然而不至悔咎,何也? 曰:方言其说不知已,未见其所说善恶也;又下乘九五之中正,无所施其邪说。六三则承乘皆非正,是以有凶。

## 象曰:上六引兑,未光也。

说既极矣,又引而长之,虽说之之心不已,而事理已过,实无所说。事之盛,则有光辉。既极而强引之长,其无意味甚矣,岂有光也? 未,非必之辞,象中多用。非必能有光辉,谓不能光也。

≣坎下巽上

涣，序卦："兑者说也，说而后散之，故受之以涣。"说则舒散也，人
之气忧则结聚，说则舒散，故说有散义，涣所以继兑也。为卦，巽
上坎下。风行于水上，水遇风则涣散，所以为涣也。

## 涣：亨，王假有庙，利涉大川，利贞。

涣，离散也。人之离散，由乎中；人心离，则散矣。治乎散，亦本于
中；能收合人心，则散可聚也。故卦之义，皆主于中。利贞，合涣
散之道在乎正固也。

## 彖曰：涣，亨，刚来而不穷，柔得位乎外，而上同。

涣之能亨者，以卦才如是也。涣之成涣，由九来居二，六上居四
也。刚阳之来，则不穷极于下而处得其中；柔之往，则得正位于外
而上同于五之中。巽顺于五，乃上同也。四、五，君臣之位，当涣
而比，其义相通，同五乃从中也。当涣之时而守其中，则不至于离
散，故能亨也。

## 王假有庙，王乃在中也。

王假有庙之义，在萃卦详矣。天下离散之时，王者收合人心，至于
有庙，乃是在其中也。在中谓求得其中，摄其心之谓也。中者心
之象。刚来而不穷，柔得位而上同，卦才之义，皆主于中也。王者
拯涣之道，在得其中而已。孟子曰："得其民有道，得其心斯得民
矣。"享帝立庙，民心所归从也。归人心之道，无大于此，故云至于
有庙，拯涣之道极于此也。

## 利涉大川，乘木有功也。

治涣之道，当济于险难，而卦有乘木济川之象。上巽，木也；下坎，
水，大川也。利涉险以济涣也。木在水上，乘木之象，乘木所以涉

川也。涉则有济涣之功,卦有是义,有是象也。

## 象曰:风行水上,涣,先王以享于帝,立庙。

风行水上,有涣散之象。先王观是象,救天下之涣散,至于享帝立庙也。收合人心,无如宗庙。祭祀之报,出于其心。故享帝立庙,人心之所归也。系人心,合离散之道,无大于此。

## 初六,用拯马壮,吉。

六居卦之初,涣之始也。始涣而拯之,又得马壮,所以吉也。六爻独初不云涣者,离散之势,辨之宜早,方始而拯之,则不至于涣也,为教深矣。马,人之所托也。托于壮马,故能拯涣。马谓二也。二有刚中之才,初阴柔顺,两皆无应,无应则亲比相求。初之柔顺,而托于刚中之才,以拯其涣,如得壮马以致远,必有济矣,故吉也。涣拯于始,为力则易,时之顺也。

## 象曰:初六之吉,顺也。

初之所以吉者,以其能顺从刚中之才也。始涣而用拯,能顺乎时也。

## 九二,涣奔其机,悔亡。

诸爻皆云涣,谓涣之时也。在涣离之时,而处险中,其有悔可知。若能奔就所安,则得悔亡也。机者,俯凭以为安者也。俯,就下也。奔,急往也。二与初虽非正应,而当涣离之时,两皆无与,以阴阳亲比相求,则相赖者也。故二目初为机,初谓二为马。二急就于初以为安,则能亡其悔矣。初虽坎体,而不在险中也。或疑初之柔微,何足赖? 盖涣之时,合力为一作而。胜。先儒皆以五为机,非也。方涣离之时,二阳岂能同也? 若能同,则成济涣之功当大,一有吉字。岂止悔亡而已? 机谓俯就也。

象曰：涣奔其机，得愿也。

涣散之时，以合为安。二居险中，急就于初，求安也。赖之如机而亡其悔，乃得所愿也。

### 六三，涣其躬，无悔。

三在涣时，独有应与，无涣散之悔也。然以阴柔之质，不中正之才，上居无位之地，岂能拯时之涣而及人也？止于其身，可以无悔而已。上加涣字，在涣之时，躬无涣之悔也。

象曰：涣其躬，志在外也。

志应于上，在外也。与上相应，故其身得免于涣而无悔。悔亡者，本有而得亡；无悔者，本无也。

### 六四，涣其群，元吉。涣有丘，匪夷所思。

涣，四五二爻义相须，故通言之，彖故曰"上同"也。四，巽顺而正，居大臣之位；五，刚中而正，居君位。君臣合力，刚柔相济，以拯天下之涣者也。方涣散之时，用刚则不能使之怀附，用柔则不足为之依归。四以巽顺之正道，辅刚中正之君，君臣同功，所以能济涣也。天下涣散，而能使之群聚，可谓大善之吉也。涣有丘，匪夷所思：赞美之辞也。丘，聚之大也。方涣散而能致其大聚，其功甚大，其事甚难，其用至妙。夷，平常也。非平常之见所能思及也。非大贤智，孰能如是？

象曰：涣其群，元吉，光大也。

称元吉者，谓其功德光大也。元吉光大不在五而在四者，二爻之义通言也。于四言其施用，于五言其成功，君臣之分也。

### 九五，涣汗其大号，涣王居，无咎。

五与四君臣合德，以刚中正巽顺之道，治涣得其道矣。唯在涣治于人心,则顺从也。当使号令洽于民心,如人身之汗浃于四体,则信服而从矣。如是,则可以济天下之涣,居王位为称而无咎。大号,大政令也,谓新民之大命,救涣之大政。再云涣者,上谓涣之时,下谓处涣如是则无咎也。在四已言元吉,五唯言称其位也。涣之四五通言者,涣以离散为害,拯之使合也。非君臣同功合力,其能济乎?爻义相须,时之宜也。

## 象曰:王居无咎,正位也。

王居,谓正位,人君之尊位也。能如五之为,则居尊位为称而无咎也。

## 上九,涣其血去逖出,无咎。

涣之诸爻皆无系应,亦涣离之象。惟上应于三,三居险陷之极,上若下从于彼,则不能出于涣也。险有伤害畏惧之象,故云血惕。然九以阳刚处涣之外,有出涣之象,又居巽之极,为能巽顺于事理,故云若能使其血去,其惕出,则无咎也。其者,所有也。涣之时,以能合为功,独九居涣之极,有系而临险,故以能出涣远害为善也。

## 象曰:涣其血,远害也。

若如象文为涣其血,乃与"屯其膏"同也,义则不然。盖血字下脱去字,血去惕出,谓能远害则无咎也。

节 序卦:"涣者离也,物不可以终离,故受之以节。"物既离散,则当节止之,节所以次涣也。为卦,泽上有水。泽之容有限,泽上置水,满则不容,为有节之象,故为节。

## 节：亨，苦节不可贞。

事既有节，则能致亨通，故节有亨义。节贵适中，过则苦矣。节至于苦，岂有常也？不可固守以为常，不可贞也。

## 彖曰：节，亨，刚柔分而刚得中。

节之道，自有亨义，事有节则能亨也。又卦之才，刚柔分处，刚得中而不过，亦所以为节，所以能亨也。

## 苦节不可贞，其道穷也。

节至于极而苦，则不可坚固常守，其道已穷极也。

## 说以行险，当位以节，中正以通。

以卦才言也。内兑外坎，说以行险也。人于所说则不知已，遇艰险则思止。方说而止，为节之义。当位以节，五居尊当位也，在泽上，有节也。当位而以节，主节者也。处得中正，节而能通也。中正则通，过则苦矣。

## 天地节而四时成，节以制度，不伤财，不害民。

推言节之道。天地有节故能成四时，无节则失序也。圣人立制度以为节，故能不伤财害民。人欲之无穷也，苟非节以制度，则侈肆，至于伤财害民矣。

## 象曰：泽上有水，节，君子以制数度，议德行。

泽之容水有限，过则盈溢，是有节，故为节也。君子观节之象，以制立数度。凡物之大小、轻重、高下、文质，皆有数度，所以为节也。数，多寡。度，法制。议德行者，存诸中为德，发于外为行。人之德行当义则中节。议，谓商度求中节也。

## 初九，不出户庭，无咎。

户庭，户外之庭；门庭，门内之庭。初以阳在下，上复有应，非能节者也;又当节之初,故戒之谨守,至于不出户庭,则无咎也。初能固守,终或渝之。不谨于初,安能有卒?故于节之初,为戒甚严也。

## 象曰:不出户庭,知通塞也。

爻辞于节之初,戒之谨守,故云不出户庭则无咎也。象恐人之泥于言也,故复明之云:虽当谨守,不出户庭,又必知时之通塞也。通则行,塞则止,义当出则出矣。尾生之信,水至不去,不知通塞也。故君子贞而不谅。系辞所解,独以言者,在人所节,唯言与行,节于吉则行可知,言当在先也。

## 九二,不出门庭,凶。

二虽刚中之质,然处阴居说而承柔。处阴,不正也;居说,失刚也;承柔,近邪也。节之道,当以刚中正。二失其刚中之德,与九五刚中正异矣。不出门庭,不之于外也,谓不从于五也。二五非阴阳正应,故不相从。若以刚中之道相合,则可以成节之功。唯其失德失时,是以凶也。不合于五,乃不正之节也。以刚中正为节,如惩忿窒欲,损过抑有余[一]是也。不正之节,如啬节于用,懦节于行是也。

## 象曰:不出门庭凶,失时极也。

不能上从九五刚中正之道,成节之功,乃系于私昵之阴柔,是失时之至极,所以凶也。失时,失其所宜也。

## 六三,不节若则嗟若,无咎。

六三不中正,乘刚而临险,固宜有咎。然柔顺而和说,若能自节而

---

〔一〕覆元本"抑有余"下小注:"一作益不及。"

顺于义,则可以无过。不然,则凶咎必至,可伤嗟也。故不节若则嗟若,已所自致,无所归咎也。

## 象曰:不节之嗟,又谁咎也?

节则可以免过,而不能自节,以致可嗟,将谁咎乎?

## 六四,安节,亨。

四顺承九五刚中正之道,是以中正为节也。以阴居阴,安于正也。当位为有节之象,下应于初。四,坎体,水也。水上溢为无节,就下有节也。如四之义,非强节之,安于节者也,故能致亨。节以安为善。强守而不安,则不能常,岂以亨也?

## 象曰:安节之亨,承上道也。

四能安节之义非一,象独举其重者。上承九五刚中正之道以为节,足以亨矣,余善亦不出于中正也。

## 九五,甘节吉,往有尚。

九五刚中正,居尊位,为节之主,所谓当位以节,中正以通者也。在己则安,行天下则说,从节之甘美者也,其吉可知。以此而行,其功大矣,故往则有可嘉尚也。

## 象曰:甘节之吉,居位中也。

既居尊位,又得中道,所以吉而有功。节以中为贵,得中则正矣,正不能尽中也。

## 上六,苦节,贞凶,悔亡。

上六居节之极,节之苦者也。居险之极,亦为苦义。固守则凶,悔则凶亡。悔,损过从中之谓也。节之悔亡,与他卦之悔亡,辞同而义异也。

## 象曰:苦节贞凶,其道穷也。

节既苦而贞固守之则凶,盖节之道至于穷极矣。

☰ 兑下巽上

中孚,序卦:"节而信之,故受之以中孚。"节者为之制节,使不得过越也。信而后能行,上能信守之,下则信从之,节而信之也,中孚所以次节也。为卦,泽上有风。风行泽上,而感于水中,为中孚之象。感谓感而动也。内外皆实而中虚,为中孚之象。又二五皆阳,一有而字。中实,亦为孚义。在二体则中实,在全体则中虚;中虚信之本,中实信之质。

# 中孚:豚鱼,吉,利涉大川,利贞。

豚躁鱼冥,物之难感者也。孚信能感于豚鱼,则无不至矣,所以吉也。忠信可以蹈水火,况涉川乎?守信之道,在乎坚正,故利于贞也。

# 彖曰:中孚,柔在内而刚得中,

二柔在内,中虚,为诚之象;二刚得上下体之中,中实,为孚之象:卦所以为中孚也。

# 说而巽,孚乃化邦也。

以二体言,卦之用也。上巽下说[一],为上至诚以顺巽于下,下有孚以说从其上,如是,其孚乃能化于邦国也。若人不说从,或违拂事理,岂能化天下乎?

# 豚鱼吉,信及豚鱼也。

信能及于豚鱼,信道至矣,所以吉也。

―――――――

〔一〕覆元本"说"作"兑",义较长。

## 利涉大川,乘木舟虚也。

以中孚涉险难,其利如乘木济川,而以虚舟也。舟虚则无沉覆之
患。卦,虚中为虚舟之象。

## 中孚以利贞,乃应乎天也。

中孚而贞,则应乎天矣。天之道,孚贞而已。

## 象曰:泽上有风,中孚,君子以议狱缓死。

泽上有风,感于泽中。水体虚,故风能入之。人心虚,故物能感
之。风之动乎泽,犹物之感于中,故为中孚之象。君子观其象,以
议狱与缓死。君子之于议狱,尽其忠而已;于决死,极其恻而已。
故诚意常求于缓。缓,宽也。于天下之事,无所不尽其忠,而议狱
缓死,最其大者也。

## 初九,虞吉,有他不燕。

九当中孚之初,故戒在审其所信。虞,度也,度其可信而后从也。
虽有至信,若不得其所,则有悔咎,故虞度而后信则吉也。既得所
信,则当诚一,若有他,则不得其燕安矣。燕,安裕也。有他,志不
定也。人志不定,则惑而不安。初与四为正应,四巽体而居正,无
不善也。爻以谋始之义大,故不取相应之义。若用应,则非虞也。

## 象曰:初九虞吉,志未变也。

当信之始,志一无志字。未有所从,而虞度所信,则得其正,是以吉
也。盖其志未有变动。志有所从,则是变动,虞之不得其正矣。
在初言求所信之道也。

## 九二,鸣鹤在阴,其子和之,我有好爵,吾与尔靡之。

二刚实于中,孚之至者也,孚至则能感通。鹤鸣于幽隐之处,不闻
也,而其子相应和,中心之愿相通也。好爵我有,而彼亦系慕,说

好爵之意同也。有孚于中,物无不应,诚同故也。至诚无远近幽深之间,故系辞云:"善则千里之外应之,不善则千里违之。"言诚通也。至诚感通之理,知道者为能识之。

## 象曰:其子和之,中心愿也。

中心愿,谓诚意所愿也,故通而相应。

## 六三,得敌,或鼓,或罢,或泣,或歌。

敌,对敌也,谓所交孚者,正应上九是也。三四皆以虚中为成孚之主,然所处则异。四得位居正,故亡匹以从上;三不中失正,故得敌以累志。以柔说之质,既有所系,唯所信是从,或鼓张,或罢废,或悲泣,或歌乐,动息忧乐,皆系乎所信也。唯系所信,故未知吉凶,然非明达君子之所为也。

## 象曰:或鼓或罢,位不当也。

居不当位,故无所主,唯所信是从。所处得正,则所信有方矣。

## 六四,月几望,马匹亡,无咎。

四为成孚之主,居近君之位,处得其正而上信之至,当孚之任者也。如月之几望,盛之至也。已望则敌矣,臣而敌君,祸败必至。故以几望为至盛。马匹亡:四与初为正应,匹也。古者驾车用四马,不能备纯色,则两服两骖各一色,又小大必相称,故两马为匹,谓对也。马者,行物也。初上应四,而四亦进从五,皆上行,故以马为象。孚道在一,四既从五,若复下系于初,则不一而害于孚,为有咎矣。故马匹亡,则无咎也。上从五而不系于初,是亡其匹也。系初则不进,不能成孚之功也。

## 象曰:马匹亡,绝类上也。

绝其类而上从五也。类,谓应也。

### 九五,有孚挛如,无咎。

五居君位。人君之道,当以至诚感通天下,使天下之心信之,固结如拘挛然,则为无咎也。人君之孚,不能使天下固结如是,则亿兆之心,安能保其不离乎?

### 象曰:有孚挛如,位正当也。

五居君位之尊,由中正之道,能使天下信之,如拘挛之固,乃称其位,人君之道当如是也。

### 上九,翰音登于天,贞凶。

翰音者,音飞而实不从。处信之终,信终则衰,忠笃内丧,华美外扬,故云翰音登天,正亦灭矣。阳性上进,风体飞扬。九居中孚之时,处于最上,孚于上进而不知止者也。其极至于羽翰之音,登闻于天,贞固于此而不知变,凶可知矣。夫子曰:"好信不好学,其蔽也贼。"固守而不通之谓也。

### 象曰:翰音登于天,何可长也!

守孚至于穷极而不知变,岂可长久也? 固守而不通,如是则凶也。


艮下震上

小过,序卦:"有其信者必行之,故受之以小过。"人之所信则必行,行则过也,小过所以继中孚也。为卦,山上有雷。雷震于高,其声过常,故为小过。又阴居尊位,阳失位而不中,小者过其常也。盖为小者过,又为小事过,又为过之小。

### 小过:亨,利贞。

过者,过其常也。若矫枉而过正,过所以就正也。事有时而当,然有待过而后能亨者,故小过自有亨义。利贞者,过之道利于贞也。

不失时宜之谓正。

## 可小事,不可大事。飞鸟遗之音,不宜上,宜下,大吉。

> 过,所以求就中也。所过者小事也,事之大者,岂可过也?于大过论之详矣。飞鸟遗之音,谓过之不远也。不宜上宜下,谓宜顺也。顺则大吉,过以就之,盖顺理也。过而顺理,其吉必大。

## 彖曰:小过,小者过而亨也。

> 阳大阴小。阴得位,刚失位而不中,是小者过也,故为小事过,过之小。小者与小事,有时而当过,过之亦小,故为小过。事固有待过而后能亨者,过之所以能亨也。

## 过以利贞,与时行也。

> 过而利于贞,谓与时行也。时当过而过,乃非过也,时之宜也,乃所谓正也。

## 柔得中,是以小事吉也。

## 刚失位而不中,是以不可大事也。

## 有飞鸟之象焉。

> 小过之道,于小事有过则吉者,而彖以卦才言吉义。柔得中,二五居中也。阴柔得位,能致小事吉耳,不能济大事也。刚失位而不中,是以不可大事,大事非刚阳之才不能济,三不中,四失位,是以不可大事。小过之时,自不可大事,而卦才又不堪大事,与时合也。"有飞鸟之象焉"此一句,不类象体,盖解者之辞,误入彖中。中刚外柔,飞鸟之象,卦有此象,故就飞鸟为义。

## 飞鸟遗之音,不宜上,宜下,大吉,上逆而下顺也。

> 事有时而当过,所以从宜,然岂可甚过也?如过恭、过哀、过俭,大过则不可。所以在小过也,所过当如飞鸟之遗音。鸟飞迅疾,声

出而身已过,然岂能相远也? 事之当过者,亦如是。身不能甚远
于声,事不可[一]远过其常,在得宜耳。不宜上,宜下,更就鸟音取
宜顺之义。过之道,当如飞鸟之遗音。夫声逆而上则难,顺而下
则易,故在高则大,山上有雷,所以为过也。过之道,顺行则吉,如
飞鸟之遗音宜顺也。所以过者,为顺乎宜也。能顺乎宜,所以
大吉。

## 象曰:山上有雷,小过,君子以行过乎恭,丧过乎哀,用过乎俭。

雷震于山上,其声过常,故为小过。天下之事,有时当过,而不可
过甚,故为小过。君子观小过之象,事之宜过者则勉之,行过乎
恭,丧过乎哀,用过乎俭是也。当过而过,乃其宜也,不当过而过,
则过矣。

## 初六,飞鸟以凶。

初六,阴柔在下,小人之象;又上应于四,四复动体。小人躁易而
上有应助,于所当过,必至过甚,况不当过而过乎? 其过如飞鸟之
迅疾,所以凶也。躁疾如是,所以过之速且远,救止莫及也。

## 象曰:飞鸟以凶,不可如何也。

其过之疾,如飞鸟之迅,岂容救止也? 凶其宜矣。不可如何,无所
用其力也。

## 六二,过其祖,遇其妣,不及其君,遇其臣,无咎。

阳之在上者,父之象;尊于父者,祖之象。四在三上,故为祖。二
与五居相应之地,同有柔中之德,志不从于三四,故过四而遇五,

---

〔一〕覆元本“可”下小注:“一作能。”

是过其祖也。五阴而尊,祖妣之象;与二同德相应,在他卦则阴阳相求,过之时必过其常,故异也。无所不过,故二从五,亦戒其过。不及其君,遇其臣:谓上进而不陵及于君,适当臣道,则无咎也。遇,当也。过臣之分,则其咎可知。

## 象曰:不及其君,臣不可过也。

过之时,事无不过其常,故于上进则戒及其君,臣不可过臣之分也。

## 九三,弗过防之,从或戕之,凶。

小过,阴过阳失位之时,三独居正,然在下无所能为,而为阴所忌恶,故有[一]当过者,在过防于小人。若弗过防之,则或从而戕害之矣,如是则凶也。三于阴过之时,以阳居刚,过于刚。既戒之过防,则过刚亦在所戒矣。防小人之道,正己为先。三不失正,故无必凶之义,能过防则免矣。三居下之上,居上为下,皆如是也。

## 象曰:从或戕之,凶如何也!

阴过之时,必害于阳,小人道盛,必害君子,当过为之防,防之不至,则为其所戕矣,故曰凶如何也,言其甚也。

## 九四,无咎,弗过,遇之,往厉必戒,勿用永贞。

四当小过之时,以刚处柔,刚不过也,是以无咎。既弗过,则合其宜矣,故云遇之,谓得其道也。若往则有危,必当戒惧也。往,去柔而以刚进也。勿用永贞:阳性坚刚,故戒以随宜,不可固守也。方阴过之时,阳刚失位,则君子当随时顺处,不可固守其常也。四居高位,而无上下之交,虽比五应初,方阴过之时,彼岂肯从阳也?

---

〔一〕覆元本"有"下小注:"一作所。"义似较长。

故往则有厉。

## 象曰:弗过遇之,位不当也。往厉必戒,终不可长也。

位不当,谓处柔。九四当过之时,不过刚而反居柔,乃得其宜,故
曰遇之,遇其宜也。以九居四,位不当也,居柔乃遇其宜也。当阴
过之时,阳退缩自保足矣,终岂能长而盛也?故往则有危,必当戒
也。长,上声,作平声则大失易意,以夬与剥观之可见。与夬之
象,文同而音异也。

## 六五,密云不雨,自我西郊,公弋取彼在穴。

五以阴柔居尊位,虽欲过为,岂能成功?如密云而不能成雨。所
以不能成雨,自西郊故也。阴不能成雨,小畜卦中已解。公弋取
彼在穴:弋,射取之也,射止是射,弋有取义;穴,山中之空,中虚乃
空也,在穴指六二也。五与二本非相应,乃弋而取之。五当位,故
云公,谓公上也。同类相取,虽得之,两阴岂能济大事乎?犹密云
之不能成雨也。

## 象曰:密云不雨,已上也。

阳降阴升,合则和而成雨。阴已在上,云虽密,岂能成雨乎?阴过
不能成大之义也。

## 上六,弗遇,过之,飞鸟离之,凶,是谓灾眚。

六,阴而动体,处过之极,不与理遇,动皆过之,其违理过常,如飞
鸟之迅速,所以凶也。离,过之远。是谓灾眚,是当有灾眚也。
灾者天殃,眚者人为。既过之极,岂唯人眚?天灾亦至,其凶可
知,天理人事皆然也。

## 象曰:弗遇过之,已亢也。

居过之终,弗遇于理而过之,过已亢,极其凶,宜也。

䷾离下坎上

既济,序卦:"有过物者必济,故受之以既济。"能过于物,必可以
济,故小过之后,受之以既济也。为卦,水在火上。水火相交,则
为用矣。各当其用,故为既济,天下万事已济之时也。

## 既济:亨小,利贞,初吉终乱。

既济之时,大者既已亨矣,小者尚[一]有亨也。虽既济之时,不能
无小未亨也。小字在下,语当然也。若言小亨,则为亨之小也。
利贞,处既济之时,利在贞固以守之也。初吉,方济之时也;终乱,
济极则反也。

## 彖曰:既济,亨,小者亨也。

## 利贞,刚柔正而位当也。

既济之时,大者固已亨矣,唯有小者[二]亨也。时既济矣,固宜贞
固以守之。卦才刚柔正当其位,当位者其常也,乃正固之义,利于
如是之贞也。阴阳各得正位,所以为既济也。

## 初吉,柔得中也。

二以柔顺文明而得中,故能成既济之功。二居下体,方济之初也,
而又善处,是以吉也。

## 终止则乱,其道穷也。

天下之事,不进则退,无一定之理。济之终,不进而止矣,无常止
也,衰乱至矣,盖其道已穷极也。九五之才,非不善也,时极道穷,
理当必变也。圣人至此奈何? 曰[三]:唯圣人为能通其变于未穷,

---

〔一〕覆元本"尚"下小注:"一有未字。"
〔二〕覆元本"者"下小注:"一有未字。"
〔三〕覆元本"曰"下小注:"一无曰字。"

不使至于极也,尧、舜是也,故有终而无乱。

## 象曰:水在火上,既济,君子以思患而豫防之。

水火既交,各得其用,为既济。时当既济,唯虑患害之生,故思而[一]豫防,使不至于患也。自古天下既济而致祸乱者,盖不能思患而豫防也。

## 初九,曳其轮,濡其尾,无咎。

初以阳居下,上应于四,又火体,其进之志锐也。然时既济矣,进不已则及于悔咎[二],故曳其轮,濡其尾,乃得无咎。轮所以行,倒曳之使不进也。兽之涉水,必揭其尾,濡其尾则不能济。方既济之初,能止其进,乃得无咎,不知已则至于咎也。

## 象曰:曳其轮,义无咎也。

既济之初,而能止其进,则不至于极,其义自无咎也。

## 六二,妇丧其茀,勿逐,七日得。

二以文明中正之德,上应九五刚阳中正之君,宜得行其志也。然五既得尊位,时已既济,无复进而有为矣,则于在下贤才,岂有求用之意?故二不得遂其行也。自古既济而能用人者鲜矣。以唐太宗之用言,尚怠于终,况其下者乎?于斯时也,则刚中反为中满,坎离乃为相戾矣。人能识时知变,则可以言易矣。二,阴也,故以妇言。茀,妇人出门以自蔽者也。丧其茀,则不可行矣。二不为五之求用,则不得行,如妇之丧茀也。然中正之道,岂可废也?时过则行矣。逐者从物也,从物则失其素守,故戒勿逐。自守不失,则七日当复得也。卦有六位,七则变矣。七日得,谓时变

〔一〕覆元本“而”作“患”。
〔二〕覆元本“咎”下小注:“一作吝。”

也。虽不为上所用,中正之道,无终废之理,不得行于今,必行于
异时也。圣人之劝戒深矣。

## 象曰:七日得,以中道也。

中正之道,虽不为时所用,然无终不行之理,故丧茀七日当复得,
谓自守其中,异时必行也。不失其中,则正矣。

## 九三,高宗伐鬼方,三年克之,小人勿用。

九三当既济之时,以刚居刚,用刚之至也。既济而用刚如是,乃高
宗伐鬼方之事。高宗,必商之高宗。天下之事既济而远伐暴乱
也。威武可及,而以救民为心,乃王者之事也,唯圣贤之君则可。
若骋威武,忿不服,贪土地,则残民肆欲也,故戒不可用小人。小
人为之,则以贪忿,私意也;非贪忿,则莫肯为也。三年克之,见其
劳惫之甚。圣人因九三当既济而用刚,发此义以示人,为法为戒,
岂浅见所能及也?

## 象曰:三年克之,惫也。

言惫,以见其事之至难。在高宗为之则可,无高宗之心,则贪忿以
殃民也。

## 六四,繻有衣袽,终日戒。

四在济卦而水体,故取舟为义。四,近君之位,当其任者也。当既
济之时,以防患虑变为急。繻当作濡,谓渗漏也。舟有罅漏,则塞
以衣袽。有衣袽以备濡漏,又终日戒惧不怠,虑患当如是也。不
言吉,方免于患也。既济之时,免患则足矣,岂复有加也?

## 象曰:终日戒,有所疑也。

终日戒惧,常疑患之将至也。处既济之时,当畏慎如是也。

## 九五,东邻杀牛,不如西邻之禴祭,实受其福。

五中实,孚也;二虚中,诚也,故皆取祭祀为义。东邻,阳也,谓五;西邻,阴也,谓二。杀牛,盛祭也;禴,薄祭也。盛不如薄者,时不同也。二五皆有孚诚中正之德,二在济下,尚有进也,故受福。五处济极,无所进矣,以至诚中正守之,苟未至于反耳。理无极而终不反者也。已至于极,虽善处,无如之何矣,故爻象唯言其时也。

**象曰:东邻杀牛,不如西邻之时也;实受其福,吉大来也。**

五之才德非不善,不如二之时也。二在下,有进之时,故中正而孚,则其吉大来,所谓受福也。吉大来者,在既济之时为大来也,亨小、初吉是也。

**上六,濡其首,厉。**

既济之极,固不安而危也,又阴柔处之,而在险体之上。坎为水,济亦取水义,故言其穷至于濡首,危可知也。既济之终,而小人处之,其败坏可立而待也。

**象曰:濡其首厉,何可久也!**

既济之穷,危至于濡首,其能长久乎?

**☲☵坎下离上**

未济,序卦:"物不可穷也,故受之以未济终焉。"既济矣,物之穷也。物穷而不变,则无不已之理,易者变易而不穷也,故既济之后,受之以未济而终焉。未济则未穷也,未穷则有生生之义。为卦,离上坎下。火在水上,不相为用,故为未济。

**未济:亨,小狐汔济,濡其尾,无攸利。**

未济之时,有亨之理,而卦才复有致亨之道,唯在慎处。狐能度水,濡尾则不能济,其老者多疑畏,故履冰而听,惧其陷也;小者则未能畏慎,故勇于济。汔当为仡,壮勇之状。书曰:"仡仡勇夫。"
小狐果于济,则濡其尾而不能济也。未济之时,求济之道,当至慎
则能亨。若如小狐之果,则不能济也。既不能济,无所利矣。

## 彖曰:未济,亨,柔得中也。

以卦才言也。所以能亨者,以柔得中也。五以柔居尊位,居刚而
应刚,得柔之中也。刚柔得中,处未济之时,可以亨也。

## 小狐汔济,未出中也。

据二而言也。二以刚阳居险中,将济者也,又上应于五。险非可
安之地,五有当从之理,故果于济如小狐也。既果于济,故有濡尾
之患,未能出于险中也。

## 濡其尾,无攸利,不续终也。

其进锐者其退速,始虽勇于济,不能继续而终之,无所往而利也。

## 虽不当位,刚柔应也。

虽阴阳不当位,然刚柔皆相应。当未济而有与,若能重慎,则有可
济之理。二以汔济,故濡尾也。卦之诸爻,皆不得位,故为未济。
杂卦云:"未济男之穷也。"谓三阳皆失位也。斯义也,闻之成都
隐者。

## 象曰:火在水上,未济,君子以慎辨物居方。

水火不交,不相济为用,故为未济。火在水上,非其处也。君子观
其处不当之象,以慎处于事物,辨其所当,各居其方,谓止于其
所也。

## 初六,濡其尾,吝。

六以阴柔在下,处险而应四。处险则不安其居,有应则志行于上。
然己既阴柔,而四非中正之才,不能援之以济也。兽之济水,必揭

其尾,尾濡则不能济。濡其尾,言不能济也。不度其才力而进,终
不能济,可羞吝也。

## 象曰:濡其尾,亦不知极也。

不度其才力而进,至于濡尾,是不知之极也。

## 九二,曳其轮,贞吉。

在他卦,九居二为居柔得中,无过刚之义也。于未济,圣人深取卦
象以为戒,明事上恭顺之道。未济者,君道艰难之时也。五以柔
处君位,而二乃刚阳之才,而居相应之地,当用者也。刚有陵柔之
义,水有胜火之象。方艰难之时,所赖者才臣耳,尤当尽恭顺之
道,故戒曳其轮则得正而吉也。倒曳其轮,杀其势,缓其进,戒用
刚之过也。刚过,则好犯上而顺不足。唐之郭子仪、李晟,当艰危
未济之时,能极其恭顺,所以为得正而能保其终吉也。于六五则
言其贞吉光辉,尽君道之善;于九二则戒其恭顺,尽臣道之正,尽
上下之道也。

## 象曰:九二贞吉,中以行正也。

九二得正而吉者,以曳轮而得中道乃正也。

## 六三,未济,征凶,利涉大川。

未济征凶,谓居险无出险之用,而行则凶也。必出险而后可征。
三以阴柔不中正之才,而居险不足以济,未有可济之道、出险之
用,而征,所以凶也。然未济有可济之道,险终有出险之理。上有
刚阳之应,若能涉险而往从之,则济矣,故利涉大川也。然三之阴
柔,岂能出险而往? 非时不可,才不能也。

## 象曰:未济征凶,位不当也。

三征则凶者,以位不当也,谓阴柔不中正,无济险之才也。若能涉

险以从应,则利矣。

## 九四,贞吉,悔亡。震用伐鬼方,三年有赏于大国。

九四,阳刚居大臣之位,上有虚中明顺之主,又已出于险,未济已过中矣,有可济之道也。济天下之艰难,非刚健之才不能也。九虽阳而居四,故戒以贞固则吉而悔亡,不贞则不能济,有悔者也。震,动之极也。古之人用力之甚者,伐鬼方也,故以为义。力勤而远伐,至于三年,然后成功而行大国之赏,必如是乃能济也。济天下之道,当贞固如是。四居柔,故设此戒。

## 象曰:贞吉悔亡,志行也。

如四之才与时合,而加以贞固,则能行其志,吉而悔亡。鬼方之伐,贞之至也。

## 六五,贞吉无悔,君子之光,有孚,吉。

五,文明之主,居刚而应刚,其处得中,虚其心而阳为之辅,虽以柔居尊,处之至正至善,无不足也。既得贞正,故吉而无悔。贞其固有,非戒也。以此而济,无不济也。五,文明之主,故称其光君子。德辉之盛,而功实称之,有孚也。上云吉,以贞也,柔而能贞,德之吉也。下云吉,以功也,既光而有孚,时可济也。

## 象曰:君子之光,其晖吉也。

光盛则有晖。晖,光之散也。君子积充而光盛,至于有晖,善之至也,故重云吉。

## 上九,有孚于饮酒,无咎,濡其首,有孚失是。

九以刚在上,刚之极也;居明之上,明之极也。刚极而能明,则不为躁而为决。明能烛理,刚能断义。居未济之极,非得济之位,无可济之理,则当乐天顺命而已。若否终则有倾,时之变也;未济则无极而自济之理，故止为未济之极，至诚安于义命而自乐，则可无咎。饮酒，自乐也。不乐其处，则忿躁陨获，入于凶咎矣。若从乐而耽肆过礼，至濡其首，亦非能安其处也。有孚，自信于中也。失是，失其宜也。如是则于有孚为失也。人之处患难，知其无可奈何，而放意不反者，岂安于义命者哉？

**象曰：饮酒濡首，亦不知节也。**

饮酒至于濡首，不知节之甚也。所以至如是，不能安义命也。能安，则不失其常矣。

# 附 录

## 易说

### 系辞

"天尊,地卑。"尊卑之位定,而乾坤之义明矣。高卑既别,贵贱之位分矣。阳动阴静,各有其常,则刚柔判矣。事有理,一本作万事理也。物有形也。事则有类,形则有群,善恶分而吉凶生矣。象见于天,形成于地,变化之迹见矣。阴阳之交相摩轧,八方之气相推荡,雷霆以动之,风雨以润之,日月运行,寒暑相推,而成造化之功。得乾者成男,得坤者成女。乾当始物,坤当成物。乾坤之道,易简而已。乾始物之道易,坤成物之能简。平易,故人易知;简直,故人易从。易知则可亲就而奉顺,易从则可取法而成功。亲合则可以常久,成事则可以广大。圣贤德业久大,得易简之道也。天下之理,易简而已。有理而后有象,"成位乎其中"也。

圣人既设卦,观卦之象而系之以辞,明其吉凶之理;以刚柔相推而知变化之道。吉凶之生,由失得也。悔吝者,可忧虞也。进退消长,所以成变化也。刚柔相易而成昼夜,观昼夜,则知刚柔之道矣。三极,上中下也。极,中也,皆其时中也。三才,以物言也。三极,以位言也。六爻之动,以位为义,乃其序也;得其序则安矣。辞所以明义,玩其辞义,则知其可乐也。观象玩辞而能通其意,观变玩占而能顺其时,动不违于天矣。

彖言卦之象,爻随时之变,因失得而有吉凶。能如是,则得无咎。位有贵贱之分,卦兼小大之义。吉凶之道,于辞可见。以悔吝为防,则存意于微小。震惧而得无咎者,以能悔也。卦有小大,于时之中有小大也。有小大则辞之险易殊矣,辞各随其事也。

圣人作易,以准则天地之道。易之义,天地之道也,"故能弥纶天地之道"。弥,遍也。纶,理也。在事为伦,治丝为纶。弥纶,遍理也。遍理天地之道,而复仰观天文,俯察地理,验之著见之迹,故能"知幽明之故"。在理为幽,成象为明。"知幽明之故",知理与物之所以然也。原,究其始;要,考其终,则可以见死生之理。聚为精气,散为游魂。聚则为物,散则为变。观聚散,则见"鬼神之情状"。万物始终,聚散而已。鬼神,造化之功也。以幽明之故,死生之理,鬼神之情状观之,则可以见"天地之道"。

易之义,与天地之道相似,故无差违,相似,谓同也。"知周乎万物而道济天下,故不过。"义之所包,知也。其义周尽万物之理,其道足以济天下,故无过差。"旁行而不流",旁通远及而不流失正理。顺乎理,"乐天"也。安其分,"知命"也。顺理安分故无所忧。"安土",安所止也;"敦乎仁",存乎同也,是以"能爱"。

"范围",俗语谓之模量。模量天地之运化而不过差,委曲成就万物之理而无遗失,通昼夜辟阖屈伸之道而知其所以然。如此,则得天地之妙用,知道德之本源;所以见至神之妙,无有方所,而易之准道,无有形体。

道者,一阴一阳也。动静无端,阴阳无始。非知道者,孰能识之？动静相因而成变化，顺继此道，则为善也；成之在人，则谓之性也。在众人，则不能识。随其所知，故仁者谓之仁，知者谓之知，百姓则由之而不知。故君子之道，人鲜克知也。

运行之迹，生育之功，"显诸仁"也。神妙无方，变化无迹，"藏诸用"也。天地不与圣人同忧，天地不宰，圣人有心也。天地无心而成化，圣人有心而无为。天地圣人之盛德大业，可谓至矣。

"富有"，溥博也。"日新"，无穷也。生生相续，变易而不穷也。乾始物而有象，坤成物而体备，法象著矣。推数可以知来物。通变不穷，事之理也。天下之有，不离乎阴阳。惟神也，莫知其乡，不测其为刚柔动静也。

易道广大，推远则无穷，近言则安静而正。天地之间，万物之理，无有不同。乾，"静也专"，"动也直"。专，专一。直，直易。惟其专直，故其生物之功大。坤，静翕动辟。坤体动则开，应乾开阖而广生万物。"广大"，天地之功也。"变通"，四时之运也。一阴一阳，日月之行也。乾坤易简之功，乃至善之德也。

易之道，其至矣乎！圣人以易之道崇大其德业也。知则崇高，礼则卑下。高卑顺理，合天地之道也。高卑之位设，则易在其中矣。斯理也，成之在人则为性。成之者性也。人心存乎此理之所存，乃"道义之门"也。

"赜"，深远也。圣人见天下深远之事，而比拟其形容，体象其事类，故谓之象。天下之动无穷也，必"观其会通"。会通，纲要也。乃以"行其典礼"。典礼，法度也，物之则也。系之辞以断其吉凶者爻也。言天下之深远难知也，而理之所有，不可厌也；言天下之动无穷也，而物有其方，不可紊也。拟度而设其辞，商议以察其动，"拟议以成其变化"也。变化，爻之时义；拟议，议而言之也。举"鸣鹤在阴"

以下七爻,拟议而言者也。余爻皆然。

有理则有气,有气则有数。行鬼神者,数也。数,气之用也。"大衍之数五十。"数始于一,备于五。小衍之而成十,大衍之则为五十。五十,数之成也。成则不动,故损一以为用。"天地之数五十有五","成变化而行鬼神"者也。变化言功,鬼神言用。

显明于道,而见其功用之神,故可与应对万变,可赞祐于神道矣,谓合德也。人惟顺理以成功,乃赞天地之化育也。

知变化之道,则知神之所为也。合与上文相连,不合在下章[一]。言所以述理。"以言者尚其辞",谓于言求理者则存意于辞也。"以动者尚其变",动则变也,顺变而动,乃合道也。制器作事当体乎象,卜筮吉凶当考乎占。"受命如响","遂知来物",非神乎?曰感而通,求而得,精之至也。

自"天一"至"地十",合在"天数五地数五"上,简编失其次也。天一生数,地六成数。才有上五者,便有下五者。二五合而成阴阳之功,万物变化,鬼神之用也。

或曰:乾坤易之门,其义难知,余卦则易知也。曰:乾坤,天地也,万物乌有出天地之外者乎?知道者统之有宗则然也,而在卦观之,乾坤之道简易,故其辞平直,余卦随时应变,取舍无常,至为难知也。知乾坤之道者,以为易则可也。

(录自河南程氏经说卷第一)

---

〔一〕按:此谓系辞原文"子曰:知变化之道者,其知神之所为乎"数句,应与"显道神德行,是故可与酬酢,可与祐神矣"数句相连,合为一章。据此,则此数句,似应另成一段,不与下文相连。

# 提要

易传四卷。宋伊川程子撰。

卷首有元符二年自序。考程子以绍圣四年编管涪州，元符三年迁峡州，则当成于编管涪州之后。王偁东都事略载是书作六卷，宋史艺文志作九卷，二程全书通作四卷。考杨时跋语，称伊川先生著易传，未及成书。将启手足，以其书授门人张绎。未几绎卒，故其书散亡，学者所传无善本。谢显道得其书于京师，以示余，错乱重复，几不可读。东归待次毗陵，乃始校正，去其重复，逾年而始完云云，则当时本无定本，故所传各异耳。

其书但解上下经及彖、象、文言，用王弼注本。以序卦分置诸卦之首，用李鼎祚周易集解例。惟系辞传、说卦传、杂卦传无注，董真卿谓亦从王弼。今考程子与金堂谢湜书，谓易当先读王弼、胡瑗、王安石三家，谓程子有取于弼，不为无据；谓不注系辞、说卦、杂卦以拟王弼，则似未尽然，当以杨时草具未成之说为是也。程子不信邵子之数，故邵子以数言易，而程子此传则言理。一阐天道，一切人事。盖古人著书，务抒所见而止，不妨各明一义。守门户之见者必坚护师说，尺寸不容逾越，亦异乎先儒之本旨矣。

（录自四库全书总目卷二）